湖北省学术著作出版专项资金
Hubei Special Funds for Academic Publications

唯識學叢書

唯識十支論·世親卷（藏要本影印）

歐陽竟無 編

長江出版傳媒｜崇文書局

圖書在版編目（CIP）數據

唯識十支論：藏要本影印．世親卷 / 歐陽竟無編．
—武漢：崇文書局，2020.10
（唯識學叢書）
ISBN 978-7-5403-5746-7

Ⅰ．①唯…
Ⅱ．①歐…
Ⅲ．①唯識論－文集
Ⅳ．①B946.3-53

中國版本圖書館 CIP 數據核字（2020）第 143143 號

2015 年湖北省學術著作出版專項資金資助項目

我思

敢於運用你的理智

唯識十支論·世親卷（藏要本影印）

出　品　崇文書局人文學術出版中心
策 劃 人　梅文輝（mwh902@163.com）
責任編輯　梅文輝
封面設計　甘淑媛
影印流程　賀天作坊
出版發行　長江出版傳媒｜崇文書局
地　址　武漢市雄楚大街 268 號出版城 C 座 11 層
電　話　027-87680797　郵　編　430070
印　刷　武漢市金港彩印有限公司
開　本　880×1230mm　1/32
印　張　13
字　數　164 千
版　次　2020 年 10 月第 1 版
印　次　2020 年 10 月第 1 次印刷
定　價　168.00 元

(讀者服務電話：027－87679738)

唯識學叢書第五輯

出版說明

金陵刻經處所刻印的佛教典籍，在業內被稱為「金陵本」；歐陽竟無大師領導支那內學院師生，再從大藏中選出各類最重要的典籍，并廣為收集不同的版本，進行了精湛的校勘整理，編為藏要，特被稱為「藏要本」。「唯識學叢書」第五輯將主要影印出版藏要中的唯識典籍，個別沒有「藏要本」的則用「金陵本」。

唯識學所宗「經」主要有六部：華嚴經、解深密經、楞伽經、如來出現功德莊嚴經（未譯）、阿毗達磨經（未譯）、厚嚴經（一般認為與大乘密嚴經同本）。其中，兩部經未有漢譯本，而華嚴經規模太大不便收入，現將另外三部經合刊，名以唯識所依經三種合刊。

唯識學所宗「論」有「一本十支」之說，「一本」即瑜伽師地論，「十支」有二說，今取其中之一：一、攝大乘論本，二、大乘阿毗達磨集論，三、顯揚聖教論，四、大乘莊嚴經論，五、辯中邊論，六、唯識二十論，七、大乘五蘊論，八、大乘百法明門論，九、唯識三十論，十、分別瑜伽論（未譯）。其中，第十部論乃彌勒菩薩造，但未漢譯；前三部論皆為無著菩薩造，故合刊名為唯識十支論·無著卷。大乘莊嚴經論，當代研究者普遍認為，頌為彌勒菩薩或無著菩薩造，釋論為世親菩薩造；辯中邊論，頌為彌勒菩薩造，釋論為世親菩薩造；現將此二論與六至九這四論合刊，名為唯識十支論·世親卷。此六論，前三種仍以「藏要本」為底本，但后三種因無「藏要本」，故代以「金陵本」或「北京刻經處本」。

在唯識所依經三種合刊、唯識十支論·無著卷、唯識十支論·世親卷這三種外，另影印「藏要本」的成唯識論。

在四本書前，編制較詳細的目錄，依次標明每部經或論的名稱、卷次和品名等。成唯識論共十卷，解釋三十頌，今特將每一頌釋論的起始頁標出。

目録

藏要

第二輯第廿一種

大乘莊嚴經論

歐陽格施貲敬印此論十三卷民國廿四年十月支那內學院識

(一)梵本以此品與次品合爲成立品第一。(二)梵本此頌爲十九言一句式。今譯十言爲一句。

大乘莊嚴經論卷第一

無著菩薩造

唐三藏法師波羅頗迦羅蜜多羅譯

緣(一)起品第一

偈曰。

義(二)智作諸義　言句皆無垢。救濟苦衆生　慈悲爲性故。

巧說方便法　所謂最上乘。爲發大心者　略以五義現。一

釋曰。莊嚴大乘經論。誰能莊嚴。答義智能莊嚴。問義智云何莊嚴。答開作諸義。問以何開作。答以言及句。問以何等言以何等句。答以無垢言以無垢句。無垢言者謂能至涅槃城。無垢句者謂字句相應。若離無垢言句則於諸義不能開曉。問以何義故莊嚴。答爲救濟苦衆生故。問衆生自苦何因救濟。答爲菩薩者大悲爲體生憐愍故。問若救他苦莊嚴何法。答莊嚴如來巧說方便法。問何等方便法。答所謂最上乘。問。

爲誰故莊嚴。答。爲發大乘心者。問。以幾義莊嚴。答。略以五義示現。問。何者五義。偈曰。

[一]譬如金成器　譬如華正敷　譬如食美膳　譬如解文字
譬如開寶篋　是各得歡喜　五義法莊嚴　歡喜亦如是。二

釋曰。此中五譬卽譬彼五義莊嚴。如其次第能令發大心者信向故。受教故。思惟故。修習故。證得故。問。其義云何。答。金成譬爲令信向轉彼心故。華敷譬爲令受教開示彼故。食膳譬爲令思惟得法味故。解文譬爲令修習更不思故。開篋譬爲令證得眞實菩提分寶自覺證故。由此五義分別大乘能令彼人得生愛樂。問。若彼法自性功德具足。何義更須莊嚴。爲答此問。偈曰。

[二]譬如莊美質　臨鏡生勝喜　妙法莊嚴已　得喜更第一。三

釋曰。譬如美質加莊像現於鏡則生勝喜。何以故。爲有悅故。菩薩亦爾。莊嚴妙法義入自心則生勝喜。何以故。爲有聞故。問。彼法有何功德。須此莊嚴強欲令他恭敬信受耶。偈曰。

(一)梵本此頌爲十五言一句式。今譯亦以十言爲一句。(二)梵本此頌係十七言一句式。今譯略爲五言一句。文義不備。

（一）梵本不分品。藏本成立大乘品第一。

譬如飲藥苦　病差則爲樂　住文及解義　苦樂亦如是。四

譬如難事王　因事得威力　如是難解法　因解得法財。五

譬如見生寶　不別則不愛　如是聞妙法　不覺亦不喜。六

釋曰。此三偈次第顯示妙法有三功德。一顯斷障因功德。二顯自在因功德。三顯妙喜因功德。問。此義云何。答。如飲苦藥初時則苦以難服故。後時則樂以病差故。此法亦爾。住文時苦味難得故。解義時樂障病破故。如事嚴王初時則苦難得意故。後時則樂與威力故。此法亦爾。思惟時苦深難解故。思度時樂長聖財故。如見生寶未別時則不愛謂無用故。識別時則深重知有用故。此法亦爾。修行時則不喜謂空無用故。修度時則深悅知有大用故。緣起品究竟。

成（二）宗品第二

釋曰。有人疑此大乘非佛所說。云何有此功德可得。我今決彼疑網成立大乘真是佛說。

佛說偈曰。

不(一)記。亦同行。　不行。亦成就。　體。非體。能治。　文異。八因成。　一

釋曰。成立大乘略有八因。一者不記。二者同行。三者不行。四者成就。五者體。六者非體。七者能治。八者文異。第一不記者。先法已盡後佛正出。若此大乘非是正法。何故世尊初不記耶。譬如未來有異世尊卽記。此不記故知是佛說。第二同行者。聲聞乘與大乘非先非後一時同行。汝云何知此大乘獨非佛說。第三不行者。大乘深廣非忖度人之所能信。況復能行外道諸論。彼種不可得是故不行。由彼不行故是佛說。第四成就者。若汝言餘得菩提者說有大乘非是今佛說有大乘。若作此執則反成我義。彼得菩提亦卽是佛。如是說故。第五體者。若汝言餘佛有大乘體此佛無大乘體。若作此執亦成我義。大乘無異體是一故。第六非體者。若汝言此佛無大乘體則聲聞乘亦無體。若汝言聲聞乘是佛說故有體大乘非佛說故無體。若作此執有大過失。若無佛乘而有佛出說聲聞乘者理不應故。第七能治者。由依此法修行得無分別智。由無分別智能破諸煩惱。由此因故不得言無大乘。第八文異者。大乘甚深

(一)梵本此頌爲聖言體。句末無八因成三字。玄奘譯成唯識論卷三引此頌云。先不記俱行。非餘所行境。極成有無有。對治異文故。

非如文義。不應一向隨文取義言非佛語。復次若汝言初不記者由佛無功用心捨

故。若作此執是義不然。偈曰。

諸佛三因緣。 現見亦護法。 如來智無礙。 捨者不應爾。二

釋曰。若此大乘非佛說者是爲大障。諸佛有三因緣何故不記。一無功用智恆起是眼恆見。二恆作正勤守護正法。三如來智力無有障礙。由此三因汝言捨而不記者不應道理。復次若汝言有體者卽聲聞乘是大乘體。何以故。卽以此乘得大菩提故。若作此執是義不然。偈曰。

非全非不違。 非行非教授。 是故聲聞乘。 非卽是大乘。三

釋曰。有四因緣非卽以聲聞乘爲大乘體。非全故。非不違故。非行故。非教授故。非全者。聲聞乘無有利他教授但爲自厭離欲解脫而教授故。非不違者。若言聲聞乘以自方便而教授他卽是他利教授是義不然。何以故。雖以自利安他彼亦自求涅槃勤行方便不可以此得大菩提故。非行者。若汝言若能久行聲聞乘行則得大菩提

果，是義不然，非方便故，聲聞乘非大菩提方便，不以久行非方便能得大乘果，譬如犢角求乳不可得故。非教授者，如大乘教授聲聞乘無，是故聲聞乘不得即是大乘。

復次今更示汝相違義，偈曰，

發心與教授，　方便及住持，
時節下上乘，　五事一切異。四

釋曰，聲聞乘與大乘有五種相違，一發心異，二教授異，三方便異，四住持異，五時節異。聲聞乘若發心若教授若勤方便皆爲自得涅槃故，住持亦少福智聚小故，時節亦少乃至三生得解脫故，大乘不爾，發心教授勤方便皆爲利他故，住持亦多福智聚大故，時節亦多經三大阿僧祇劫故，如是一切相違，是故不應以小乘行而得大乘果。復次若汝言佛語有三相，一者入修多羅，二者顯示毗尼，三者不違法空，汝以一切法無自性而爲教授違此三相，故非佛語，若作此執，是義不然，偈曰，

入自大乘經，　現自煩惱滅，
廣大甚深義，　不違自法空。五

釋曰，今此大乘亦不違三相，入自大乘修多羅故，現自煩惱毗尼故，由菩薩以分別

爲煩惱故．廣大甚深即是菩薩法空．不違此空得大菩提故．是故此乘與三相不相違。復次前說不行者．我今更示此義令汝信受．偈曰．

有依及不定．　緣俗亦不普．　退屈忖度人．　寧解大乘義。六

釋曰．由有五因彼忖度者不能得入大乘境界．彼智有依故．不定故．緣俗故．不普故．退屈故。有依者智依教生非證智故．不定者有時更有異智生故．緣俗者忖度世諦不及第一義諦故．不普者雖緣世諦但得少解不解一切故．退屈者諍論辯窮即默然故。大乘者即無所依乃至終不退屈．不退屈者無量經中有百千偈說大乘法．由得此法辯才無盡．是故大乘非忖度人境。問．汝說聲聞乘非佛菩提方便．若爾何者是耶。偈曰．

廣大及甚深．　成熟無分別．　說此二方便　即是無上乘。七

釋曰．廣大者．謂諸神通由極勤方便令他信解故。甚深者謂無分別智．由難行故。如其次第．一爲成熟衆生．二爲成熟佛法．即說此二爲無上菩提方便．此二方便即是

無上乘體。問。若爾有人於中怖畏。過失云何。偈曰。

不(一)應怖而怖　由怖被燒然。怖引非福故　長時過患起。

釋曰。若人非怖畏處妄生怖畏。是人即墮極熱惡道而被燒然。何以故。由此怖畏引大非福聚生。由此罪故能令是人經無量劫受大熱惱。問。彼人復有何因生此怖畏。偈曰。

非姓非法朋。　少慧少因力。　怖此深妙法　退失大菩提。八

釋曰。若人生怖由四因緣。一非種姓離菩薩姓故。二非法朋離善知識故。三少慧力未解大乘法空故。四少因力先世不種諸波羅蜜自性善根故。由此因緣於甚深妙法橫生怖想。由此想故於大菩提福智二聚應得不得。是名爲退。汝今應知此退過患最極深重。已說怖過及怖因。次說不應怖畏因。偈曰。

無異即互無　有異即險處。　無譬種種說　續說多門說。

非有如文義　諸佛甚深體。　聰慧正觀人　應知不應怖。九

(一)梵本此下二頌皆十七言一句式。今譯十言一律。又梵本第一頌不分段。今譯改文。

（一）梵本此頌爲十七言一句式今取意略譯．

釋曰．無異卽互無者．若汝言聲聞乘卽是大乘無異大乘體．若如是者卽聲聞辟支佛乘復無有體．何以故．由得佛故．如是一切皆是佛乘．何因怖耶。有異卽險處者．若汝許有異大乘體．此體卽是一切智道最爲第一險處．由難度故．此應仰信．何因怖耶。無譬者．於一時中無二大乘並出可以相比．何因怖一不怖二耶。種種說者．今此大乘非獨說空亦說大福智聚．應解此意．何因獨怖空耶。續說者．一切時中決定相續說空．汝非乍聞．何因怖耶。多門說者．彼彼經中多門異說顯大要用破諸分別得無分別智．若異此說無大用者．如來但應言空不說如法性實際等．既說有多門．何因獨怖空耶。非有如文義者．大乘甚深不如文義．何因隨文取義而怖空耶。諸佛甚深體者．佛性甚深卒難覺識．應求了別．何因怖耶。由如是等因緣故聰慧正觀人於此大乘不應怖畏。已說不應怖畏因．次說能行此法智．偈曰．

隨（一）次聞思修　得法及得慧．
此智行此法　未得勿非毀。一○

釋曰．若人最初依善知識能起正聞．次於正義能起正憶．次於真實境界得生正智．

次從彼彼得證法果。次從彼彼後起解脫智。是人此智隨深入遠能行此法。汝若自無此智不應決定言非佛語。已說能行此法智。次遮怖畏此法句。偈曰。

不解解不深。 深非思度解。 解深得不脫。 諸怖不應爾。一一

釋曰。不解者。若汝言如是深法非我所解。如是起怖畏者不應爾。解不深者。若汝言佛解亦不深。如其解深何故說深。如是起怖畏者不應爾。深非思度解者。若汝言何故此深非思量境界。如是起怖畏者不應爾。解深得解脫者。若汝言何故獨解深義能得解脫。非思量人能得解脫。如是起怖畏者不應爾。如是已遮怖畏此法句。次以不信成立大乘。偈曰。

由小信界伴。 不解深大法。 由汝不解故。 成我無上乘。一二

釋曰。小信者狹劣信解。故小界者阿黎耶識中熏習小種子。故小伴者相似信界爲眷屬。故此三若小則不信別有大乘。由此不信則成我所立是無上法。已說成立大乘。次遮謗毀大乘偈曰。

隨聞而得覺。　未聞愼勿毀。　無量餘未聞。　謗者成癡業。一三

釋曰汝隨少聞得有覺悟。不應隨聞復生謗毀。汝於未聞無信可爾。何以故。不積善故未聞者多。愼勿謗毀。汝無簡別若生謗毀。更增癡業壞前聞故。已遮謗毀。次遮邪思偈曰。

如文取義時　師心退眞慧　謗說及輕法　緣此大過生。一四

釋曰師心者。謂自見取非智者邊求義故。退眞慧者。如實眞解未得退故。謗說者毀善說故。輕法者嫉所聞故。緣此非福次身受大苦報。是名大過起。已過邪思。次遮惡意偈曰。

惡意自性惡。　不善不應起。　況移於善處。　應捨大過故。一五

釋曰。惡意者是憎嫉心。自性惡者此心是自性罪。尚不可於過失法中起。何況於非過法中起。是故急應須捨大過患故。成宗品究竟。

歸依品第三

釋曰。如此已成立大乘。次依大乘攝勝歸依。偈曰。

若（一）人歸三寶　大乘歸第一。一切遍勇猛　得果不及故。一

釋曰。一切歸依三寶中應知大乘歸依最爲第一。何以故。由四種大義自性勝故。何者四義。一者一切遍義。二者勇猛義。三者得果義。四者不及義。此義後當說。由此四義多有留難。諸歸依者或能不能。能者爲勝。已說歸依勝。次勸勝歸依。偈曰。

難起亦難成　應須大志意　爲成自他利　當作勝歸依。二

釋曰。難起者所謂勝願。由弘誓故。難成者所謂勝行。由經無量劫故。由如此難應須發大志意。何以故。爲欲成就他利與自利故。他利者所謂願行。由願行是名聞因故。自利者所謂大義。由大義是自體果故。前說四義。今當先說一切遍義。偈曰。

衆生遍乘遍　智遍寂滅遍　是名智慧者　四種一切遍。三

釋曰。大乘歸依者有四種一切遍。一者衆生一切遍。欲度一切衆生故。二者乘一切遍。善解三乘故。三者智一切遍。通達二無我故。四者寂滅一切遍。生死涅槃體是一

（一）梵本此頌爲十四言一句式。今譯文略。

味過惡功德不分別故。已說一切遍義。次說勇猛義。偈曰。

希望佛菩提　不退難行行　諸佛平等覺　勇猛勝有三。四

釋曰。大乘歸依有三種勝勇猛。一願勝勇猛。歸依佛時求大菩提多生歡喜知勝功德故。二者行勝勇猛。起修行時不退不屈難行行故。三者果勝勇猛。至成佛時與一切諸佛平等覺故。復次由此勇猛彼諸佛子恆得善生。偈曰。

發心與智度　聚滿亦大悲[一]　種子及生母　胎藏乳母勝。五

釋曰。菩薩善生有四義。一者種子勝。以菩提心爲種子故。二者生母勝。以般若波羅蜜爲生母故。三者胎藏勝。以福智二聚住持爲胎藏故。四者乳母勝。以大悲長養爲乳母故。復次善生者由勇猛故恆得勝身。偈曰。

妙相成生力　大樂大方便　如此[二]四成就　是名爲勝身。六

釋曰。菩薩身勝有四種。一者色勝。得妙相嚴身勝轉輪王等相故。二者力勝。得成熟衆生自在力故。三者樂勝。得寂滅上品佛地無邊樂故。四者智勝。得拔救一切衆生

〔一〕原刻作慈。今依北宋刻改。〔二〕藏本此二句作長行。梵本此處殘缺。無可對校。

大巧方便故。此四成就是名佛子善生。所謂色成就力成就樂成就智成就。復次由此勇猛得與王子相似。偈曰。

先授。法自在。　巧說。善治攝。　由此四因故　佛種則不斷。七

釋曰。由四因緣王種不斷。一者入位受職。二者增上無違。三者善能決判。四者分明賞罰。善生佛子亦爾。一者蒙先授。謂一切諸佛與大光明令(一)受職故。二者法自在。謂於一切法中智慧自在他無違故。三者能巧說。謂對佛眾中善說法故。四者善治攝(二)。謂於學戒者過惡能治功德能攝故。復次由此勇猛得與大臣相似。偈曰。

入度見覺分。　持密利眾生。　由此四因故　得似於大臣。八

釋曰。有四種因是大臣功德。一者入王禁宮。二者見王妙寶。三者祕王密語。四者自在賞賜。勇猛菩薩亦爾。一者常得善入諸波羅蜜。二者常見處處經中大菩提分寶。由不忘法故。三者常持如來身口意密。四者常能利益無邊眾生。已說勇猛義。次說得果義。偈曰。

(一)原刻作生。今依藏本及麗刻改。　(二)原刻作罰。今依頌文改。

福德及尊重．　有樂．亦苦滅．　證樂．證法陰．　習盡．有滅捨。九

釋曰．大乘歸依者得此八果．一者信解時得大福德聚．二者發心時得三有尊重．三者故意受生時得三有中樂．四者解自他平等時得大苦聚滅亦得滅一切衆生苦力．五者入無生忍時覺證最上樂．六者得菩提時證大法陰．法陰者所謂法身．如此法身名爲大名爲勝名爲常名爲善聚．是無邊修多羅等法藏故名大．一切法中最上故名勝．永無有盡故名常．爲力無畏等善法積聚故名善聚．七者得熏習聚盡永滅無餘．八者得有滅捨．有捨者不住生死．滅捨者不住涅槃。已說得果義．次說不及義．偈曰．

大體及大義．　無邊．及無盡．　由善世出世　成熟神通故。一〇

釋曰．大乘歸依者所有善根由四因故一切聲聞辟支佛所不能及．一者大體．二者大義．三者無邊．四者無盡。問．此云何。答．大體者謂世間善根已得超過二乘故。大義者謂出世善根．二乘出世但自利故。無邊者謂成熟善根．能成熟無邊衆生故。無盡

者謂神通善根至無餘涅槃亦無盡故。已說歸依勝義次說歸依差別偈曰

希望及大悲　種智亦不退　三出及二得　差別有六種。一一

釋曰歸依差別有六種一自性二因三果四業五相應六品類。希望爲自性至心求佛體故大悲爲因爲一切衆生故種智爲果得無上菩提故不退爲業行利他難行行不退不屈故三出爲相應具足三乘出離行故二得爲品類世俗得法性得麤細差別故已說功德差別次說行差別偈曰

歸依有大義　功德聚增長　意悲遍世間　廣流大聖法。一二

釋曰大義謂自他利行自利行者謂功德增長復有多種若思度若數數若時節皆無有量由不可思度故不可數知故畢竟恆行時無分齊故他利行者作意及悲遍一切衆生故廣勤方便流大聖法故大聖法者大乘法故歸依品究竟。

種姓品第四

釋曰已說歸依義次說種姓差別偈曰

有勝性相類　過惡及功德　金譬與寶譬　九種各四種。一

釋曰。種姓有九種差別。一有體。二最勝。三自性。四相貌。五品類。六過惡。七功德。八金譬。九寶譬。如是九義一一各有四種差別。此偈總舉。餘偈別釋。此中先分別有體。偈曰。

由界及由信　由行及由果　由此四差別　應知有姓體。二

釋曰。種姓有體由四種差別。一由界差別。二由信差別。三由行差別。四由果差別。由界差別者。衆生有種種界無量差別。如多界修多羅說。由界差別故應知三乘種姓有差別。由信差別者。衆生有種種信可得。或有因力起。或有緣力起。能於三乘隨信一乘非信一切。若無姓差別則亦無信差別。由行差別者。衆生行行或有能進或有不能進。若無姓差別則亦無行差別。由果差別者。衆生菩提有下中上子果相似故。若無姓差別則亦無果差別。由此四差別是故應知種姓有體。已說種姓有體。次說種姓最勝。偈曰。

明淨．及普攝． 大義．亦無盡． 由善有四勝 種姓得第一。三

釋曰．菩薩種姓由四種因緣得爲最勝．一由善根明淨．二由善根普攝．三由善根大義．四由善根無盡。何以故．非諸聲聞等善根如是明淨故．非一切人善根攝力無畏等故．餘人善根無他利故．餘人善根涅槃時盡故．菩薩善根不爾．由此爲因種姓最勝。已說種姓最勝．次說種姓自性．偈曰．

性種．及習種． 所依．及能依． 應知有非有 功德度義故。四

釋曰．菩薩種姓有四種自性．一性種自性．二習種自性．三所依自性．四能依自性．彼如其次第。復次彼有者因體有故．非有者果體非有故。問．若爾云何名姓。答．功德度義故．度者出生功德義．由此道理是故名姓。已說種姓自性．次說種姓相貌．偈曰．

大悲．及大信． 大忍．及大行． 若有如此相 是名菩薩姓。五

釋曰．菩薩種姓有四種相貌．一大悲爲相．哀愍一切苦衆生故．二大信爲相．愛樂一切大乘法故．三大忍爲相．能耐一切難行行故．四大行爲相．遍行諸波羅蜜自性善

根故。已說種姓相貌。次說種姓品類。偈曰。

定決及不定。不退或退墮。遇緣如次第　品類有四種。六

釋曰。菩薩種姓品類略說有四種。一者決定。二者不定。三者不退。四者退墮。如其次第決定者遇緣不退。不定者遇緣退墮。已說種姓品類。次說種姓過失。偈曰。

應知菩薩姓　略說有四失。習惑與惡友。窮貧屬他故。七

釋曰。菩薩種姓過失略說有四種。一者習惑。功德不行煩惱多行故。二者惡友。離善知識狎弊人故。三者貧窮。所須衆具皆乏少故。四者屬他。繫屬於人不自在故。已說種姓過失。次說種姓功德。偈曰。

功德亦四種。雖墮於惡趣。遲入復速出。苦薄及悲深。八

釋曰。菩薩種姓雖有如前過失。若墮惡道。應知於中復有四種功德。一者遲入。不數墮故。二者速出。不久住故。三者苦薄。逼惱輕故。四者悲深。哀愍衆生亦成就故。已說種姓功德。次說種姓金譬。偈曰。

譬如勝金姓　出生有四種。諸善。及諸智。諸淨。諸通故。九

釋曰。勝金姓者所出有四義。一者極多。二者光明。三者無垢。四者調柔。菩薩種姓亦爾。一者爲無量善根依止。二者爲無量智慧依止。三者爲一切煩惱障智障得清淨依止。四者爲一切神通變化依止。已說種姓金姓譬。次說種姓寶姓譬。偈曰。

譬如妙寶姓　四種成就因。大果法。大智。大定。大義故。一〇

釋曰。妙寶姓者四種成就依止。一者真成就依止。二者色成就依止。三者形成就依止。四者量成就依止。菩薩種姓亦爾。一者爲大菩提因。二者爲大智因。三者爲大定因。定者由心住故。四者爲大義因。成就無邊衆生故。已廣分別姓位。次分別無姓位。偈曰。

一向行惡行。普斷諸白法。無有解脫分。善少亦無因。一一

釋曰。無般涅槃法者是無姓位。此略有二種。一者時邊般涅槃法。二者畢竟無涅槃法。時邊般涅槃法者有四種人。一者一向行惡行。二者普斷諸善法。三者無解脫分

善根。四者善根不具足。畢竟無涅槃法者。無因故。彼無般涅槃姓。此謂但求生死不樂涅槃人。已說無姓。次說令入。偈曰。

廣演深大法　令信令極忍　究竟大菩提　二知二性勝。一二

釋曰。廣演深大法者。爲利他故。謂無智者令得大信。已大信者令成就極忍。能行不退。已極忍者令究竟成就無上菩提。二知者。謂諸凡夫及諸聲聞。若得如是。彼諸二人則知自性性德圓滿。性最爲殊勝。問。云何勝。偈曰。

增長菩提樹。生樂及滅苦。自他利爲果。此勝如吉根。一三

釋曰。如是種姓能增長極廣功德大菩提樹。能得大樂。能滅大苦。能得自他利樂。以爲大果。是故此性最爲第一。譬如吉祥樹根。菩薩種姓亦爾。種姓品究竟。

大乘莊嚴經論卷第一

大乘莊嚴經論卷第二

無著菩薩造

唐三藏法師波羅頗迦羅蜜多羅譯

發心品第五

釋曰。如是已分別菩薩種姓。次分別菩薩發菩提心相。偈曰。

勇猛及方便。利益及出離。　四大三功德。二義故心起。一

釋曰。菩薩發心有四種大。一勇猛大。謂弘誓精進甚深難作長時隨順故。二方便大。謂披弘誓甲已恆時方便勤精進故。三利益大。謂一切時作自他利故。四出離大。謂爲求無上菩提故。復次此四種大顯示三種功德。第一第二大顯示作丈夫所作功德。第三大顯示作大義功德。第四大顯示受果功德。此三功德以二義爲緣。所謂無上菩提及一切衆生。由此思故發菩提心。已說發心相。次說發心差別。偈曰。

信行與淨依。報得及無障。　發心依諸地。差別有四種。二

釋曰。菩薩發心依諸地有四種差別。一信行發心。謂信行地。二淨依發心。謂前七地。三報得發心。謂後三地。四無障發心。謂如來地。已說差別。次當廣釋。問。如此發心以何爲根。何所依止。何所信。何所緣。何所乘。何所住。何等障難。何等功德。何等自性。何所出離。何處究竟。偈曰。

(一)大悲與利物。大法將種智。勝欲亦大護。受障及增善。三

福智與修度。及以地地滿。初根至後竟。隨次解應知。四

釋曰。菩薩發心以大悲爲根。以利物爲依止。以大乘法爲所信。以種智爲所緣。爲求彼故。以勝欲爲所乘。欲無上乘故。以大護爲所住。住菩薩戒故。以受障爲難。起異乘心故。以增善爲功德。以福智爲自性。以習諸度爲出離。以地滿爲究竟。由地地勤方便與彼彼相應故。如此已廣分別。次說受世俗發心。偈曰。

友力及因力。根力亦聞力。四力總二發。不堅及以堅。五

釋曰。若從他說得覺而發心。是名受世俗發心。此發心由四力。一者友力發心。或得

(一)梵本此段四頌皆八言一句式。今略爲二頌。

善知識隨順故。二者因力發心。或過去曾發心爲姓故。三者根力發心。或過去曾行諸善根所圓滿故。四者聞力發心。或處處說法時無量衆生發菩提心故。又習善根者或現在如法常聞受持等故。復次彼四力發心總爲二種。一者不堅發。謂友力發心故。二者堅發。謂因等三力發心故。已說世俗發心。次說第一義發心。偈曰。

親(一)近正遍知。　善集福智聚。　於法無分別。　最上真智生。六

釋曰。第一義發心顯有三種勝。一教授勝。親近正遍知故。二隨順勝。善集福智聚故。三得果勝。生無分別智故。此發心名歡喜地。由歡喜勝故。問此勝以何爲因。偈曰。

諸法及衆生。　所作及佛體。　於此四平等。　故得歡喜勝。七

釋曰。四平等者。一法平等。由通達法無我故。二衆生平等。由至得自他平等故。三所作平等。由令他盡苦如自盡苦故。四佛體平等。由法界與我無別決定能通達故。已說勝因。次說勝差別。偈曰。

生位及願位。　亦猛亦淨依。　餘巧及餘出。　六勝復如是。八

(一)梵藏本此頌合下六頌爲一段。

釋曰。第一義發心復有六勝。一生位勝。二願位勝。三勇猛勝。四淨依勝。五餘巧勝。六餘出勝。問。此六云何勝。偈曰。

生(一)勝由四義。　願大有十種。　勇猛恆不退。　淨依二利生。九

巧便進餘地。　出離善思惟。　如此六道理。　次第成六勝。(二)一〇

釋曰。生勝由四義者。一種子勝。信大乘法爲種子故。二生母勝。般若波羅蜜爲生母故。三胎藏勝。大禪定樂爲胎藏故。四乳母勝。大悲長養爲乳母故。願大有十種者。十大願。如十地經說。發此願勝故。勇猛恆不退者。能行難行永不退故。淨依二利生者。一知自近菩提。二知利他方便故。巧便進餘地者。得趣上地方便故。出離善思惟者。思惟住諸地中所建立法故。問。云何思惟。答。如所建立分齊分別知故。以是分別亦知無分別故。已說發心。次說譬喻顯此發心。偈曰。

如(三)地。如淨金。　如月。如增火。　如藏。如寶篋。　如海。如金剛。　一一

如山。如藥王。　如友。如如意。　如日。如美樂。　如王。如庫倉。　一二

(一)梵藏本具出四義名目。衍爲一頌。下長行中即不列舉。　(二)梵藏本次有一頌。意謂如所建立作意知彼分別即無分別。由此出離云云。與下長行文合。今譯缺略。　(三)梵藏本此段六頌皆法喻並舉。今略爲二。

如道．如車乘．　如泉．如喜聲．　如流．亦如雲．　發心譬如是。　一三

釋曰．如此發心與諸譬喻何義相似。答．譬如大地．最初發心亦如是．一切佛法能生持故。譬如淨金．依相應發心亦如是．利益安樂不退壞故。譬如新月．勤相應發心亦如是．一切善法漸漸增故。譬如增火．極依相應發心亦如是．益薪火熾積行依極故。譬如大藏．檀波羅蜜相應發心亦如是．以財周給亦無盡故。譬如寶篋．尸波羅蜜相應發心亦如是．功德法寶從彼生故。譬如大海．羼提波羅蜜相應發心亦如是．諸來違逆心不動故。譬如金剛．毗梨耶波羅蜜相應發心亦如是．勇猛堅牢不可壞故。譬如山王．禪波羅蜜相應發心亦如是．物無能動以不亂故。譬如藥王．般若波羅蜜相應發心亦如是．惑智二病此能破故。譬如善友．無量相應發心亦如是．一切時中不捨眾生故。譬如如意珠．神通相應發心亦如是．隨所欲現能成就故。譬如盛日．攝相應發心亦如是．如日熟穀成熟眾生故。譬如美樂．辯相應發心亦如是．說法教化攝眾生故。譬如國王．量相應發心亦如是．能爲正道不壞因故。譬如倉庫．聚相應發心

亦如是。福智法財之所聚故。譬如王路。覺分相應發心亦如是。大聖先行餘隨行故。譬如車乘。止觀相應發心亦如是。二輪具足安樂去故。譬如涌泉。總持相應發心亦如是。聞者雖多法無盡故。譬如喜聲。法印相應發心亦如是。求解脫者所樂聞故。譬如河流。自性相應發心亦如是。無生忍道自然而流不作意故。譬如大雲。能成世界方便相應發心亦如是。示現入相成道化衆生故。如此等及二十二譬譬彼發心。如聖者無盡慧經廣說。應知已說發心譬喩。次說不發心過失。偈曰。

思利及得方。解義亦證實。如是四時樂。趣寂則便捨。一四

釋曰。菩薩有四種樂。一思利樂。謂思惟利益他時。二得方樂。謂至得巧方便時。三解義樂。謂解了大乘意時。四證(一)實樂。謂證入法無我時。若人棄捨衆生趣向寂滅。應知是人不得菩薩如是四樂。已呵不發心。發心者應讚歎。偈曰。

最初發大心 善護無邊惡 善增悲增故 樂喜苦亦喜。一五

釋曰。若菩薩初發大菩提心。爾時依無邊衆生卽得善護不作諸惡。爲此故是人遠

(一)原刻作治，今依梵藏本及麗刻改。

離退墮惡道畏。復次由有善及增，故於樂常喜；由有悲及增，故於苦常喜。爲此故是人遠離退失善道畏。已讚發心，次說因此發心得不作護(一)。偈曰：

愛他過自愛　忘己利衆生　不爲自憎他　豈作不善業。一六

釋曰：若略示彼義，菩薩愛他過於自愛，由此故忘自身命而利於他，不爲自利而損於彼。由此故能於衆生絶諸惡業。已說得不作護，次說得不退心。偈曰：

(二)觀法如知幻　觀生如入苑　若成若不成　(三)惑苦皆無怖。一七

釋曰：菩薩觀一切諸法如似知幻，若成就時於煩惱不生怖。菩薩觀自生處如入園苑，若不成就時於苦惱亦不生怖。若如是者，更有何意而退菩提心耶。復次偈曰：

自嚴及自食　園地與戲喜　如是有四事　悲者非餘乘。一八

釋曰：菩薩以自功德而爲自嚴，以利他歡喜而爲自食，以作意生處而爲園地，以神通變化而爲戲喜。如此四事唯菩薩有，於二乘無。菩薩既有此四事，云何當退菩提心。已說不退心，次遮畏苦心。偈曰：

(一)原刻作讚，今依梵藏本及麗刻改。(二)梵藏本此下二頌合爲一段。(三)原刻作或，今依梵藏本及麗刻改。

極勤利衆生　大悲爲性故。　無間如樂處　豈怖諸有苦。一九

釋曰。菩薩以大悲爲體。是故極勤利他雖入阿鼻地獄如遊樂處。菩薩如是於餘苦中豈生怖畏因此怖畏而退心耶。偈曰。

大悲恆在意。　他苦無自苦。　自然作所作　待勸深慙羞。二〇

釋曰。諸菩薩大悲闍梨常在心中。若見衆生受苦即自生苦。由此道理自然作所應作。若待善友勸發深生極重慙羞。偈曰。

荷負衆生擔　懈怠醜非勝。　爲解自他縛　精進應百倍。二一

釋曰。菩薩發心荷負衆生重擔。若去賒緩而是醜事。非爲第一端正衆生。菩薩應思若自若他有種種急縛謂惑業生。爲解此縛應須百倍精進過彼聲聞作所應作。發心品究竟。

二利品第六

釋曰。已說發心。次說依此發心隨順修行自他利行。偈曰。

大依及大行．大果次第說．大取及大忍．大義三事成。一

釋曰．大依者依止大菩提而發心故．大行者爲利自他而發行故．大果者令得無上菩提故。如其次第大取者發心時攝一切衆生故．大忍者發行時忍一切大苦故．大義者得果時廣利一切衆生業成就故。已說次第．次說自他無差別偈曰．

他自心平等．愛則於彼勝。如是有勝想．二利何差別。二

釋曰．菩薩得他自心平等．或由信得謂世俗發心時．或由智得謂第一義發心時。菩薩雖有此心．然愛他身則勝自身。於他既有如此勝想．則不復分別何者爲自利何者爲利他．俱無別故。已說無差別．次說利他勝偈曰．

於世無怨業．利彼恆自苦．悲性自然起．是故利他勝。三

釋曰．菩薩於諸世間久絕怨業．是故恆爲成就他利自身受諸勤苦．由大悲爲體自然起故．由此道理則利他爲勝。問．如是利他云何隨順。偈曰．

善說令歸向．令入亦令調．令成亦令住．令覺令解脫．四

（一）梵本此頌爲十四言一句，式與上文同，今譯剩二句。

集德及生家，得記幷受職，至成如來智，以是利羣生。五

釋曰，三種衆生謂住下中上姓菩薩，如其所住而攝取之。以十三種隨順利益。一者善說，由隨教及記心故，二者令歸向，由神通力故，三者令入，由向已能令信受正教故，四者令調，由入已斷其疑故，五者令成，由成熟善根故，六者令住，由教授令心住故，七者令覺，由得智慧故，八者令解脫，由得神通等諸勝功德故，九者集德，由遍集福智故，十者生家，由生佛家故，十一者得記，由八地受記故，十二者受職，由十地受職故，十三者得如來智，由入佛地故。問，如此隨順云何成立。偈曰，

不（二）倒及不高，無著亦通達，能忍及調順，遠去亦無盡，
應知此八義，成就彼十三。六

釋曰，不倒者，若人已住於姓菩薩隨機而爲說法不妄授故，不高者，彼歸向時不恃神通而自高故，無著者，彼入正法時不染衆生故，通達者，斷彼疑網故，能忍者，善成熟彼故，調順者，隨順教授非不調教授故，遠去者，隨順生家等非不遠去令他能作

故無盡者菩薩利益衆生一切時願無盡故。是名成就應知。問。此隨順云何勝差別。偈曰。

(一)習欲大可畏。有愛動而倒。樂滅斷煩惱。大悲求佛法。七

釋曰。習欲者謂欲界人。大可畏者身心苦多及向惡趣故。有愛者謂色無色界人。動而倒者彼樂無常故動。行苦故倒。樂滅者謂自利人。斷煩惱者由煩惱所持則苦不斷。爲離苦故自斷煩惱而求寂滅。大悲者謂利他人。求佛法者此人常求一切佛法擬利一切衆生故。偈曰。

世間求自樂。不樂恆極苦。菩薩勤樂他。二利成上樂。八

釋曰。世間愚癡常求自樂而不得樂反得極苦。菩薩不爾。常勤樂他而二利成就。更得第一大涅槃樂。此是菩薩勝隨順差別。已說利他隨順。次以此行迴向衆生。偈曰。

異根於異處。異作有異行。凡是諸所作。迴以利衆生。九

釋曰。菩薩迴向隨眼等諸根行種種處。作種種威儀業行利益衆生。凡是諸行若事

(一)梵藏本此下二頌合爲一敉。

相應及以相似彼皆迴向一切衆生。如行清淨經中廣說。已說迴向心。次遮不忍心。

偈曰。

衆生不自在　常作諸惡業。　忍彼增悲故　無惱亦無違。一〇

釋曰。衆生爲煩惱所惱心不自在。是故作諸惡業。菩薩智慧於彼常起大忍增長大悲。是故於彼不起惱心亦不欲作不隨順事。已遮不忍心。次顯隨順大。偈曰。

勝出與寂靜。　功德及利物。　次第依四義　說大有四種。一一

釋曰。諸菩薩有四種隨順大。一者勝出大。於三有五趣中而勝出故。如般若波羅蜜經說須菩提若色有法非無法者是摩訶衍不能勝出一切世間天人阿修羅故。二者寂靜大。隨向無住處涅槃故。三者功德大。福智二聚增長故。四者利物大。常依大悲不捨衆生故。二利品究竟。

真實品第七

釋曰。已說隨順修行。次說第一義相。偈曰。

非(一)有。亦非無。　非如。亦非異。　非生。亦非滅。　非增。亦非減。
非淨非不淨　此五無二相　是名第一義　行者應當知。一

釋曰。無二義是第一義。五種示現。非有者分別依他二相無故。非無者眞實相有故。非如者分別依他二相無一實體故。非異者彼二種如無異體故。非生非滅者無爲故。非增非減者淨染二分起時滅時法界正如是住故。非淨者自性無染不須淨故。非不淨者客塵去故。如是五種無二相是第一義相應知。已說第一義。次遮於彼起顛倒偈曰。

我見非見我　無相非無緣　異二無我故　解脫唯迷盡。二

釋曰。我見非見我者。無我相故。何以故。由我相但是分別故。非無緣者。煩惱習氣所起。緣五受陰故。異二無我故者。二謂我見及五受陰。亦非異此二種而有我相。如是我見但是迷謬。實無我相可得故。解脫唯迷盡者。若緣自身起解脫。亦唯迷盡。無別有我名解脫者故。已遮妄見。次呵顛倒偈曰。

(一)梵本此頌爲二十五言一行式。今譯十言一句。又頌末句梵本無文。係譯者所加。

(一)梵藏本此下二頌合爲一段。(二)梵藏本次有依勝義相一句，今譯缺略。

云(一)何依我見　不見苦自性　迷苦及苦者　法性與無性。三

釋曰。云何依我見不見苦自性者。咄哉世間。云何依止我見起種種迷不能了達諸行是苦自性而常隨逐耶。迷苦及苦者法性與無性者。苦謂受彼苦觸。苦者謂苦不斷。非我與苦相應名爲苦者。迷苦謂不解苦自性。迷苦者謂不解無我。法性者唯法。由人無我故。無性者非法。由法無我故。偈曰。

云何緣起體　現見生異見　闇故不見有　亦復不有見。四

釋曰。云何緣起體現見生異見者。咄哉世間。云何現見諸行各從緣起而依此體橫生異見謂眼等諸根體非緣起耶。闇故不見有亦復不有見者。由無明故緣起之法是有而不見。有我體不有而復有見。問。若爾云何得涅槃。偈曰。

生死與涅槃　無二無少異　善住無我故　生盡得涅槃(二)。五

釋曰。生死涅槃無有二乃至無有少異。何以故。無我平等故。若人善住無我而修善業。則生死便盡而得涅槃。如是已遮顛倒。次應說彼對治。偈曰。

福智無邊際(一)　生長悉圓滿。　思法決定已　通達義類性。六

釋曰。此偈顯第一集大聚位。福智無邊際者由差別無數及時節無邊故。生長悉圓滿者菩薩集此大聚到彼岸故思法決定已者依止定心而思惟故。通達義類性者解所思諸法義類悉以意言爲自性故。偈曰。

已知義類性(二)　善住唯心光。　現見法界故　解脫於二相。七

釋曰。此偈顯第二通達分位。由解一切諸義唯是意言爲性。則了一切諸義悉是心光。菩薩爾時名善住唯識。從彼後現在法界了達所有二相即解脫能執所執。偈曰。

心(三)外無有物　物無心亦無。　以解二無故　善住真法界。八

釋曰。此偈顯第三見道位。如彼現見法界故。解心外無有所取物。所取物無故亦無能取心。由離所取能取二相故應知善住法界自性。偈曰。

無(四)分別智力　恆平等遍行。　爲壞過聚體　如藥能除毒。九

釋曰。此偈顯第四修道位。菩薩入第一義智轉依已。以無分別智恆平等行及遍

(一)梵藏本此下四頌合爲一段。又、玄奘譯攝大乘論卷二引此頌云。福德智慧二資糧。菩薩善備無邊際。於法思量善決已。故了義趣唯言類。梵本此頌係十一言一句式。故奘譯作九言句。次下三頌均同。(二)玄奘譯此頌云。若知諸義唯是言。即住似彼唯心理。便能現證真法界。是故二相悉蠲除。(三)玄奘譯此頌云。體知離心無別物。由此即會心非有。智者了達二皆無。等住二無真法界。(四)玄奘譯此頌云。慧者無分別智力。周遍平

[illegible]

處行.何以故.爲壞依止依他性熏習稠林過聚相故。問.此智力云何。答.譬如阿伽陀大藥能除一切衆毒.彼力如此。偈曰.

緣(一)佛善成法　心根安法界.　解念唯分別　速窮功德海。一〇

(一)玄奘譯此頌云.佛說妙法善成立.安慧并根法界中.了知念趣唯分別.勇猛疾歸德海岸.梵本此頌係二十五言一行式.故奘譯亦作九言句以示區別.

釋曰.此偈顯第五究竟位。緣佛善成法者.諸菩薩於佛善成立一切妙法中作總聚緣故。問.云何總聚緣。答.心根安法界.此明入第一義智故由此慧安住法界.是故此心名根。問.此後復云何。答.解念唯分別.謂此後起觀如前觀事處處念轉解知諸念唯是分別非實有故。問.如此知已得進何位。答.速窮功德海.謂如是知已佛果功德海能速窮彼岸故.真實品究竟。

神通品第八

釋曰.說真實義已.次顯菩薩神通相.偈曰.

起滅及言音.　心行亦先住.　向彼令出離.　六智自在通。一

釋曰.起滅者.謂生死智境知諸衆生生死故。言音者.謂天耳智境.隨彼所起言語悉

聞知故。心行者．謂他心智境．能知他人心行差別故。先住者．謂宿命智境．知彼先住善惡所集故。向彼者．謂如意智境．隨彼處處往教化故。出離者．謂漏盡智境．知彼衆生出離應不應故。如此六智於諸世界六義差別遍知無礙勇猛自在．是名菩薩神通自性。已說自性．次說修習偈曰．

第四極淨禪． 無分別智攝． 如所立方便． 依此淨諸通。二

釋曰．如所依禪．如所攝智．如所立方便．菩薩作意修習則得最上神通。已說修通．次說得果偈曰．

三住住無比． 所往善供養． 令彼得清淨． 是說神通果。三

釋曰．神通有三種果．一勝住果．此住有三種．一聖住二梵住三天住．所得無比無上故。二善供養果．隨所往處世間衆生大供養故。三令他清淨果．能令供養者得清淨故。問．神通有六種業．一自業二他業三光業四戲業五化業六淨業．此云何．偈曰．

世生成壞事 見彼猶如幻． 種種他所欲 自在隨意成。四

釋曰。此偈上半顯示自業。見諸世界及諸衆生若成若壞猶如幻故。下半顯示他業。謂動地放光等事隨他所欲自在現故。十種自在。如十地經說。偈曰。

神光照惡趣　令信生善道。　威力震天宮　動殿令魔怖。五

釋曰。此偈顯示光業。光業二種。一救苦。二怖魔。上半偈明救苦。謂下照惡道衆生令發信心得生善道故。下半偈明怖魔。謂上照天宮動魔宮殿令魔驚怖故。偈曰。

遊戲諸三昧　僧中最第一。　恆現三種化　以是利衆生。六

釋曰。此偈上半顯示戲業。於佛衆中遊戲諸(一)定最得自在。下半顯示化業。化有三種。一業化。工巧業處自在化故。二隨化。隨他所欲自在化故。三上化。住兜率天等勝上化故。以是三化恆爲利益。偈曰。

智力普自在　刹土隨欲現。　無佛令聞佛　懸擲有佛境。七

釋曰。此偈顯示淨業。淨業二種。一淨刹土。二淨衆生。上半偈明淨刹土。由智自在隨彼所欲能現水精瑠璃等清淨世界故。下半偈明淨衆生。於無佛世界能令聞佛起

(一)原刻作化。今依梵藏本及麗刻改。

淨信心生有佛處故。已說業用。次說相應偈曰。

成熟衆生力　諸佛所稱譽。發語無不信　如是說相應。八

釋曰。神通相應有三種。一成生相應。譬如鳥翅初得成就。二稱譽相應。常得諸佛之所讚歎。三信受相應。凡所言說人皆信受。已說相應。次說住神通具偈曰。

六智及三明。八解八勝處。十遍諸三昧。勇猛資神通。九

釋曰。菩薩住神通具有六種差別。一六智。二三明。三八解脫。四八勝處。五十遍入。六諸三昧。如是六義是分別神通具差別。已說住神通具。次讚神通大偈曰。

能安不自在　常勤於利物　行有無怖畏　勇猛如師子。一〇

釋曰。菩薩神通有三種大。一自在大。衆生由煩惱故不得自在。菩薩智力能自在安置故。二歡樂大。由常勤利益衆生一向樂故。三無畏大。行三有中得極勇猛如師子故。神通品究竟。

成熟品第九

釋曰。已說諸菩薩神通。諸菩薩云何自成熟。偈曰。

欲。信。捨。悲。忍。　念。力。堅。支。具。　應知自成熟　此九皆上品。一

釋曰。菩薩有九種自成熟。一者欲成熟。由希求大法故。二者信成熟。由淨心說者故。三者捨成熟。由滅離煩惱故。四者悲成熟。由憐愍衆生故。五者忍成熟。由能行難行故。六者念成熟。由一切受持故。七者力成熟。由皆能通達故。八者堅成熟。由惡魔外道不能奪故。九者支(一)成熟。由善分圓滿故。如此九種窮最上位是名成熟相。此九成熟一一有因有體有業。今當說偈曰。

近友。聞。亦思。　勝勇。勝究竟。　攝法及受法。　說欲成熟相。二

釋曰。親近善友。聽聞正法。如法思惟。此三能起大欲是名欲因。上大精進一切不思議處究竟無疑是名欲體。於大乘法有災橫處則能守護菩薩所說信心領受是名欲業。偈曰。

如來福智聚。　淨心不可壞。　速受定智果。　說信成熟相。三

(一)原刻作友。今依梵藏本及麗刻改。

釋曰．婆伽婆如是廣說是名信因．得不壞淨是名信體．得定智果是名信業。偈曰．

善護於六根．　離惡起對治．　樂修諸善法．　說捨成熟相。四

釋曰．以念猗等善護六根是名捨因．離不善覺起無間道是名捨體．一切善法恆樂修習是名捨業。偈曰．

見諸衆生苦．　哀憐離小心．　受身世間勝．　說悲成熟相。五

釋曰．菩薩見衆生苦是名悲因．起極憐愍遠離小乘心是名悲體．得一切世間勝諸地不退是名悲業。偈曰．

持性數修習．　極苦能安忍．　善根恆樂進．　說忍成熟相。六

釋曰．持耐忍謂名門數習成姓是名忍因．能受極風寒等苦是名忍體．隨勝生處恆修善法是名忍業。偈曰．

報淨善隨順．　極入善惡說．　能起大般若．　說念成熟相。七

釋曰．得清淨器是名念因．隨所聞說善惡二義聞思修已深了不忘是名念體．能生

出世般若是名念業。偈曰。

二聚界圓滿。果起依最上。世間得第一。說力成熟相。八

釋曰。福智二聚種子充滿是名力因。能得最上依止是名力體。世間第一隨意成熟是名力業。偈曰。

深觀妙法理。諸魔不可奪。能與異部過。說堅成熟相。九

釋曰。妙法道理作心觀察是名堅因。惡魔波旬不能障礙是名堅體。能與他部而作過失是名堅業。偈曰。

所有善根聚。依勤能發起。離惡及修善。說支成熟相。一〇

釋曰。彼成熟善根聚是名支因。依此因能發起上精進是名支體。離諸不善樂修勝善是名支業。偈曰。

如此九種物。自熟亦熟他。增善增法身。如是極親者。一一

釋曰。欲等九物能自成熟亦成熟他。常增長一切善根及增長法身。由此二種增故

如似世間第一親者。已說菩薩自得成熟。次說菩薩成熟衆生。偈曰。

癰熟則堪治　食熟則堪噉。衆生熟亦爾　二分捨用故。一二

釋曰。二分者。一障分二治分。障熟須捨如癰熟須潰。治熟須用如食熟須噉。是名成熟依止。已說成熟依止。次說成熟差別。偈曰。

捨普勝隨善　得常漸爲八　如此諸成熟　是說差別種。一三

釋曰。成熟他相有八種。一者捨成熟。令滅煩惱故。二者普成熟。化以三乘故。三者勝成熟。過外道法故。四者隨成熟。應機說故。五者善成熟。心恭敬故。六者得成熟。令不倒解故。七者常成熟。令永不退故。八者漸成熟。令次第增長故。已說成熟差別。次說成熟心勝。偈曰。

利〔一〕子及利親　利己三利勝　菩薩利一切　過彼勝無比。一四

釋曰。譬如世人安樂自子安樂自親安樂自身此心最勝。菩薩普欲成熟一切衆生過彼三心不可爲比。是故菩薩成熟衆生其心最勝。問此勝云何成立。偈曰。

〔一〕梵藏本此下二頌合爲一段。

世間不自愛　何況能愛他。　菩薩自愛捨　但爲愛他故。一五

釋曰。世人雖欲自愛尚不能自安利處。況能愛他安他利處。菩薩不爾。捨於自愛但爲愛他。是故成熟衆生勝過於彼。問。用此心勝云何成熟。偈曰。

身財一切捨。　平等及無厭。　所乏令充足。　安立於善根。一六

釋曰。此偈顯示檀波羅蜜成熟衆生。檀有三種。一資生檀內外身財一切捨故。二平等檀。於諸施田離高下故。三無厭檀。勇猛恆施不疲倦故。以是三檀二世隨攝。於現在世皆令充足。於未來世安立善根。偈曰。

常與性及滿。　自樂不放逸。　引入於戒足。　二果常無盡。一七

釋曰。此偈顯示尸波羅蜜成熟衆生。菩薩有五種尸羅。一者常尸羅。生生常有故。二者自性尸羅。無功用心住真實體故。三者圓滿尸羅。十善業道皆具足故。如十地經說。四者自樂尸羅。恆自愛樂故。五者不放逸尸羅。念念無犯故。以是五種尸羅二世隨攝。於現在世安立戒品。於未來世令依報二果功德無絕。偈曰。

不益得益想．極忍解方便．令彼起隨順．及種諸善根。一八

釋曰．此偈顯示羼提波羅蜜成熟衆生．若他以不饒益事來向菩薩．菩薩於彼得饒益解起極忍辱．何以故．由彼隨順令我忍波羅蜜得增長故．亦以是忍二世隨攝．於現在世令起歸向．此未來世令種善根。偈曰．

久劫行上勤　利物心無退．令生一念善．況欲善無量。一九

釋曰．此偈顯示毗梨耶波羅蜜成熟衆生．菩薩於億百千劫行最上精進爲成熟無邊衆生心無退轉．以是精進二世隨攝．於現在世但令得生一念善心．況於未來令無量善根皆得增益。偈曰．

得上自在禪．離染及見慢．現在令歸向．未來善法增。二〇

釋曰．此偈顯示禪波羅蜜成熟衆生．菩薩所得禪定遠離愛見慢等故自在最上．以是禪定二世隨攝．於現在世令歸向第一妙法．於未來世令增長一切善根。偈曰．

知眞及知意．能斷一切疑．於法令恭敬．自他功德滿。二一

釋曰。此偈顯示般若波羅蜜成熟衆生。知真者解法不顛倒故。知意者了達衆生心行斷彼疑故。以是般若二世隨攝。於現在世令向大法深生恭敬。於未來世令彼自身功德及他身功德皆得圓滿。偈曰。

善趣及三乘。　大悲有三品。　盡於未來際　如是熟衆生。二二

釋曰。此偈顯示大成熟相有三種。一者位大。謂窮四位安立善道及以三乘。二者品大。悲極三品。下者信行地。中者初地至七地。上者八九十地。三者時大。時節(一)無邊盡未來際。菩薩如是利益衆生是名大成熟相。成熟品究竟。

大乘莊嚴經論卷第二

(一)原刻作卽。今依麗刻改。

大乘莊嚴經論卷第三

無著菩薩造

唐三藏法師波羅頗迦羅蜜多羅譯

菩提品第十

釋曰。已說菩薩成熟衆生。次說菩薩得一切種智。偈曰。

(一)一切難已行。一切善已集。一切時已度。一切障已斷。一

釋曰。此偈顯一切種智因圓滿。一切難已行者。由具足行無量百千種難行行未曾疲倦故。一切善已集者。由具足聚集諸波羅蜜自性善根故。一切時已度者。由具足經長時大劫阿僧祇故。一切障已斷者。由具足斷一切大乘障謂諸地所有微細障故。偈曰。

成就一切種　此即爲佛身　譬如大篋開　衆寶無不現。(二)二

釋曰。此偈顯一切種智果圓滿。有三義分別。一至得。二自性。三譬喻成就。一切種者。

(一)梵藏本此下二頌合爲一段。　(二)梵藏本次有一頌釋前二頌。今譯改入長行。

謂至得分別。從此已後成就一切種智故。此即爲佛身者。謂自性分別。即說一切種智爲佛身體故。譬如大篋開衆寶無不現者。謂譬喻分別。不可思議菩提分寶皆現前故。已說一切種智爲佛身。次說此身無二相。偈曰。

(一)白法爲佛身　非無亦非有　佛爲法寶因　法則善根因。三

釋曰。白法爲佛身者。轉六波羅蜜等一切善法爲佛體故。非無亦非有者。此體非無。何以故。眞如無別故。亦復非有。何以故。自性不成就故。是名無二相。佛爲法寶因者。佛說一切法故。及以神通力故。法則善根因者。衆生爲田。善根爲穀。如是法寶於所化衆生田生長善根穀故。偈曰。

具法亦離法　如藏亦如雲　生法雨法雨　故成如是譬(二)。四

釋曰。此偈重顯前義。具法亦離法者。諸佛具足一切善法故。遠離一切不善法故。如藏亦如雲者。佛寶如藏。法寶如雲。問。此以何義。答。生法雨法雨故成如是譬。佛寶能出生法寶與大藏相似。法寶能生長一切衆生善根與大雲相似。已說佛身無二相。

(一)梵藏本此下二頌合爲一段。(二)梵藏本別有一頌釋前二頌分譯缺略。

次說是無上歸依偈曰．

諸佛常救護　衆生三染汙．　諸惑諸惡行　及以生老死。五

釋曰．此偈略顯救護義。諸佛常救護者．由畢竟救護故。問．救護何法。答．衆生三染汙．謂煩惱染汙業染汙生染汙．諸惑者卽煩惱染汙．諸惡行者卽業染汙．及以生老死者卽生染汙。問．云何救護。答．於此三種衆生一切時救護不捨．卽是畢竟義。偈曰．

諸災及惡趣．　身見亦小乘．　如是諸衆生　一切皆救護。六

釋曰．此偈廣顯救護義。諸災者．謂盲聾瘖瘂狂亂形殘等衆生．由佛力故盲者得視聾者得聽瘂者能言狂者得正亂者得定形殘者得具足．如是救護。惡趣者．謂地獄等衆生．放光照觸令得離苦不復更入．如是救護。身見者．謂著我衆生．令得人無我解入二乘涅槃．如是救護。小乘者．謂二乘姓不定衆生．方便引入大乘．如是救護。偈曰．

佛爲勝歸處　無比故無上．　如前種種畏　無不令脫者。七

釋曰。此偈顯歸依勝。由佛無譬喻故爲無上。是故如前所說三種染汙衆生及餘災等衆生一切皆能救護。偈曰。

諸佛善滿身　一切世間勝。　妙法化衆生　以度悲海故。八

釋曰。此偈顯歸依勝因。諸佛善滿身一切世間勝者。此由自利究竟。由力無畏等諸善功德自性滿故。妙法化衆生以度悲海故者。善解教化衆生方便及度大悲海岸究竟故。偈曰。

盡於未來際　普及一切生。　恆時利益彼　是說歸依大。九

釋曰。此偈顯歸依大。大有三義。一者時大。窮一切衆生生死際故。二者境大。以一切衆生爲境故。三者事大。恆時作利益救脫其苦令出離故。已說無上歸依。次說如來轉依相。偈曰。

二障種恆隨　彼滅極廣斷。　白法圓滿故　依轉二道成。一〇

釋曰。此偈顯示轉依有離有得。二障種恆隨彼滅極廣斷者。此明所治遠離。謂煩惱

障智障二種種子無始已來恆時隨逐今得永滅．極者一切地．廣者一切種．此皆斷故。白法圓滿故依轉二道成者．此明能治成就謂佛體與最上圓滿白法相應．爾時依轉得二道成就．一得極清淨出世智道．二得無邊所識境界智道．是名轉依。偈曰．

彼處如來住　不動如山王．　尚悲樂滅人　況著諸有者。（一一）

釋曰此偈顯示如來轉依諸轉中勝．何以故．如來轉依住無漏界處如山王鎮地安住不動．如此轉已見於聲聞緣覺樂寂滅人尚生憐愍何況遠邊下賤著有苦惱衆生。偈曰．

他（一）利及無上．　不轉及不生．　廣大與無二．　無住亦平等．

殊勝與遍授．　是說如來轉　顯示十功德　差別義應知。（一二）

釋曰．此二偈顯示如來轉依有十種功德差別。何等爲十．一者他義轉．謂轉依已爲利他故．二者無上轉．謂轉依已一切法中而得自在過二乘轉故．三者不轉轉．謂轉依已染汙諸因不能轉此依彼依轉故．四者不生轉．謂轉依已一切染汙法畢竟不

（一）梵本此頌爲十一言一句式．今譯十言一句．又頌末二句梵本無文．係譯者所加．

起故。五者廣大轉。謂轉依已示現得大菩提及般涅槃故。六者無二轉。謂轉依已生死涅槃無有二故。七者不住轉。謂轉依已有爲無爲俱不住故。八者平等轉。謂轉依已與聲聞緣覺同解脫煩惱障故。九者殊勝轉。謂轉依已力無畏等一切佛法無與等故。十者遍授轉。謂轉依已恆以一切乘而教授故。偈曰。

如空遍一切　佛亦一切遍　虛空遍諸色　諸佛遍衆生。一三

釋曰。此偈顯示佛體一切遍。與虛空相似。初二句直說。後二句釋說。譬如虛空遍一切色聚。佛體亦爾遍一切衆生聚。若以衆生現非佛故言佛體不遍者。是義不然。未成就故。偈曰。

譬(一)如水器壞　月像不現前　如是衆生過　佛像亦不現。一四

釋曰。此偈顯示佛體雖遍而衆生不見。譬如水器破壞不見月像。如是衆生過失不見佛像。此義得成。偈曰。

譬(二)如火聚性　或然或滅盡　如是諸佛化　或出或涅槃。一五

(一)玄奘譯攝大乘論卷三略引此頌云。衆生罪不現。如月於破器。(二)攝大乘論卷三略引此頌云。或現等正覺。或涅槃如火。

釋曰．此偈顯示諸佛教化有出有沒．譬如火性有時熾然有時滅盡．諸佛教化亦復如是．有時示現出世有時示現涅槃。如是已說如來轉依．次說如來事業恆無功用．偈曰．

意(一)珠及天鼓　自然成自事．　佛化及佛說　無思亦如是。　一六

釋曰此偈顯示佛事無功用．譬如如意寶珠雖復無心自然能作種種變現．如來亦爾．雖復無功用心自然能起種種變化。譬如天鼓雖復無心自然能出種種音聲．如來亦爾．雖復無功用心自然能說種種妙法。偈曰．

依(二)空業無間　而業有增減．　依界事不斷　而事有生滅。　一七

釋曰此偈顯示佛事無間．譬如世間依空所作無時斷絕．諸佛亦爾．依無漏界而作佛事亦無斷絕。譬如世間依空所作有增有減．諸佛亦爾．依無漏界而作佛事亦有生滅。已說無功用心不捨佛事．次說無漏法界甚深．偈曰．

如前後亦爾　及離一切障．　非淨非不淨　佛說名爲如。　一八

(一)梵藏本分爲兩頌．與長行合．今譯省略．　(二)同前頌．

釋曰．此偈顯示法界清淨相。如前後亦爾者．所謂非淨．由自性不染故。及離一切障者．所謂非不淨．由後時客塵離故。非淨非不淨佛說名爲如者．是故佛說是如．非淨非不淨．是名法界清淨相。偈曰．

清(一)淨空無我　佛說第一我．　諸佛我淨故　故佛名大我。一九

釋曰．此偈顯示法界大我相。清淨空無我者．此無漏界．由第一無我爲自性故。佛說第一我者．第一無我謂清淨．如彼清淨如卽是諸佛我自性。諸佛我淨故故佛名大我者．由佛此我最得清淨．是故號佛以爲大我．由此義意諸佛於無漏界建立第一我．是名法界大我相。偈曰．

非體非非體　如是說佛體．　是故作是論　定是無記法。二〇

釋曰．此偈顯示法界無記相。非體者人法二相不可說故．非非體者如相實有故。如是說佛體者．由此因緣故說佛體非體非非體。是故作是論定是無記法者．無記謂死後有如來死後無如來死後亦有如來亦無如來死後非有如來非無如來．如是

(一)寶性論卷二頌云．如清淨真空得第一無我．諸佛得淨體．是名得大身．文意同此。

四句不可記故。是故法界是無記相。偈曰。

譬如鐵熱息　譬如眼翳除。　心智息亦爾　不說有無體。二一

釋曰。此偈顯示法界解脫相。譬如鐵熱息譬如眼翳除者。如是二物熱息翳除可說非體非非體。何以故。非體者由熱翳無相故。非非體者由息相有體故。心智息亦爾不說有無體者。諸佛心智以貪爲熱以無明爲翳。彼二若息亦說非體非非體。何以故。非體者由貪及無明息故。非非體者由心慧解脫有故。是名法界解脫相。已說相甚深。次說處甚深。偈曰。

諸佛無漏界　非一亦非多。　前身隨順故　非身如空故。二二

釋曰。此偈顯示法界處甚深。諸佛無漏法界非一亦非多。何以故。非一者由前身隨順故。非多者由非身故。問云何非身。答如虛空故。是名法界處甚深。已說處甚深。次說業甚深。偈曰。

㈠譬如大寶藏　衆寶之所依。　淨界亦如是　佛法之依止。

（一）梵藏本此下二頌合爲一段。又梵本此二頌皆八言一句式。今譯衍爲十言句。

釋曰。此偈顯示法界依止業。由清淨法界爲力無畏等諸菩提分寶所依止故。偈曰。

譬如密雲布　灑雨成百穀。淨界亦如是　流善熟衆生。二三

釋曰。此偈顯示法界成熟衆生業。由從清淨法界流諸善根成熟衆生故。偈曰。

譬如日月盈　皎淨輪圓滿。淨界亦如是　善淨聚圓滿。

釋曰。此偈顯示法界到究竟業。聚〔一〕謂福智。由清淨法界如此二聚得圓滿故。偈曰。

譬如日輪出　流光照一切。淨界亦如是　流說化羣生。二四

釋曰。此偈顯示法界說正法業。偈曰。

譬〔二〕如日光合　同事照世間。淨界亦如是　佛合同業化。二五

釋曰。此偈顯示法界化所作業。譬如多日多光一時和合同作一事謂乾熟等。如是多佛多智一時和合同作一業謂變化等。偈曰。

譬如日光照　無限亦一時。淨界佛光照　二事亦如是。二六

釋曰。此偈顯示法界無分別業。譬如日光普照無有分限亦復一時。如是佛光普照

〔一〕原刻作諸。今依麗刻改。〔二〕梵藏本此下二一頌合爲一段。又法喻各成一頌。今譯改文。

無限一時亦復如是(一)。偈曰．

譬如諸日光　說有雲等翳．　淨界諸佛智　說有衆生障。二七

釋曰．此偈顯示法界不作業．譬如日光雲等爲翳是故不照．如是佛光衆生過失爲障五濁多故是故不有所作。偈曰．

譬如滋灰力　染衣種種色．　淨界行願力　解脫種種智。二八

釋曰．此偈顯示法界解脫智業．譬如別衣由滋灰力有處得種種色有處不得種種色．三乘淨界亦爾．由行願力諸佛解脫得種種智二乘解脫不得種種智。偈曰．

無漏界甚深　相處業三種．　諸佛如是說　譬如染畫空。二九

釋曰．此偈重顯前甚深義。無漏界甚深相處業三種者．此無漏界世尊略說三種甚深．一者相甚深二者處甚深三者業甚深。相甚深有四種．一清淨相．二大我相．三無記相．四解脫相．如其次第由前四偈所顯。處甚深一種謂一多不住故．由第五偈所顯。業甚深有八種．一寶(二)依止業．二成熟衆生業．三到究竟業．四說正法業．五化所作

(一)梵藏本文有二頌說日光遍起等喻．今譯缺略．　(二)原刻作寶．今依麗刻改．

業。六無分別業。七智不作業。八解脫智業。如其次第由後八偈所顯。諸佛如是說譬如染畫空者此無漏界無有戲論譬如虛空。是故甚深。如是甚深差別說者譬如染於虛空畫於虛空。是義應知。偈曰。

一(一)切無別故　得如清淨故　故說諸衆生　名爲如來藏。三〇

釋曰。此偈顯示法界是如來藏。一切無別故者。一切衆生一切諸佛等無差別。故名爲如。得如清淨故者。得清淨如以爲自性。故名如來。以是義故可說一切衆生名爲如來藏。已說無漏界甚深。次說諸佛變化。偈曰。

聲(二)聞及緣覺　菩薩與如來。　初化退世間　至佛退菩薩。三一

釋曰。此偈顯示增上變化。一切世間變化聲聞變化能退。一切聲聞變化緣覺變化能退。一切緣覺變化菩薩變化能退。一切菩薩變化諸佛變化能退。無有一人變化能退諸佛變化。是故如來變化最得增上。偈曰。

如是佛變化　無量不思議。　隨人隨世界　隨時種種現。三二

(一)梵藏本此頌意云。一切如性無有差別成其清淨。以其爲如來性故。諸趣有彼(如來)藏。寶性論卷三頌云。一切衆生界不離諸佛智。以彼淨無垢性體不二故。依一切諸佛平等法性身知一切衆生皆有如來藏。意與此同。(二)梵本此段爲八言一句式兩頌今譯省文。

釋曰。此偈顯示甚深變化。此甚深有二種。一者無量。二者不思議。問。此事云何。答。隨何根人隨何世界隨何時節。如其差別若多若少種種變化。如是無量亦不思議。是故如來變化最爲甚深。自下次說別轉變化偈曰。

如是五根轉　變化得增上。　諸義遍所作　功德千二百。三三

釋曰。此偈顯示轉五根變化。此變化得二種增上。一者得諸義遍所作。謂一一根皆能互用一切境界故。二者得功德千二百。謂一一根各得千二百功德故。偈曰。

如是意根轉　變化得增上。　極淨無分別　恆隨變化行。三四

釋曰。此偈顯示轉意根變化。意根謂染汙識。由此轉故得極淨無分別智恆與一切變化隨行共所作故。偈曰。

如是義受轉　變化得增上。　淨土如所欲　受用皆現前。三五

釋曰。此偈顯示轉義受變化。義謂五塵。受謂五識。由此二轉剎土清淨。所欲現前隨意受用。偈曰。

如是分別轉　變化得增上。諸智所作業　恆時無礙行。三六

釋曰。此偈顯示轉分別變化分別。謂意識由此轉故。諸智所作一切時變化無有障礙。偈曰。

如是安立轉　變化得增上。住佛不動句　不住於涅槃。三七

釋曰。此偈顯示轉安立變化。安立謂器世界。由此轉故住佛不動無漏法界。得不般涅槃恆起增上變化。偈曰。

如是欲染轉　變化得增上。住佛無上樂　示現妻無染。三八

釋曰。此偈顯示轉欲染變化。由此轉故得二種變化。一者得無上樂住。二者得於妻無染。偈曰。

如是空想轉　變化得增上。隨欲一切得　所去皆無擁。三九

釋曰。此偈顯示轉空想變化。由此轉故得二種變化。一者所欲皆得。得虛空藏故。二者所去無擁。得虛空解故。偈曰。

如是無量轉　如是無量化。不思議所作　諸佛依無垢。四〇

釋曰。此偈總結前義。由無量轉故得無量變化。如是諸佛不思議業一切皆依無漏法界。是義應知。已說諸佛變化。次說諸佛成熟衆生。偈曰。

令集亦令長　令熟亦令脫。熟熟不無餘　世間無盡故。四一

釋曰。此偈顯示次第成熟因。未集善根者令聚集。已集善根者令增長。已長善根者令成熟。已熟善根者令解脫。使得最極清淨。如是十方諸佛各各善說熟已復熟不般涅槃。何以故。由諸世間無有盡故。偈曰。

難得已具得　處處爲物歸。希有非希有　由得善方便。四二

釋曰。此偈顯示已熟菩薩行非希有相。難得已具得處處爲物歸者。無上菩提最上功德此未曾有今已具足相應。由此相應故能恆於十方世界爲物歸處。希有非希有者。如是處處成熟衆生是爲希有。如此希有亦非希有。何以故。由得善方便故。善方便者謂隨機道。即是清淨行。偈曰。

轉法及法沒　得道亦涅槃。　處處方便起　不動真法界。四三

釋曰。此偈顯示普遍成熟因。轉法及法沒得道亦涅槃者。謂於一刹那中有處示現轉無量法輪。有處示現正法滅盡。有處示現得大菩提。有處示現入於涅槃。此由衆生行不同故。處處方便起不動真法界者。若衆生應可成熟。如來隨彼住處處處教化。然於無漏法界亦復不動。偈曰。

不起分別意　成熟去來今。　處處化衆生　三門常示現。四四

釋曰。此偈顯示自然成熟因。不起分別意成熟去來今者。一切諸佛不作是念我曾成熟衆生我當成熟衆生我今成熟衆生。何以故。由無分別故。處處化衆生三門常示現者。雖無功用而一切時以諸善根於十方世界遍以三門成熟衆生。三門者謂三乘教門故。偈曰。

如日自然光　照闇成百穀。　法日光亦爾　滅惑熟衆生。四五

釋曰。此偈譬顯自然義。譬如日輪無勤方便自然放光處處破闇成熟百穀。諸佛亦

爾。雖無功用以法日光處處滅惑成熟衆生。偈曰。

一燈然衆燈　極聚明無盡　一熟化多熟　無盡化亦然。四六

釋曰。此偈顯示展轉成熟因。譬如一燈傳然衆燈極大燈衆無量無數而一燈無盡。諸佛亦爾。一佛成熟化多成熟極大衆生聚無量無數然其化力亦復無盡。偈曰。

巨海納衆流　無厭復無溢　佛界攝衆善　不滿亦不增。四七

釋曰。此偈顯示無厭成熟因。譬如巨海廣納百川無有厭足亦無盈溢爲容受故。佛界亦爾。常攝無量清淨善根而不滿足亦不增長由希有故。已說諸佛成熟衆生。次說諸佛法界清淨。偈曰。

二(一)障已永除　法如得清淨　諸物及緣智　自在亦無盡。四八

釋曰。此偈顯示法界性義。二障已永除法如得清淨者。謂清淨相由煩惱障及智障悉永盡故。諸物及緣智自在亦無盡者。謂自在相由於諸物及緣彼智二種自在永無盡故。偈曰。

(一)玄奘譯佛地經出此頌云。一切法真如。二障清淨相。法智彼所緣。自在無盡相。

一(一)切種如智　修淨法界因。　利樂化衆生　此果亦無盡。四九

釋曰。此偈顯示法界因義。一切種如智修淨法界因者。謂爲清淨法界於一切時修一切種如門智以爲因故。利樂化衆生此果亦無盡者。謂爲教化衆生於一切時與一切衆生利樂二果恆無盡故。偈曰。

發(二)起身口心　三業恆時化。　二門及二聚　方便悉圓滿。五〇

釋曰。此偈顯示法界業義。發起身口心三業恆時化者。謂起身業口業心業一切時教化衆生故。二門及二聚方便悉圓滿者。謂具足二門二聚爲方便故。二門謂三昧門陀羅尼門。二聚謂福德聚智慧聚。偈曰。

自(三)性及法食　變化位差別。　此由法界淨　諸佛之所說。五一

釋曰。此偈顯示法界位義。自性及法食變化位差別者。謂自性身食身化身位差別故。此由法界淨諸佛之所說者。若法界不清淨此位不成故。已說諸佛法界清淨。次說諸佛三身。偈曰。

(一)佛地經出此頌云。普遍真如智。修習證圓滿。安立衆生二。諸種無盡果。　(二)佛地經出此頌云。身語及心化。善巧方便業。定及總持門。無邊二成就。　(三)佛地經出此頌云。自性法受用。變化差別轉。如是淨法界。諸佛之所說。

性身及食身　化身合三身，　應知第一身　餘二之依止。五二

釋曰，一切諸佛有三種身，一者自性身由轉依相故，二者食身由於大集衆中作法食故，三者化身由作所化衆生利益故，此中應知自性身爲食身化身依止，由是本故。偈曰，

食身於諸界　受用有差別，　衆土(一)名身業　一切皆異故。五三

釋曰，食身於一切世界中諸徒衆諸刹土諸名號諸身諸業，如此諸受用事悉皆不同。偈曰，

平等微細身　受用身相合，　應知受用身　復是化身因。五四

釋曰，平等謂自性身，一切諸佛等無別故。微細者，由此身難知故。受用身謂食身，此身與平等身合，由依起故。應知受用身復是化身因者，由所欲受用一切示現故。偈曰，

化佛無量化　是故名化身，　二身二利成　一切種建立。五五

(一)原刻作生，依梵藏本及麗刻改，

釋曰。由化身諸佛於一切時化作無量差別佛。由此化故名爲化身。二身者謂食身化身。二利者謂自利他利。食身以自利成就爲相。化身以他利成就爲相。知此二利一切種成就故。次第建立食身及化身。偈曰。

工巧及出身　得道般涅槃　示此大方便　令他得解脫。五六

釋曰。復次化身者於一切時教化衆生。或現工巧。或現出生。或現得菩提。或現般涅槃。如是種種示大方便皆令衆生而得解脫。此是他利成就相。偈曰。

應知佛三身　是佛身皆攝　自他利依止　示現悉三身。五七

釋曰。應知此三身攝一切諸佛身。示現一切自利利他依止故。偈曰。

由依心業故　三佛俱平等　自性無間續　三佛俱常住。五八

釋曰。彼三種身如其次第一切諸佛悉皆平等。由依故一切諸佛自性身平等。法界無別故。由心故一切諸佛食身平等。佛心無別故。由業故一切諸佛化身平等。同一所作故。復次一切諸佛悉同常住。由自性常故一切諸佛自性身常住。畢竟無漏故。

由無間常故一切諸佛食身常住．說法無斷絕故．由相續常故一切諸佛化身常住．雖於此滅復彼現故。已說諸佛身．次說諸佛智偈曰．

四智鏡不動　三智之所依．(一)八七六五識　次第轉得故。五九

釋曰．四智鏡不動三智之所依者．一切諸佛有四種智．一者鏡智二者平等智三者觀智四者作事智．彼鏡智以不動爲相．恆爲餘三智之所依止．何以故．三智動故。(二)八七六五識次第轉得故者．轉第八識得鏡智．轉第七識得平等智．轉六識得觀智．轉(三)前五識得作事智．是義應知。偈曰．

鏡智緣無分　相續恆不斷．不愚諸所識　諸相不現前。六〇

釋曰．此偈顯示轉第八識得鏡智。鏡智緣無分者．於一切境界不作分段緣故。相續恆不斷者．於一切時常行不斷絕故。不愚諸所識者．了知一切境界．障永盡故。諸相不現前者．於諸境界離行相．緣無分別故。偈曰．

鏡智諸智因　說是大智藏．餘身及餘智　像現從此起。六一

(一)梵藏本此二句云．唯平等觀察成所作變化．無轉識之說．長行釋文亦無此義．(二)梵藏本無此段釋文．下各智釋文亦然．(三)原刻作第今依麗刻改．

釋曰．此偈顯示鏡智用。鏡智諸智因說是大智藏者．彼平等智等諸智一切種皆以鏡智爲因．是故此智譬如大藏．由是諸智藏故。餘身及餘智像現從此起者．餘身謂受用身等．餘智謂平等智等．由彼身像及彼智像一切皆從此智出生．是故佛說此智以爲鏡智。偈曰．

衆生平等智　修淨證菩提．　不住於涅槃　以無究竟故。六二

釋曰．此偈顯示轉第七識得平等智。衆生平等智修淨證菩提者．若諸菩薩證法現前時卽得一切衆生平等智．若修習此智最極清淨卽得無上菩提．不住於涅槃。以無究竟故者．由衆生無盡故無究竟．無究竟故不住涅槃．由此義故說爲平等智。偈曰．

大慈與大悲　是二恆無絶．　衆生若有信　佛像卽現前。六三

釋曰．此偈顯示平等智用。大慈與大悲是二恆無絶者．諸佛如來於一切時隨逐衆生．何以故．大慈大悲無斷絶故。衆生若有信佛像卽現前者．如其所信隨彼現故．是

故或有衆生見如來青色。或有衆生見如來黃色。如是一切。(一)此前二智卽是法身偈曰。

觀(二)智識所識　恆時無有礙。　此智如大藏　總持三昧依。六四

釋曰。(三)此偈顯示轉六識得觀智。觀智於所識一切境界恆無障礙。譬如大藏與一切陀羅尼門一切三昧門而爲依止。何以故。如是二門皆從此智生故。偈曰。

恆在大衆中　種種皆示現。　能斷諸疑網　雨大法雨故。六五

釋曰。此偈顯示觀智用義。如偈說。此觀智卽是食身。偈曰。

事智於諸界　種種化事起。　無量不思議　爲利羣生故。六六

釋曰。此偈顯示轉前(四)五識得作事智。彼作事智於一切世界中作種種變化事無量無邊不可思議。如此等業皆爲利益一切衆生故。此作事智卽是化身(五)。偈曰。

攝持及等心　開法亦作事。　如是依四義　次第四智起。六七

釋曰。攝持者謂聞法攝持故。等心者謂於一切衆生得自他平等故。開法者謂演說

(一)梵藏本缺此句。按佛地經論卷七成唯識論卷十說五法攝三身。凡有兩解。並無前二智是法身之說。此處之文或係譯家所加也。次下兩段長行釋觀智爲食身作智爲化身亦同。　(二)梵藏本此下二頌合爲一段。
(三)梵藏本無此長行釋文。僅有句云義如頌說。　(四)原刻作第。今依麗刻改。　(五)梵藏本次有一頌。意云化身所作差別數十等門不可思議。今譯缺略。

正法故作事者謂起種種化業故。依第一義鏡智起.依第二義平等智起.依第三義觀智起.依第四義作事智起。偈曰.

姓(一)別及不虛.　一切亦無始.　無別故不一.　依同故不多。六八

釋曰此偈顯示諸佛不一不多。不一者由姓別故不虛故一切故無始故無別故。姓別者由無邊諸佛姓別.若言唯有一佛而有當得菩提者.是義不然.故佛不一。不虛者.若福智聚虛則應餘菩薩不得菩提.由二聚不虛故是義不然.故佛不一。一切者.若言唯有一佛則應是佛不利益一切衆生.由佛建立一切衆生作佛故.是義不然.故佛不一。無始者.若言唯有最初一佛.是佛應無福智二聚而得成佛.是義不然.故佛不一。無別者.若言有別佛無福智二聚.是義不然.故佛不一。不多者.由依同故.一切諸佛法身由依無漏界故。已說諸佛智.次說入佛方便.偈曰.

分別若恆有　真實則永無.　分別若永無　真實則恆有。六九

釋曰.若分別自性是恆有.則真實自性是永無.由不可得故。若分別自性是永無.則

(一)玄奘譯攝大乘論卷三引此頌云.種姓異非虛.圓滿無初故.無垢依無別.故非一非多.

真實自性是恆有由可得故。偈曰。

欲修最上修。不見一切修。欲得最上得。不見一切得。七〇

釋曰。彼如是最上修。彼修不可得。彼如是最上得。彼得不可得。偈曰。

尊重及長時　觀佛希有法。緣此速得佛　去佛菩提遠。七一

釋曰。若有菩薩於佛世尊極生尊重及長時正勤觀佛未曾有法。緣此觀心及長時精進而謂我當速得無上菩提。應知如是菩薩去佛菩提則爲甚遠。何以故。彼有慢故。偈曰。

觀法唯分別。此義如前知。菩薩無分別　說彼速成佛。七二

釋曰。若菩薩觀一切諸法唯是分別。觀彼分別亦無分別。即得入彼無生忍位。由如此義說得菩提。已說入佛方便。次說諸佛同事。偈曰。

應知諸河水　別依亦別事。水少蟲用少　未入大海故。七三

一切入大海　一依亦一事。水大蟲用大　亦復常無盡。七四

（一）原刻下衍求字今依麗刻刪。

如是諸別解　別意亦別業。解少利益少　未入佛體故。七五

一切入佛體　一解亦一意。解大利益大　極聚亦無盡。七六

釋曰。別水譬諸菩薩別解別依譬諸菩薩別意。一水譬諸如來一解一依譬諸如來一意。由諸河水別故水事業亦別。由水少故水蟲受用亦少。何以故。未得同入大海故。諸菩薩亦爾。由解別故作業亦別。由解少故利益衆生亦少。何以故。未得同入佛體故。諸水若入大海即同一依即同一體。由水一故事業亦一。由水大故水蟲受用亦大。若諸菩薩同入佛體即同一意即同一解。由解一故作業亦一。由解大故利益亦大極一切衆生聚亦無有盡。如是已說諸佛體用。次說一偈勸進希求。偈曰。

無比圓白法　衆生利樂因。樂住無盡藏　智者應求發。七七

釋曰。無比圓白法者由佛自利成就故。衆生利樂因者由佛利他成就故。樂住無盡藏者由佛善根無過無上是無盡樂藏故。智者應求（一）發者有智之人應求如此最勝樂住而發大菩提心故。菩提品究竟。

大乘莊嚴經論卷第三

(一)梵藏本品首有一聖章體之唱拕南。略謂最初成立與種姓。如是發心自他利。威力成熟及菩提。隨順菩薩地應知。蓋總結上文諸品也。今譯缺略。　(二)梵本次下二頌皆二十二言一行。式今譯十言一句。

大乘莊嚴經論卷第四

無著菩薩造

唐三藏法師波羅頗迦羅蜜多羅譯

明信品第十一

釋(一)曰。已說無上菩提。隨順菩提者所謂信。此信相今當說。偈曰。

已(二)生。及未生。正受。及似受。他力。亦自力。有迷。亦不迷。

現前。不現前。聽法。及求義。觀察等十三　分別於信相。一

釋曰。信相差別有十三種。一者已生信謂過去現在信。二者未生信謂未來信。三者正受信謂內信。四者似受信謂外信。五者他力信謂麤信。由善友力生故。六者自力信謂細信。由自力生故。七者有迷信謂惡信。由顛倒故。八者不迷信謂好信。由無倒故。九者現前信謂近信。由無障故。十者不現前信謂遠信。由有障故。十一者聽法信謂聞信。由聞生故。十二者求義信謂思信。由思生故。十三者觀察信謂修信。由修生

故。已說信相差別。次說信種差別。偈曰。

可奪。間無間。　有多。亦有少。　有覆。及無覆。　相應。不相應。

有聚。亦無聚。　極入。亦遠入。　復此十三義　分別於信種。二

釋曰。信種差別亦有十三。一者可奪信謂下品信。二者有間信謂中品信。三者無間信謂上品信。四者多信謂大乘信。五者少信謂小乘信。六者有覆信謂有障信。由不能勝進故。七者無覆信謂無障信。由能勝進故。八者相應信謂熟修信。由恆行及恭敬行故。九者不相應信謂不熟修信。由離前二行故。十者有聚信謂有果信。由能得大菩提故。十一者無聚信謂無果信。由不能得大菩提故。十二者極入信謂功用信。從初地至七地故。十三者遠入信謂極淨信。從入地至佛地故。已說信種。次說信障難。偈曰。

(一一)多忘亦懈怠。　行迷。并惡友。　善羸及邪憶。　放逸。復少聞。三

聞喜及思喜　因定增上慢。　應知此等過　障礙於信相。四

(一一)梵本二頌分兩段釋。

釋曰。障者相違義。多忘者於已生信爲障。懈怠者於未生信爲障。行迷者於正受似受信爲障。如先所受能受執著(一)故。惡友者於他力信爲障。以倒法令受故。善羸者於自力信爲障。邪憶者於不迯信爲障。放逸者於現前信爲障。少聞者於聽法信爲障。不聽了義故。聞喜者於求義信爲障。少思惟故。思喜及定慢者於觀察信爲障。少修及不細觀察故。問。何障障信種。偈曰。

不厭及不習。　有厭亦有覆。　無應及無聚。　應知障信種。五

釋曰。不習者於可奪信有聞信爲障。不厭者於小信爲障。不厭生死故。有厭者於大信爲障。厭生死故。有覆者於無覆信爲障。無應者於相應信爲障。無聚者於有聚信爲障。已顯示信障難。次讚歎信功德。偈曰。

信有大福德。　不悔及大喜。　不壞將堅固。　進位幷得法。六

自利與他利。　亦復速諸通。　以此諸功德。　讚歎信利益。七

釋曰。大福德者讚現在信。不悔者讚過去信。不追變故。大喜者讚正受信及似受信。

(一)原刻作者。今依麗刻改。

定相應故。不壞者讚友力信。正道不壞故。堅固者讚自力信。不退捨故。進位者讚不迷信。現前信聽法信求義信觀察信有聞信(一)。得法者讚無間信。自利者讚少信。他利者讚多信。速通者讚諸白分信謂無覆信相應信有(二)聚信極入信遠入信。偈曰。

狗龜奴王譬　次第譬四信。　習欲習諸定。　自利利他人(三)。八

釋曰。譬如餓狗求食無厭。諸習欲人信亦復如是。於一切時種種信故。譬如盲龜水中藏六。諸習外定人信亦復如是。唯知修習世間定故。譬如賤奴畏主勤作。諸自利人信亦復如是。爲怖生死勤方便故。譬如大王自在詔敕。諸利他人信亦復如是。增上教化無休息故。菩薩自解諸信。復廣分別令他得解。如是勸諸衆生生大乘信。已讚信功德。次遮下劣心。偈曰。

人(四)身及方處　時節皆無限　三因菩提得　勿起下劣心。九

釋曰。人身及方處時節皆無限者。得無上菩提有三因無限。一者人身無限。由人道衆生得無限故。二者方處無限。由十方世界得無限故。三者時節無限。由盡未來際

(一)原刻作聞。今依麗刻改。　(二)原刻作者。今依麗刻改。　(三)梵藏本次有二頌解釋喻意。今譯改爲長行。
(四)玄奘譯攝大乘論卷二引此頌云。人趣諸有情。處數皆無量。念念證等覺。故不應退屈。

（一）梵藏本此節兩頌，今略爲一。（二）此二字依麗刻加。

剎那剎那得無限故。三因菩提得勿起下劣心者，由此三因無限是故諸菩薩於無上菩提不應退屈起下劣心。已遮下劣心，次顯福德勝，偈曰：

依他說大乘，不依自義法。一。得（一）福由施彼，非由自受用。

釋曰：得福由施彼非由自受用者，譬如以食施彼則得大福，由利他故，非自受用能得大福，由自利故。問：若爾，菩薩云何得福。答：依他說大乘，不依自義法，諸菩薩如是依他說大乘經得大福德，不依自利說小乘經得大福德。已說勝福，次說得果，偈曰：

大法起大信，大信果有三。信增及福增，得佛功德體。一一

釋曰：大法起大信，大信果有三者，謂有智人於大乘聖法而生大信，由此大信得三種果。問：得何等果。答：信增及福增，得佛功德體。此明一得大信果，信增長故；二得大福果，福增長故；三得大菩提果，功德無等，及佛體大故。明信品究竟。

述求品第十二之一（二）

釋曰：如是已說種種信，次說以信求諸法，偈曰：

三藏或二攝．成三有九因．熏覺寂通故　解脫生死事。一

釋曰．三藏或二攝者．三藏謂修多羅藏毗尼藏阿毗曇藏．或二謂此三由下上乘差別故復說爲聲聞藏及菩薩藏。問．彼三及二云何名藏。答．由攝故．謂攝一切所應知義。問．云何成三。答．成三有九因。立修多羅者爲對治疑惑．若人於義處處起疑爲令彼人得決定故立毗尼者爲對治受用二邊．爲離樂行邊遮有過受用爲離苦行邊聽無過受用．立阿毗曇者爲對治自心見取．不倒法相此能示故。復次立修多羅者爲說三學．立毗尼者爲成戒學心學．由持戒故不悔．由不悔故隨次得定．立阿毗曇者爲成慧學不顚倒義此能擇故。復次立修多羅者爲正說法及義．立毗尼者謂成就法及義．由勤方便煩惱滅故．立阿毗曇者爲通達法及義．由種種簡擇此爲方便故。由此九因故立三藏。問．別用如此．通用云何。答．熏覺寂通故解脫生死事．此明解脫生死是其通用．由聞故熏．由思故覺．由止故寂．由觀故通．由此四義生死諸事大得解脫。偈曰．

經律阿毗曇　是各有四義．具解成種智　一偈得漏盡。二

釋曰．若略說三藏一一各有四義．若菩薩能了此義則成就一切種智．若聲聞能了一偈則得諸漏永盡。問．云何一一四種義。偈曰．

依故及相故．法故及義故．如是四種義　是說修多羅義．

釋曰．修多羅有此四義．一依二相三法四義．依者是處是人是用．謂隨是何國土隨是何諸佛隨是何衆生．如來依此三種說修多羅．相者謂世諦相及第一義諦相．法者謂陰界入緣生諦食等法．義者謂釋所以。偈曰．

對故及數故．伏故及解故．如是四種義　是說毗曇義。三

釋曰．阿毗曇有此四義．一對二數三伏四解．對者是向涅槃法．諦菩提分解脫門等說故．數者是相續法．於一一法色非色可見不可見等差別無量說故．伏者是勝上法．於諍論衆中決判法義退彼說故．解者是釋義法．由阿毗曇修多羅義易可解故。偈曰．

罪起淨出故。人制解判故。四義復四義　是說毗尼義。四

釋曰。毗尼有二種四義。初四義者。一罪二起三淨四出。罪者罪自性謂五聚罪。起者罪緣起。此有四種。一無知二放逸三煩惱疾利四無恭敬。心淨者罪還淨由善心不由治罰。出者罪出離。此有七種。一者悔過謂永遮相續。二者順教謂與學羯磨治罰。三者開許謂先時已制後時更開。四者更捨謂僧和合與學者捨是時先犯還得清淨。五者轉依謂比丘比丘尼男女轉根出不共罪。六者實觀謂法優陀那由勝觀察七者性得謂見諦時細罪無體由證法空法爾所得。復四義者。一人二制三解四判。人者謂犯罪人。制者謂依彼犯人大師集衆說彼過失制立學足。解者謂如所制更廣分別。判者謂云何得罪云何不得罪如是應持。已說求法。次說求緣。偈曰。

佛說所緣法　應知內外俱　得二無二義　二亦不可得。五

釋曰。佛說所緣法應知內外俱者。佛說一切所緣法有三種。一內二外三俱。彼能取自性身等爲內。所取自性身等爲外。合二自性爲俱。得二無二義二亦不可得者。於

此內外二緣如其次第得無二義。問云何得。答若所取義與能取義無別觀。若能取義與所取義無別觀。復次合二爲一。由於內外二緣得如如。故如是彼二無有二義。則此二緣亦不可得。問已說得緣。云何得智。偈曰。

(一)三緣得三智。 淨持意言境。 了別義光(二)已。 安心唯有名。六

釋曰。三緣謂如前說內外俱三境。三智謂聞思修三慧。由依三緣能得三慧。問云何得。答若於三緣淨持意言境即得聞慧。意言者分別也。淨者信決定。持者擇彼種。由此得聞慧。若於三緣了別義光已即得思慧。謂知義及光不異意言。由此得思慧。若於三緣安心唯有名。即得修慧。謂知義及光但唯是名。由此得修慧。如先所說二緣不可得。是故應知彼三緣者是聞思修三慧依止。已說求緣。次說求作意。偈曰。

(三)最初謂種姓。 所作及依止。 信安及欲生。 依定亦依智。七

別緣種種緣。 通達及修種。 自性與功力。 領受及方便。八

自在小大等。 如是有十八。 盡攝諸作意。 行者應勤修。九

(一)梵藏本此段二頌。今略爲一。 (二)據梵藏本此字是顯現及現似之義。次後均同。 (三)梵藏本此段五頌。今略爲三。

釋曰．十八種作意者．一種姓作意．二所作作意．三依止作意．四信安作意．五欲生作意．六依定作意．七依智作意．八別緣作意．九種種緣作意．十通達作意．十一修種作意．十二自性作意．十三功力作意．十四領受作意．十五方便作意．十六自在作意．十七小作意．十八大作意。種姓作意者．由聲聞等三乘姓定故。所作作意者．由福智二聚圓滿故。依止作意者．由在家出家迫迮不迫迮差別故。信安作意者．念佛相應故。欲生作意者．隨念佛時信心相應故。依定作意者．有覺有觀等三三昧相應故。依智作意者．從聞思修方便次第生故。別緣作意者．此有五種．於修多羅優陀那伽陀阿波陀那一受二持三讀四思五說故。種種緣作意者．此有七種．名緣句緣字緣人無我緣法無我緣色緣無色緣．色緣謂身緣．無色緣謂受心法緣。通達作意者．此有四種．一通達物謂知苦體．二通達義謂知苦無常空無我義．三通達果謂知解脫．四通達覺謂知解脫智．修種作意者．此有四種修及三十七種修．四種修者謂人無我種修法無我種修見種修智種修．三十七種修者謂不淨苦無常無我四種修是名四念處種修。復次得習斷對治四種修是名四正勤種修。復次爲對治知足亂疑掉動沉沒四障故欲進念慧四種修是名四神足種修。復次住心者爲成就出世間故起信勤不忘心住簡擇五種修是名五根種修。復次如是五修能治五障卽名爲力是名五力種修。復次於菩提正憶簡擇勇猛慶悅調柔心住平等七種修是名七覺分種修。復次得決定故成淨持地業思惟分別故聖所受三戒能持故先所得道勤習故法住相不忘故無相心住轉依故如是八種修是名八道分種修。自性作意者。此有二種。一奢摩他二毗鉢舍那。此二是道自性故。功力作意者。力有二種。一拔除熏習二拔除相見。領受作意者。諸佛菩薩教授所有法流悉受持故。方便作意者。於定所行處方便有五。一解數方便於名句字數悉通達故。二解具方便具有二種。一分量具所謂諸字。二非分量具所謂名句等。三解分別方便分別二種。一依名分別義二依義分別名。非分別者字也。四解次第方便謂先取名後轉取義。五解通達方便通達有十一種。一通達客塵二通達境光三通達義不可得四通達不可得不可得五通達法界六通達人無我七通達法無我八通達下劣心九通達高大心十通達所得法十一通達所立法。自在作意者．自在三種．一惑障極清淨二惑智二障極清淨三功德極清淨。小作意者．謂初清淨。大作意者．謂後二清淨。已說求作意．次說求真實義．偈曰．

離二及迷依　無說無戲論．　三應及二淨　二淨三譬顯。一〇

釋曰．離二及迷依無說無戲論者．此中應知三性俱是真實．離二者謂分別性真實．由能取所取畢竟無故．迷依者謂依他性真實．由此起諸分別故．無說無戲論者謂真實性真實．由自性無戲論不可說故。三應及二淨二淨三譬顯者．三應謂初真實應知．第二真實應斷．第三真實應淨。二淨謂一者自性清淨．由本來清淨故．二者無垢清淨．由離客塵故。此二清淨由三種譬喻可得顯現．謂空金水．如此三譬一則俱譬自性清淨．由空等非不自性清淨故．二則俱譬無垢清淨．由空等非不離客塵清淨故。偈曰．

法界與世間　未曾有少異。　衆生癡惑故　著無而棄有。一一

釋曰。法界與世間未曾有少異者。非法界與世間而有少異。何以故。法性與諸法無差別故。衆生癡惑故著無而棄有者。由衆生愚癡熾盛。於世間無法不應著而起著。於如如有法不應捨而棄捨。已說求真實。次說求真實譬喻。偈曰。

如彼起幻師　譬說虚分別。　如彼諸幻事　譬說二種迷。一二

釋曰。如彼起幻師譬說虚分別者。譬如幻師依呪術力變木石等以爲迷因。如是虚分別依他性亦爾。起種種分別爲顛倒因。如彼諸幻事譬說二種迷者。譬如幻象金等種種相貌顯現。如是所起分別性亦爾。能取所取二迷恆時顯現。偈曰。

如彼無體故　得入第一義。　如彼可得故　通達世諦實。一三

釋曰。如彼無體故得入第一義者。如彼謂幻者幻事無有實體。此譬依他分別二相亦無實體。由此道理即得通達第一義諦。如彼可得故通達世諦實者。可得謂幻者幻事體亦可得。此譬虚妄分別亦爾。由此道理即得通達世諦之實。偈曰。

彼事無體故　卽得真實境。　如是轉依故　卽得真實義。一四

釋曰。彼事無體故卽得真實境者。若人了彼幻事無體。卽得木等實境。如是轉依故卽得真實義者。若諸菩薩了彼二迷無體得轉依時。卽得真實性義。偈曰。

迷因無體故　無迷自在行。　倒因無體故　無倒自在轉。一五

釋曰。迷因無體故無迷自在行者。世間木石等雖復無體而爲迷因。若得無迷行則自在不依於他。倒因無體故無倒自在轉者。如是依未轉時雖復無體而爲倒因。若得轉時由無倒故聖人亦得自在依自在行。偈曰。

是事彼處有　彼有體亦無。　有體無有故　是故說是幻。一六

釋曰。是事彼處有彼有體亦無者。此顯幻事有而非有。何以故。有者是幻像事彼處顯現故。非有者彼實體不可得故。有體無有故是故說是幻者。如是有體與無體無二。由此義故說彼是幻。偈曰。

無體非無體　非無體卽體。　無體體無二　是故說是幻。一七

（一）勘梵藏本此二句意云，有則非無，無則非有。

釋曰。無體非無體非無體即體者。此顯幻事非有而有。何以故。非有者彼幻事無體。由無實體故。而有者彼幻事非無體。由像顯現故。無體體無二是故說是幻者。如是無體與體無二。由此義故說彼是幻。偈曰。

說有二種光　而無二光體　是故說色等　有體即無體。一八

釋曰。說有二種光而無二光體者。此顯虛妄分別有而非有。何以故。有者彼二光顯現故。非有者彼實體不可得故。是故說色等有體即無體者。由此義故故說色等有體即是無體。偈曰。

無(一)體非無體　非無體即體　是故說色等　無體體無二。一九

釋曰。無體非無體非無體即體者。此顯虛妄分別非有而有。何以故。非有者彼二光無體。由無實體故。而有者彼二光非無體。由光顯現故。是故說色等無體體無二者。由此義故故說色等無體與體而無有二。問。體與無體何不一向定說而令彼二無差別耶。偈曰。

有邊爲遮立　無邊爲遮謗，　退大趣小滅　遮彼亦如是。二〇

釋曰，如其次第一爲遮有邊，二爲遮無邊，三爲遮趣小乘寂滅，是故不得一向定說。問云何遮有邊。答，有邊爲遮立，此明由於無體知無體故不應安立有。問云何遮無邊。答，無邊爲遮謗，此明由於有體知世諦故不應非謗無。問，云何遮趣小乘寂滅。答，退大趣小滅遮彼亦如是，此明由彼二無別故不應厭體入小涅槃。偈曰，

色(一)識爲迷因　識識爲迷體，　色識無(二)體故　識識體亦無。二一

釋曰，色識爲迷因識識爲迷體者，彼所迷境名色識，彼能迷體名非色識。色識無體故識識體亦無者，色識無故非色識亦無。何以故，由因無故彼果亦無。偈曰，

幻(三)像及取幻　迷故說有二，　如是無彼二　而有二可得。二二

釋曰，幻像及取幻迷故說有二者，迷人於幻像及取幻，由迷故說有能取所取二事。如是無彼二而有二可得者，彼二雖無而二可得，由迷顯現故。問，此譬欲何所顯。偈曰，

(一)玄奘譯攝大乘論卷三引此頌云，亂相及亂體，應許爲色識，及與非色識，若無餘亦無，　(二)此二字原刻作因無今依梵藏本及下長行改，　(三)梵藏本此下二頌合爲一段，

骨像及取骨　觀(一)故亦說二。　無二而說二　可得亦如是。二三

釋曰。骨像及取骨觀故亦說二者。觀行人於骨像及取骨。由觀故說有能觀所觀二事。無二而說二可得亦如是者。彼二雖無而二亦可得。由觀顯現故。問。如是觀已何法爲所治。何法爲能治。偈曰。

應知所治體　謂彼法迷相。　如是體無體　有非有如幻。二四

釋曰。應知所治體謂彼法迷相者。此中應知所治體即是法迷相。法迷相者謂如是如是體故。如是體無體有非有如幻者。如是體說有者由虛妄分別故。說非有者由能取所取二體與非體無別故。如是有亦如幻無亦如幻。說此相如幻。偈曰。

應知能治體　念處等諸法。　如是體無相　如幻亦如是。二五

釋曰。應知能治體念處等諸法者。此中應知能治體即是諸法。諸法者謂佛所說念處等法。如是如是體故。如是體無相如幻亦如是者。彼體亦如幻。何以故。如諸凡夫所取如是如是有體故。如諸佛所說如是如是無體故。如是體無相而佛世尊示現

(一)宋藏本此句作迷故說有二。與上頌同。

入胎出生踰城出家成正覺。如是無相而光顯現。是故如幻。問。若諸法同如幻。以何義故一爲能治一爲所治。偈曰。

譬如強幻王　令餘幻王退。　如是清淨法〔一〕　能令染法盡。二六

釋曰。譬如強幻王令餘幻王退者。彼能治〔二〕淨法亦如幻王。由能對治染法得增上故。彼所治染法亦如幻王。由於境界得增上故。如是清淨法能令染法盡者。如彼強力幻王能令餘幻王退。菩薩亦爾。知法如幻能以淨法對治染法。是故無慢。〔三〕問。世尊處處說如幻如夢如焰如像如影如響如水月如化。如此八譬各何所顯。偈曰。

如〔四〕幻至如化　次第譬諸行。　二六二二六　一一一有三。二七

釋曰。如幻至如化次第譬諸行者。幻譬內六入無有我等體但光顯現故。夢譬外六入所受用塵體無有故。焰譬心及心數二法。由起迷故。像復譬內六入。由是宿業像故。影復譬外六入。由是內入影內入增上起故。響譬所說法。法如響故。水月譬依定法。定則如水。法則如月。由彼澄靜法顯現故。化譬菩薩故意受生不染一切所作事

〔一〕梵藏本此二句云。由見真佛子彼則無我慢。與下長行文合。〔二〕原刻作清。今依麗刻改。〔三〕梵藏本無此問起之文。〔四〕梵本此頌爲十九言一句式具出如夢如燄等喻。今譯缺略。

故。二六二二六一一一有三者。初二六謂內六入外六入彼幻夢二譬所顯。二謂心及心數彼焰譬所顯。復二六謂內六入外六入彼像影二譬所顯。一一一謂說法三昧受生彼響月化三譬所顯。已說真實義。次(一)求能知智偈曰。

不真及似(二)真　真及似不真。　如是四種智　能知一切境。二八

釋曰。不真及似真真及似不真者。不真謂不真分別智。由不隨順出世智分別故。似真謂非真非不真分別智。從初極通達分由隨順出世智故。真謂出世無分別智。證真如故。似不真謂非分別非不分別智。即出世後得世智故。如是四種智能知一切境者。由此四智具足知一切境界。已說求智。次說求染汙及清淨偈曰。

自界及二光　癡共諸惑起。　如是諸分別　二實應遠離。二九

釋曰。自界及二光癡共諸惑起者。自界謂自阿梨耶識種子。二光謂能取光所取光。此等分別由共無明及諸餘惑故得生起。如是諸分別二實應遠離者。二實謂所取實及能取實。如是二實染汙應求遠離。偈曰。

(一)梵藏本二云求所知。

(二)梵藏本次二智為非真非不真。無分別。非分別非無分別。

得彼三緣已　自界處應學。　如是二光滅　譬如調箭皮。三〇

釋曰。得彼三緣已自界處應學者。三緣謂內外俱如前說。自界謂諸分別應如是解。處謂名處。此名處應安心。應學謂修止觀二道。如是二光滅譬如調箭皮者。謂分別二種光息譬如柔皮熟鞕令輭。亦如調箭端曲令直。轉依亦爾。若止若觀一一須修得心慧二脫則二光不起。如是清淨應求至得。

大乘莊嚴經論卷第四

大乘莊嚴經論卷第五

無著菩薩造

唐三藏法師波羅頗迦羅蜜多羅譯

述求品第十二之二

釋曰。已說求染淨。次說求唯識。偈曰。

（一）能取及所取　此二唯心光。　貪光及信光　二光無二法。三一

釋曰。能取及所取此二唯心光者。求唯識人應知能取所取此之二種唯是心光。貪光及信光二光無二法者。如是貪等煩惱光及信等善法光。如是二光亦無染淨二法。何以故。不離心光別有貪等信等染淨法故。是故二光亦無二相。偈曰。

種種心光起　如是種種相。　光體非體故　不得彼法實。三二

釋曰。種種心光起如是種種相者。種種心光即是種種事相。或異時起。或同時起。異時起者謂貪光瞋光等。同時起者謂信光進光等。光體非體故不得彼法實者。如是

（一）玄奘譯成唯識論卷七引此頌云。許心似二現。如是似貪等。或似於信等。無別染善法。

染位心數淨位心數唯有光相而無光體。是故世尊不說彼爲真實之法。已說求唯識。次說求諸相。偈曰。

所相及能相　如是相差別　爲攝利衆生　諸佛開示現。(三三)

釋曰。相有二種。一者所相。二者能相。此偈總舉。餘偈別釋。偈曰。

共及心及見　及位及不轉　略說所相五　廣說則無量。(三四)

釋曰。共及心及見及位及不轉者。所相有五。一者色法。二者心法。三者心數法。四者不相應法。五者無爲法。彼共者謂色法。心者謂識法。見者謂心數法。位者謂不相應法。不轉者謂虛空等無爲法。略說所相五。廣說則無量者。彼識常起如是五相。此五所相是世尊略說。若廣說者則有無量差別。已說所相諸相。次說能相諸相。偈曰。

(一)意言與習光　名義互光起　(二)非真分別故　是名分別相。(三五)

釋曰。能相略說有三種。謂分別相。依他相。真實相。此偈顯示分別相。此相復有三種。一有覺分別相。二無覺分別相。三相因分別相。意言者謂義想。義即想境。想即心數。

(一)梵藏本此節二頌分兩段釋。今糅爲一。　(二)勘梵藏本此句云虛妄分別因。與次段依他性之稱虛妄分別者有別。

由此想於義能如是如是起意言解。此是有覺分別相。習光者習謂意言種子。光謂從彼種子直起義光。未能如是如是起意言解。此是無覺分別相。名義互光起者。謂依名起義光。依義起名光。境界非真唯是分別世間所謂若名若義。此是相因分別相。如此三種相悉是非真分別。是名分別相。偈曰。

所取及能取　二(一)相各三光。　不真分別故　是說依他相。三六

釋曰。此偈顯示依他相。此相中自有所取相及能取相。所取相有三光謂句(二)光義光身光。能取相有三光謂意光受光分別光。意謂一切時染汙識。受謂五識身。分別謂意識。彼所取相三光及能取相三光。如此諸光皆是不真分別。故是依他相。偈曰。

無體體無二　非寂靜寂靜　以無分別故　是說真實相。三七

釋曰。此偈顯示真實相。真實謂如也。此相有三種。一自相。二染淨相。三無分別相。無體體無二者是真實自相。無體者一切諸法但分別故。體者以無體爲體故。無二者體無體無別故。非寂靜寂靜者是真實染淨相。非寂靜者由客塵煩惱故。寂靜者由

(一)梵藏本此句云現似二相與二相。　(二)梵本此字爲Pada有句及處所等義。此文應譯爲處所。

自性清淨故。以無分別故者是真實無分別相。由分別不行境界無戲論故。已說三種能相。復次偈曰。

應知五學境　正法及正憶　心界有非有　第五說轉依。三八

釋曰。彼能相復有五(一)種學境。一能持二所持三鏡像四明悟五轉依。能持者謂佛所說正法。由此法持彼能緣故。所持者即正憶念由正法所持故。鏡像者謂心界。由得定故安心法界。如先所說皆見是名。定心為鏡法界為像故。明悟者出世間慧。彼有如實見有非有如實見非有。有謂法無我。非有謂能取所取。於此明見故。轉依者。偈曰。

聖姓證平等　解脫事亦一　勝則有五義　不減亦不增。三九

釋曰。聖姓證平等解脫事亦一者。聖姓謂無漏界。證平等者諸聖同得故。解脫事亦一者諸佛聖姓與聲聞緣覺平等。由解脫同故。勝則有五義不減亦不增者。雖復聖性平等然諸佛最勝自有五義。一者清淨勝。由漏習俱盡故。二者普遍勝。由剎土通

(一)梵藏本作瑜伽五相。

淨故．三者身勝．由法身故．四者受用勝．由轉法輪受用不斷故．五者業勝．由住兜率天等現諸化事利益衆生故。不減者謂染分滅時．不不者謂淨分增時。此是五種學地解相．以彼解脫所相法及三種能相法故。已說所相能相．次說求解脫偈曰．

如是種子轉　句義身光轉．是名無漏界　三乘同所依。四〇

釋曰．如是種子轉者阿黎耶識轉故．句義身光轉者謂餘識轉故。是名無漏界者由解脫故．三乘同所依者聲聞緣覺與佛同依止故。偈曰．

意受分別轉　四種自在得．次第無分別　刹土智業故。四一

釋曰．意受分別轉四種自在得者．若意若受若分別如此三光若轉．即得四種自在。問．何者爲四。答．次第無分別刹土智業故．一得無分別自在．二得刹土自在．三得智自在．四得業自在。偈曰．

應知後三地　說有四自在．不動地有二　餘地各餘一。四二

釋曰．應知後三地說有四自在者．謂不動地善慧地法雲地成就彼四種自在。不動

地有二餘地各餘一者。不動地有第一無分別自在第二剎土自在。由無功用無分別故。由剎土清淨故善慧地有第三智自在。由得四辯善巧勝故法雲地有第四業自在。由諸通業無障礙故。偈曰。

三有二無我　了入真唯識　亦無唯識光　得離名解脫。四三

釋曰。復有別解脫門。三有二無我了入真唯識者。由知二無我爲方便故。菩薩於三有中分別人法皆無有體是故無我。如是知已亦非一向都無有體。取一切諸法真實唯識故。亦無唯識光得離名解脫者。菩薩爾時安心唯識。識光亦無。即得解脫。何以故由人法不可得離有所得故。偈曰。

能持所持聚　觀故唯有名　觀名不見名　無名得解脫。四四

釋曰。復有別解脫門。能持所持聚者。能持謂所聞法。所持謂正憶念。聚謂福智滿。由先聚力故而有所持。觀故唯有名者。但有言說無有義故。復次唯名者唯識故。復次唯名者非色四陰故。觀名不見名無名得解脫者。復次觀所觀名復不見名。由義無

體故。又不見識故。又不見非色四陰故。如是名亦不可得。離有所得故名解脫。偈曰。

我見熏習心　流轉於諸趣　安心住於內　迴流說解脫。四五

釋曰。復有別解脫門。我見熏習心流轉於諸趣者。有二種我見滋灰故言熏習。由此熏習爲因是故流轉生死。安心住於內迴流說解脫者。若知所緣不可得置心於內攝令不散。卽迴彼流說名解脫。已說求解脫。次求無自體。偈曰。

自(一)無及體無　及以體不住　如執無體故　法成無自體。四六

釋曰。自無及體無及以體不住者。自無謂諸法自然無。由不自起故。不自起者屬因緣故。體無謂諸法已滅者不復起故。及以體不住者現在諸法剎那剎那不住故。此三種無自體遍一切有爲相是義應知。如執無體故法成無自體者。如所執著實無自體。由自體無體故。如諸凡夫於自體執著常樂我淨。如是異分別相亦復無體是故一切諸法成無自體。偈曰。

無(二)自體故成　前爲後依止　無生復無滅　本靜性涅槃。四七

(一)玄奘譯攝大乘論卷二引此頌云。自然自體無。自性不堅住。如執取不有。故許無自性。

(二)攝大乘論引此頌云。由無性故成。後後所依止。無生滅本寂。自性般涅槃。

釋曰。無自體故成前爲後依止者。由前無性故次第成立後無生等。問。此云何。答。無生復無滅本靜性涅槃。若無性則無生。若無生則無滅。若無生滅則本來寂靜。若本來寂靜則自性涅槃。如是前前次第爲後後依止此義得成。已說求無自性。次說求無生忍。偈曰。

本來及真實　異相及自相。　自然及無異。　染汙差別八。四八

釋曰。有八種無起法名無生法忍。一者本來無起。由生死非有本起故。二者真實無起。由法無先後異先起法無故。三者異相無起。由非舊種處更得起故。四者自相無起。由分別性畢竟不起故。五者自然無起。由依他性自性不起故。六者無異無起。由真實性非有異體起故。七者染汙無起。由盡智時染汙諸見不復起故。八者差別無起。由諸佛法身非有差別起故。此八無起法說名無生法忍。已說求無生忍。次說求一乘。偈曰。

(一)法無我解脫　同故。姓別故。　得二意變化。　究竟說一乘。四九

（一）攝大乘論引此頌云。法無我解脫。等故性不同。得二意樂化。究竟說一乘。

(一)攝大乘論引此頌云。爲引攝一類。及任持所餘。由不定種姓。諸佛說一乘。

釋曰。此中八意佛說一乘。一者法同故。謂聲聞等人無別法界。由所趣同故故說一乘。二者無我同故。謂聲聞等人同無我體。由趣者同故故說一乘。三者解脫同故。謂聲聞等人同滅惑障。由出離同故故說一乘。四者姓別故。謂不定三乘姓人引入大乘故說一乘。五者諸佛得同自意故。謂諸佛得如此意如我所得一切衆生亦同我得。由此意故故說一乘。六者聲聞得作佛意故。謂諸聲聞昔行大菩提聚時有定作佛姓。彼時佛加故勝攝故得自知作佛意。由此人前後相續無別故說一乘。七者變化故。謂佛示現聲聞而般涅槃。爲教化故。如佛自說我無量無數以聲聞乘示現涅槃。由離此方便更無方便化小根人入大乘故。理實唯一故說一乘。八者究竟故。謂至佛體無復去處故說一乘。如是處處經中以此八意佛說一乘。而亦不無三乘。問。若爾復有何義以彼彼意而說一乘。偈曰。

引(三)接諸聲聞　攝住諸菩薩　於此二不定　諸佛說一乘。五〇

釋曰。彼彼意有二義。一爲引接諸聲聞故。二爲攝住諸菩薩故。若諸聲聞於自乘姓

不定。佛爲引接彼人令入大乘故說一乘。若諸菩薩於自乘姓不定。佛爲攝住彼人令不退大乘故說一乘。偈曰。

聲聞二不定　見義不見義　見義不斷愛　斷愛俱輭根。五一

釋曰。聲聞不定復有二種。一者見義。乘彼見諦發大乘故。二者不見義。乘彼不見諦發大乘故。見義復有二種。一者斷愛。彼已離欲(一)界欲故。二者不斷愛。彼未離欲界欲故。此中見義二人應知俱是輭品。由根鈍故。偈曰。

二得聖道人　迴向於諸有　迴向不思議　二生相應故。五二

釋曰。如是見義得聖道二人能以聖道迴向諸有。如是迴向名不思議生。由以聖道迴向生故。如此二人與二生相應。問。何者二生。偈曰。

願力及化力　隨欲而受生　願力不斷愛　化住阿那含。五三

釋曰。二生者。一願自在生。二化自在生。初是未離欲人。後是阿那含人。問。如此二人云何輭品。偈曰。

(一)此二字原刻互倒。今依麗刻改。文句同。

由二樂涅槃　數數自厭故。二俱說鈍道　久久得菩提。五四

釋曰。由此二人先有樂滅心故。恆起自厭心故。是故彼道說爲鈍道。由不能速得無上菩提故。偈曰。

所作未辦人　生在無佛世。修禪爲化故　漸得大菩提。五五

釋曰。所作未辦人者。謂見諦未斷愛未得阿羅漢果人。此人生在無佛世界。生已自能勤修諸禪。爲變化故。此人依止此化漸漸更得無上菩提。如此三位如佛勝鬘經說。如是聲聞次得緣覺後得作佛。如大譬中說。一者先見諦位。二者佛空時生自能修禪。捨於生身而受化身。三者當得無上菩提。已說求一乘。次說求明處。偈曰。

菩薩習五明　總爲求種智。解伏信治攝　爲五五別求。五六

釋曰。菩薩習五明總爲求種智者。明處有五。一內明二因明三聲明四醫明五巧明。菩薩學此五明總意爲求一切種智。若不勤習五明不得一切種智故。問。別意云何。答。解伏信治攝爲五五別求。如其次第學內明爲求自解。學因明爲伏外執。學聲明

爲令他信學醫明。爲所治方學巧明。爲攝一切衆生。已說求明處。次說求長養善根。所謂作意滿足諸波羅蜜。此作意有四十四種。初謂知因作意。乃至最後謂知我勝作意。此等作意今當顯說。偈曰。

知因及念依。　共果與信解。　四意隨次第。　修習諸善根。五七

釋曰。此偈有四種作意。一知因作意。二念依作意。三共果作意。四信解作意。菩薩最初住性而作是念。我今自見波羅蜜性知可增長。是名知因作意。次作是念。我今已發大心。諸波羅蜜決定當得圓滿。何以故。以此大心爲依止故。是名念依作意。次作是念。我已發心爲利自他。勤修諸波羅蜜。此果若共即願受之。若不共他即願不受。是名共果作意。次作是念。我今勤行自他利時。應通達涅槃眞實方便。所謂不染三輪。如過去諸佛曾解。未來諸佛當解。現在諸佛今解。我皆正信(一)。是名信解作意。如是後後作意應知次第亦爾。偈曰。

得喜有四種。　二惡不能退。　應知隨修意。　此復有四種。五八

(一)原刻作住。今依麗刻改。

釋曰。此偈有三種作意。一得喜作意二不退作意三隨修作意。菩薩次作是念我今信解諸波羅蜜得四種喜。謂障斷喜聚滿喜攝自他二利喜與依報二果喜。是名得喜作意。次作是念我今爲成就自他佛法修行諸波羅蜜時。雖遇惡人違逆惡事逼惱終無退心。是名不退作意。次作是念我今爲得無上菩提於諸波羅蜜應起四種隨修所謂應懺悔六波羅蜜諸障應隨喜六波羅蜜諸行應勸請六波羅蜜法意應以六波羅蜜迴向無上菩提。是名隨修作意。偈曰。

淨信及領受。樂說與被甲。起願亦希望。方便復七種。五九

釋曰。此偈有七種作意。一淨信作意二領受作意三樂說作意四被甲作意五起願作意六希望作意七方便作意。菩薩次作是念我今應於諸波羅蜜法義起深信力持。是名淨信作意。次作是念我今於諸波羅蜜法義應一向起求不生誹謗。是名領受作意。次作是念我今應以諸波羅蜜法義開示他人。是名樂說作意。次作是念我今應令諸波羅蜜滿足起大勇猛。是名被甲作意。次作是念我今爲滿足諸波羅蜜

願值滿足諸緣．是名起願作意。次作是念我今求正成就緣．是名希望作意。次作是念我今思惟諸波羅蜜業伴方便．是名方便作意。此中被甲作意起願作意希望作意教授中當分別。偈曰．

勇猛及憐愍　如是二作意．　應知二差別　一一有四種。六〇

釋曰．此偈有二種作意．一勇猛作意二憐愍作意．此二各有四種差別。菩薩思惟方便已．次作是念我今應起四種勇猛．爲堅牢故爲成熟故爲供養故爲親近故．爲堅牢者六六波羅蜜修所謂六施乃至六智．六施謂施施乃至施智．戒等六種亦復如是．爲成熟者以諸波羅蜜爲攝物方便成熟衆生．爲供養者以檀爲利益供養以戒等爲修行供養．爲親近者親近不倒教授諸波羅蜜人．是名勇猛作意。次作是念我今應起四無量心．諸波羅蜜現前時應起慈心．慳等現前時應起悲心．他人諸波羅蜜現前時應起喜心．他人信諸波羅蜜時應起無染心．是名憐愍作意。偈曰．

有羞．亦有樂．　及以無屈心．　修治．與稱說．　此復爲五種。六一

釋曰。此偈有五種作意。一有羞作意二有樂作意三無屈作意四修治作意五稱說作意。菩薩次作是念若我於諸波羅蜜懈怠不作及以邪作應起深慚愧等應轉檀等不轉。是名有羞作意。次作是念我今於所緣諸波羅蜜境界應持心不亂。是名有樂作意。次作是念我今於退諸波羅蜜方便作怨家想。是名無屈作意。次作是念我今於諸波羅蜜相應諸論應善集修治。是名修治作意。次作是念我今爲生他解應如其根器應讚揚諸波羅蜜法義。是名稱說作意。偈曰。

依度得菩提　非隨自在等。過惡及功德　此二亦應知。六二

釋曰。此偈有二作意。一依度作意二應知作意。菩薩如前稱揚已。次作是念我今依止諸波羅蜜得大菩提。非依自在天等。是名依度作意。次作是念我今應知障諸波羅蜜過惡及諸波羅蜜功德。是名應知作意。偈曰。

喜集及見義。　樂求求四種。平等無分別。　現持當緣故。六三

釋曰。此偈有三種作意。一喜集作意二見義作意三樂求作意。菩薩知已次作是念

我應歡喜聚集福智二聚。是名喜集作意。次作是念我今見諸波羅蜜自性能得無上菩提利益。是名見義作意。次作是念今見是利應以四求。一求平等。止觀雙修故。二求無分別。三輪清淨故。三求現持。求持能成諸度法義故。四求當緣。求未來成就諸度緣故。是名樂求作意。偈曰。

七非有取見。四種希有想。翻此非希有　此想亦有四。六四

釋曰。此偈有三種作意。一見非有取作意。二希有想作意。三非希有想作意。菩薩樂求已。次作是念。七種非有取我今應見。一非有爲有非有取。二過失非失非有取。三功德非德非有取。四非常爲常非有取。五非樂爲樂非有取。六非我爲我非有取。七寂滅非滅非有取。如來爲對治此七非有取次第說空等三三昧及說四種法優陀那。是名見非有取作意。次作是念我今於諸波羅蜜應起四種希有想。所謂大想廣想不求報恩想不期果報想。是名希有想作意。次作是念翻此希有於諸波羅蜜亦有四種非希有想。所謂由諸波羅蜜廣大故能得無上菩提。能住自他平等。能不求

一切世間供養能不求過諸世間勝身勝財。是名非希有想作意。偈曰。

離墮衆生邊　大義及轉施　究竟與無間　如是復五種。六五

釋曰。此偈有五種作意。一離邊作意二大義作意三轉施作意四究竟作意五無間作意。菩薩次作是念我今應以諸波羅蜜於一切衆生轉。是名離邊作意。次作是念我今應以諸波羅蜜廣饒益一切衆生。是名大義作意。次作是念我今所有諸波羅蜜功德願施一切衆生。是名轉施作意。次作是念願一切衆生所有諸波羅蜜三處究竟。謂菩薩地究竟如來地究竟利益衆生究竟。是名究竟作意。次作是念我應修習諸波羅蜜於一切時無有間斷。是名無間作意。偈曰。

方便恆隨攝　心住不顛倒　於退則不喜　進則歡喜生。六六

釋曰。此偈有三種作意。一隨攝作意二不喜作意三歡喜作意。菩薩次作是念我今應住不顛倒心。於佛所知應以諸波羅蜜恆時隨攝。是名隨攝作意。次作是念我今於退屈諸波羅蜜者不應生悅。是名不喜作意。次作是念我今於增進諸波羅蜜者

應生慶悅。是名歡喜作意。偈曰。

相似不欲修。 真實欲修習。 不隨。及欲得。 欲得有二種。六七

釋曰。此偈有四種作意。一不欲修作意二欲修作意三不隨作意四欲得作意。菩薩次作是念我今於相似諸波羅蜜不應修習。是名不欲修作意。次作是念我今於真實諸波羅蜜應勤修習。是名欲修作意。次作是念我今於諸波羅蜜障礙作意應斷。是名不隨作意。次作是念我今欲得授記位諸波羅蜜。欲得決定地諸波羅蜜。是名欲得作意。偈曰。

定作未來行。 常觀他行滿。 信解自第一 知體無上故。六八

釋曰。此偈有三種作意。一定作作意二觀他作意三我勝作意。菩薩次作是念我見當來諸趣以智方便一切波羅蜜決定當行。是名定作作意。次作是念我今應觀十方諸大菩薩諸波羅蜜得滿足時願我亦得滿足。同一事故。是名觀他作意。次作是念我今自信所行諸波羅蜜於諸行中最爲第一。何以故。我觀此體更無上故。是名

我勝作意。偈曰．

以此諸作意　修習於諸度．　菩薩一切時　善根得圓滿。六九

釋曰．此偈總結前義應知。已說求長養善根．次說求法差別．偈曰．

求法謂增長．　上意及廣大．　有障亦無障．　及以諸神通．七〇
無身亦有身．　得身及滿身　多慢及少慢．　及以無慢故。七一

釋曰．求法有十三種差別．一者增長求．謂以正聞增長信故．二者上意求．謂在佛邊受法流故．三者廣大求．謂得神通菩薩具足遠聞諸佛法故．四者有障求．謂初增長信者故．五者無障求．謂上意求者故．六者神通求．謂廣大求者故．七者無身求．謂聞思慧無法身故．八者有身求．謂修慧有多聞熏習種子身故．九者得身求．謂初地至七地．十者滿身求．謂八九十地．十一者多慢求．謂信行地．十二者少慢求．謂初七地．十三者無慢求．謂後三地。已說求法差別．次說求法因緣．偈曰．

爲色．爲非色．　爲通．爲正法．　相好．及病愈．　自在．無盡因。七二

釋曰.求法有四因緣.一爲色二爲非色三爲神通四爲正法.爲色者相好因故.爲非色者滅煩惱病因故.爲神通者自在因故.爲正法者無盡因故。如梵天王問經說.菩薩求法具足四想.一者如妙寶想.難得義故.二者如良藥想.除病義故.三者如財物想.不散義故.四者如涅槃想.苦滅義故.由法是相好莊嚴因故.如妙寶想.由法是滅煩惱病因故.如良藥想.由法是神通自在因故.如財物想.由法是正法無盡因故.如涅槃想。已說求法因緣.次說求遠離分別.偈曰.

無體.體.增.減.　一.異.自.別相.　如名.如義著(一)　分別有十種。七三

釋曰.有十種分別.一者無體分別二者有體分別三者增益分別四者損減分別五者一相分別六者異相分別七者自相分別八者別相分別九者如名起義分別十者如義起名分別.般若波羅蜜經中爲令諸菩薩遠離此十種分別故說十種對治。爲對治無體分別故經言有菩薩菩薩.爲對治有體分別故經言不見菩薩等.爲對治增益分別故經言舍利弗色自性空.爲對治增減分別故經言非色滅空.爲對治

(一)原刻作者.今依麗刻改.

一相分别故經言若色空非色。爲對治異相分别故經言空不異色色不異空空卽是色。爲對治自相分别故經言此色唯名。爲對治别相分别故經言色不生不滅非染非淨等。爲對治如名起義分别故經言名者作客故如名義不應著。爲對治如義起名分别故經言一切名不可見不可見故如義名不應著。已說求遠離分别。次說求法大。偈曰。

菩薩勝勇猛　二求得眞實。　隨順諸世間　功德如海滿。七五

釋曰。求法有三種大。一者方便大。由最上精進求世諦第一義諦眞實不顛倒故。二者他利大。由作世間依怙以第一義安置故。三者自利大。由一切功德如海滿足故。

述求品究竟。

大乘莊嚴經論卷第五

大乘莊嚴經論卷第六

無著菩薩造

唐三藏法師波羅頗迦羅蜜多羅譯

弘法品第十三

釋曰。已說求法。次應以法爲人演說。偈曰。

(一)難得復不堅。　愍苦恆喜施。　況以法利世　增長亦無盡。一

釋曰。此偈先遮法慳。難得復不堅者謂身命財。愍苦恆喜施者菩薩尚能於一切時捨此三種不堅之法施諸苦厄衆生。由慈悲故。況以法利世增長亦無盡者。何況大法得之不難而生慳悋。是故菩薩應以此法廣利世間。何以故。法得增長亦無盡故。

已遮法慳。次說利益偈曰。

(二)自證不可說　引物說法性。　法身寂滅口　悲流如蟒吸。二

釋曰。自證不可說引物說法性者。世尊不說自所證法。由不可說故。爲引接衆生復

(一)梵本此頌二十一言一句式。今譯文略。　(二)梵本此下二頌皆十九言一句式。今譯文略。

以方便而說法性。問云何方便。答法身寂滅口悲流如蟒吸。諸佛以法性爲身寂滅爲口極廣清淨離二障故。以大慈悲流出教網引接衆生。譬如大蟒張口吐涎吸引諸物。一切諸佛身口悲同引接亦爾。大悲無盡由畢竟故偈曰。

彼修得果故　修說非無義。　但聞及不聞　修說則無理。三

釋曰彼修得果故修說非無義者。諸佛以方便說自所證引接世間。由能行者修力自在而得果故。是故彼修及佛所說得非無義。但聞及不聞修說則無理者。若但聞法得見真義(二)彼修則無利益。若不聞法得入於修彼說則無利益。已說說法利益。次說說法差別。偈曰。

阿含說證說　謂口謂通力。　通力謂相好　餘色及虛空。四

釋曰諸菩薩說法有二種差別。一者阿含說。謂以口力而說。二者證說。謂以通力而說。通力說復有多種。或相好說。或樹林說。或樂器說。或空中說。已說說法差別。次說說法成就偈曰。

(一)原刻作直今依麗刻改。

無畏。及斷疑。　令信。亦顯實。　如此諸菩薩　說成就應知。五

釋曰。諸菩薩說法成就由四種義。一者無畏二者斷疑三者令信四者顯實。如梵天王問經說。菩薩四法具足則能開於廣大法施。何等爲四。一者攝治妙法。二者自慧明淨。三者作善丈夫業。四者顯示染淨。此中第一多聞故得無畏。第二大慧故能斷疑。第三不依名利故令他信受。第四由通達世諦第一義諦故能顯二種真實。謂染相真實淨相真實。偈曰。

美(一)語。及離醉。　無退。無不盡。　種種。及相應。　令解。非求利。
及以遍教授。　復此成就說。六

釋曰。美語者。他瞋罵時不惡報故。離醉者。醉有二種。一他稱讚時醉二自成就時醉。謂家色財等成就生愛喜故。離者如此二醉於心滅故。(二)無退者不懈怠故。無不盡者離於法慳一切說故。種種者不重說故。相應者不違現比量故。令解者字句可解故。非求利者不爲財利令彼信故。遍教授者被三乘故。(三)已說說法成就。次說語成就偈

(一)梵本此頌爲聖章體。與前頌同。今譯剩二句。　(二)原刻作不。今依麗刻改。　(三)此字依麗刻加。

曰。

不細及調和。善巧亦明了。應機亦離求。分量與無盡。七

釋曰。不細者遍徒衆故。調和者悅可意故。善巧者開示字句分明故。明了者令易解故。應機者隨宜說故。離求者不依名利說故。分量者樂聞無厭故。無盡者不可窮故。

已說語成就。次說字成就偈曰。

舉名及釋義。隨乘亦柔輭。易解而應機。出離隨順故。八

釋曰。舉名者。相應諸字句不違驗故。釋義者。釋言諸字句不違理故。隨乘者。隨乘諸字句。不違三乘故。柔輭者。離難諸字句不違於聲故。易解者。聚集諸字句得義易故。應機者。應物諸字句逗機宜故。出離者。不在諸字句向涅槃故。隨順者。正行諸字句。隨順八支聖道故。偈曰。

菩薩字成就　如前義應知。聲有六十種　是說如來事。九

釋曰。如來有六十種不可思議音聲。如佛祕密經中說。寂靜慧。如來具足六十種聲

語所謂潤澤柔輭可意意樂清淨。如是廣說。此中潤澤聲者衆生善根能持攝故。柔輭聲者現前聞法得樂觸故。可意聲者由善義故。意樂聲者由善字故。清淨聲者無上出世後得故。無垢聲者諸惑習氣不相應故。明亮聲者字句易解故。善力聲者具足功德破諸外道惡邪見故。樂聞聲者信順出離故。不絕聲者一切外道無能斷故。調伏聲者貪等煩惱能對治故。無刺聲者制戒樂方便故。不澀聲者令犯戒人得正出故。善調聲者教化教授故。悅耳聲者亂心對治故。身猗聲者能引三摩提故。心了聲者能引毗鉢舍那故。心喜聲者善斷疑故。喜樂生聲者決定拔邪故。無熱惱聲者信受不悔故。能持智聲者成就聞因智依止故。能持解聲者成就思因智依止故。不隱覆聲者不慳法而說故。可愛聲者令得自利果故。渴仰聲者已得果人深願樂故。教敕聲者不思議法正說故。令解聲者思議法正說故。相應聲者不違驗故。有益聲者如其所應教示導故。離重聲者不虛說故。師子聲者怖外道故。象聲者振大故。雷聲者深遠故。龍聲者令信受故。緊那羅聲者歌音美故。迦陵頻伽聲者韻清亮故。梵聲者出遠去故。命命鳥聲者初得吉祥一切事成故。天王聲者無敢違故。天鼓聲者破魔初故。離慢聲者讚毀不高故。入一切聲者入毗伽羅論一切種相故。離不正聲者憶不忘故。應時聲者教化事一切時起故。無著聲者不依利養故。不怖聲者離慚羞故。歡喜聲者聞無厭故。隨捨聲者一切明處善巧入故。善友聲者一切衆生利成就故。常流聲者相續不斷故。嚴飾聲者種種類現故。滿足聲者一音無量聲說法故。衆生根喜聲者一語無量義顯現故。不毀訾聲者如所立義信順故。不增減聲者應時量說故。不躁急聲者不疾疾說故。遍一切聲者遠近徒衆同依止故。一切種成就聲者世間法義皆譬喻令解故。已說字成就。次說說法大偈曰。

開演及施設。　建立幷總舉。　別說與斷疑。　略廣皆令解。一〇

釋曰。開演者謂言說也。施設者謂諸句也。建立者謂善相應也。如是分別開示如其次第總舉別說斷疑。使義淺近易解。令聽受者於所說法得決定故。略者一說。彼利根人速得解故。廣者重說。彼鈍根人遲得解故。偈曰。

說者及所說　受者三輪淨。　復離八種過　說者淨應知。一一

釋曰。說者及所說受者三輪淨者。何等三輪。一是說者謂諸佛菩薩。二是所說謂總說名字等諸種。三是受者謂前略說得解人廣說得解人。復離八種過說者淨應知者。說者清淨應知復離八種過失。問。何者八耶。偈曰。

懈〔一〕怠及不解。　拒請。不開義。　及以不斷疑。　斷疑不堅固。一二

厭退及有恪。　如是八種過。　諸佛無彼體　故成無上說。一三

釋曰。八種過者。一懈怠。二不解義。三拒請。四不開義。五不斷疑。六斷疑不決定。七心有厭退。不一切時說故。八有恪不盡開示故。一切諸佛如是八過悉皆遠離。是故得成無上說法。已說說法大次說義成就。偈曰。

此〔二〕法隨時善　生信喜覺因。　義正及語巧　能開四梵行。一四

釋曰。此法隨時善生信喜覺因者。隨時善謂初中後善。如其次第聞思修時爲信因故。爲喜因故。爲覺因故。爲覺因者定心觀察此法道理得如實智。故義正及語巧能

〔一〕梵藏本此二頌分兩段釋。　〔二〕梵藏本此下二頌合爲一段。

開四梵行者。義正謂善義及妙義。與世諦第一義諦相應故。語巧謂易受及易解。由文顯義現故。由此故能開示四種梵行。問。何者四耶。偈曰。

不共他相應。　具斷三界惑。　自性及無垢。　是行爲四種。一五

釋曰。四梵行者。一者獨二者滿三者清四者白。不共他相應者是獨義。由此行不共外道同行故。具斷三界惑者是滿義。由此行具斷三界煩惱故。自性者是清義。由此行是無漏自性淨故。無垢者是白義。由此行在漏盡身種類得無垢淨故。已說說法義成就。次說說法節。偈曰。

所(一)謂令入節。　相節。對治節。　及以祕密節。　是名爲四節。一六

釋曰。諸佛說法不離四節。一者令入節二者相節三者對治節四者祕密節。問。此四節依何義。偈曰。

聲聞及自性。　斷過。亦語深。　次第依四義　說節有四種。一七

釋曰。令入節者應知教諸聲聞入於法義令得不怖說色等是有故。相節者應知於

(一)梵藏本此下二頌合爲一段。

分別等三種自性無體無起自性清淨說一切法故。對治節者應知依斷諸過。對治八種障故。如大乘中說受持二偈得爾所功德皆爲對治故說此對治。後當解。祕密節者應知依諸深語。由迴語方得義故。如大乘經偈說。不堅堅固解善住於顛倒爲煩惱所惱速得大菩提。此節中不堅堅固解者。不堅謂諸衆生其心不亂。於此不亂作堅固解。此解最勝能得菩提。亂者心馳堅著不能至得菩提故。此是第一句義。善住於顛倒者。顛倒謂常樂我淨執。若人能於顛倒中解無常無樂無我無淨善住不退。即能速得菩提。不爾不得故。此是第二句義。爲煩惱所惱者。長時勤修難行苦行。由極疲倦能得菩提。不爾不得故。此是第三句義。已說說法節。次說說法意偈曰。

平等及別義。別時及別欲。依此四種意　諸佛說應知。一八

釋曰。諸佛說法不離四意。一平等意二別義意三別時意四別欲意。平等意者。如佛說往昔毗婆尸佛即我身。是由法身無差別故。如是等說是名平等意。別義意者。如佛說一切諸法無自性故無生故。如是等說是名別義意。別時意者。如佛說若人願

見阿彌陀佛一切皆得往生．此由別時得生故如是說．如是等說是名別時意。別欲
意者．彼人有如是善根如來或時讚歎或時毀呰．由得少善根便爲足故．如是等說
是名別欲意。已說說法意．次說受持大乘功德偈曰．

輕佛及輕法． 懈怠少知足． 貪行及慢行． 悔行不定等． 一九
如是八種障 大乘說對治． 如是諸障斷 是人入正法。 二〇

釋曰此二偈顯示大乘斷障功德障有八種．一者輕佛障二者輕法障三者懈怠障
四者少知足障五者貪行障六者慢行障七者悔行障八者不定障。爲對治輕佛障
故大乘經說往昔毗婆尸佛卽我身是．爲對治輕法障故大乘經說於無量恆河沙
佛所修行大乘乃得生解．爲對治懈怠障故大乘經說若有衆生願生安樂國土一
切當得往生稱念無垢月光佛名決定當得作佛．爲對治少知足障故大乘經說有
處讚歎檀等行有處毀呰檀等行．爲對治貪行障故大乘經說諸佛國土極妙樂事．
爲對治慢行障故大乘經說或有佛土最勝成就．爲對治悔行障故大乘經說或有

衆生於佛菩薩起不饒益事得生善道。爲對治不定障故大乘經說諸佛授記聲聞當得作佛及說一乘。是名受持大乘得離八障。偈曰。

若文及若義　二偈勤受持。　功德數有十　是名勝慧者。二一

善種得圓滿。　死時歡喜勝。　受生隨所欲。　念生智亦成。二二

生生恆值佛。　聞法得信慧。　遠離於二障。　速成無上道。二三

釋曰。此三偈顯示受持大乘集德功德。此功德有十種。一者成就一切善根種子圓滿依止。二者臨命終時得無上喜悅。三者於一切處得隨願受生。四者於一切處生得自性念生智。五者所生之處恆得值佛。六者恆在佛邊聞大乘法。七者成就增上信根。八者成就增上慧根。九者得遠離惑智二障。十者速得成就無上菩提。若人於一切大乘經典若文若義乃至一句正勤受持則得如是十種功德。此中應知於現在世得初二種功德。於未來世得餘八種功德漸漸增勝。已說持法功德。次說說法功德。偈曰。

慧善。及不退。　大悲。名稱遠。　巧便說諸法。　如日朗世間。二四

釋曰。若諸菩薩具足五因名善說法。一者不倒說。由慧善故。二者恆時說。由不退故。三者離求說。由大悲故。四者令信說。由名稱遠故。五者隨機說。由巧便故。由此五因能善說法導引衆生多生恭敬。譬如日出照朗世間。弘法品究竟。

隨修品第十四

釋曰。已說菩薩弘法。次說菩薩隨法修行。此中隨修有知義。有知法。有隨法。有同得。有隨行。今當次第顯示。偈曰。

於二知無我。　於三離邪正。　菩薩如是解　是名知義人一

釋曰。此偈明菩薩知義。於二知無我者。謂於人法二種而知無我。由知能取所取無有體故。於三離邪正者。三謂三種三昧。即空無相無願。由空三昧知無有體。解分別性故。由無相無願三昧知無自體。由解依他真實性故。離邪正者此三三昧引出世智故不邪。是世間故不正。菩薩如是解是名知義人者。菩薩若知人法二種無我。能

知三種三昧離邪離正。如此則名知義。偈曰。

如是知義已　知法猶如栰。　聞法不應喜　捨法名知法。二

釋曰。此偈明菩薩知法。初學菩薩得知義已次應知法。謂能知修多羅等經法。猶如栰喻。不得但聞而生歡喜。何以故。是法應捨譬如栰故。是名知法。偈曰。

凡夫有二智　即通二無我。　爲成彼智故　如說隨法行。三

釋曰。此偈明菩薩隨法。凡夫有二智者。謂知義智知法智。即通二無我者。由此二智故亦能通達人法二種無我。爲成彼智故如說隨法行者。菩薩爲成就彼二種智應如所說法隨順修行。是名(一)隨法。偈曰。

成就彼智時　出世間無上。　凡住初地者　所得皆同得。四

釋曰。此偈明菩薩同得。成就彼智時出世間無上者。用彼智體最勝故。初地謂歡喜地。一切住歡喜地菩薩所得功德。彼初入地人亦皆同得故。偈曰。

(二)見道所滅惑　應知一切盡。　隨次修餘地　爲斷智障故。五

(一)原刻作隨。今依麗刻改。　(二)梵藏本此下二頌分兩段釋。

應知諸地中　無分別建立。　次第無間起　如是說隨行。六

釋曰。此二偈明菩薩隨行。此中見道所滅煩惱入初地時一切悉盡。是故修習餘地但爲斷於智障。然於諸地各有二智。一無分別智二地建立智。菩薩若在正觀於剎那剎那得爾所法而不分別是名無分別智。菩薩出觀後分別觀中所得法如是如是分數是名地建立智。如此二智不得並起及間餘法起恆無間行。是名菩薩隨行。菩薩能如是隨行有四種不放逸輪。一者勝土輪二者善人輪三者自正輪四者先福輪。如此四輪今當次第說。偈曰。

易求及善護。　善地亦善伴。　善寂此勝土。　菩薩則往生。七

釋曰。此偈明勝土輪。土勝有五因緣。一者易求謂四事供身不難得故。二者善護。謂國王如法惡人盜賊不得住故。三者善地處所調和無疫癘故。四者善伴謂同戒同見爲伴侶故。五者善寂。謂晝日無喧夜絕聲故。偈曰。

多聞及見諦。　巧說亦憐愍。　不退此丈夫。　菩薩勝依止。八

釋曰．此偈明善人輪。善人亦具五因緣．一者多聞．成就阿含故．二者見諦．得聖果故．三者巧說．能分別法故．四者憐愍．不貪利故．五者不退．無疲倦故。偈曰．

善緣及善聚．　善修及善說．　善出此五種．　是名自正勝。九

釋曰．此偈明自正輪。自正亦具五因緣．一者善緣．妙法爲緣故．二者善聚．福智具足故．三者善修．止觀諸相應時修故．四者善說．無求利故．五者善出．所有十法恭敬修故。偈曰．

可樂及無難．　無病與寂靜．　觀察此五種．　宿植善根故。一〇

釋曰．此偈明先福輪。先福亦具五因緣．一者可樂．二者無難．三者無病．四者三昧．五者智慧．第一事由住勝土爲因．第二事由值善人爲因．後三事由自正成就爲因。已說四種不放逸輪．次說煩惱出煩惱偈曰．

遠離於法界　無別有貪法　是故諸佛說　貪出貪餘爾。一一

釋曰．如佛先說我不說有異貪之法能出於貪．瞋癡亦爾．由離法界則別無體故．是

(一)梵本此下二頌皆十五言一句式。又合爲一段釋。

故貪等法性得貪等名。此說貪等法性能出貪等。此義是經旨趣。偈曰。

由離法性外　無別有諸法　是故如是說　煩惱卽菩提。一二

釋曰。如經中說無明與菩提同一。此謂無明法性施設菩提名。此義是經旨趣。偈曰。

於貪起正思　於貪得解脫　故說貪出貪　瞋癡出亦爾。一三

釋曰。若人於貪起正思觀察。如是知已於貪卽得解脫。故說以貪出離於貪出離瞋癡亦復如是。已說煩惱出煩惱。次說遠離二乘心。偈曰。

菩(一)薩處地獄　爲物不辭苦　捨有發小心　此苦則爲劇。一四

釋曰。菩薩慈悲爲諸衆生入大地獄不辭大苦。若滅三有功德起小乘心。菩薩以此爲苦最爲深重。問。此義云何。偈曰。

雖恆處地獄　不障大菩提　若起自利心　是大菩提障。一五

釋曰。菩薩雖爲衆生長時入大地獄不以爲苦。何以故。於廣淨菩提不爲障故。若起異乘樂涅槃心卽爲大苦。何以故。於大乘樂住而爲障故。此偈顯前偈義應知。已說

遮二乘心次說遮怖畏心偈曰。

(一)無體及可得　此事猶如幻。　性淨與無垢　此事則如空。一六

釋曰。無體及可得此事猶如幻者。一切諸法無有自性故曰無體。而復見有相貌顯現故曰可得。諸凡夫人於此二處互生怖畏此不應爾。何以故幻相似故譬如幻等實無有體而顯現可見。諸法無體可得亦爾。是故於此二處不應怖畏。性淨與無垢此事則如空者。法界本來清淨故曰性淨。後時離塵清淨故曰無垢。諸凡夫人於此二處互生怖畏。此不應爾。何以故。空相似故。譬如虛空本性清淨後時亦說離塵清淨。法界性淨及以無垢亦復如是。是故於此二處不應怖畏。復次更有似畫譬喻能遮前二怖畏。偈曰。

譬如工畫師　畫平起凹凸。　如是虛分別　於無見能所。一七

釋曰。譬如善巧畫師能畫平壁起凸凹相。實無高下而見高下。不真分別亦復如是。於平等法界無二相處而常見有能所二相。是故不應怖畏。此中復有似水譬喻能

(一)梵本此頌八言一句式。次下二頌十二言一句式。合爲一段。今譯改文。

遮後二怖畏偈曰。

譬如清水濁　穢除還本清　自(一)心淨亦爾　唯離客塵故。一八

釋曰。譬如清水垢來則濁。後時若清唯除垢耳。清非外來本性清故。心方便淨亦復如是。心性本淨客塵故染。後時清淨除客塵耳。淨非外來本性淨故。是故不應怖畏。

偈曰。

已說心性淨　而爲客塵染　不(二)離心真如　別有心性淨。一九

釋曰。譬如水性自清而爲客垢所濁。如是心性自淨而爲客塵所染。此義已成。由是義故不離心之真如別有異心。謂依他相說爲自性清淨。此中應知說心真如名之爲心。即說此心爲自性清淨。(三)此心即是阿摩羅識。已遮怖畏。次遮貪罪偈曰。

菩(四)薩念衆生　愛之徹骨髓　恆時欲利益　猶如一子故。二〇

釋曰。諸菩薩愛諸衆生此名爲貪。餘如偈說。偈曰。

由利羣生意　起貪不得罪　瞋則與彼違　恆欲損他故。二一

(一)原刻作息。今依麗刻改。梵藏本此下四頌合爲一段。　(二)梵本此半頌云。不異法性心而說自性淨。　(三)梵藏本均無此句。　(四)

釋曰。若謂菩薩愛諸衆生起貪名罪者。此義不然。何以故。此貪恆作利益衆生因故。偈曰。

如鴿於自子　普覆生極愛　如是有悲人　於生愛亦爾。二二

釋曰。譬如鴿鳥多貪愛念諸子最得增上。如是菩薩多悲愛諸衆生增上亦爾。偈曰。

慈與瞋心違　息苦苦心反　利則違無利　無畏違畏心。二三

釋曰。菩薩於諸衆生由得慈心故與瞋心相違。由得息苦心故與作苦心相違。由得利益心故與無利心相違。由得無畏心故與作畏心相違。是故菩薩起如是貪不得名罪。已遮貪罪。次說修行差別。偈曰。

善行於生死　如病服苦藥。善行於衆生　如醫近病者。二四

善行於自心　如調未成奴。善行於欲塵　如商善販賣。二五

善行於三業　如人善浣衣。善行不惱他　如父於愛子。二六

善行於修習　如鑽火不息。善行於三昧　如財與信人。二七

善行於般若　如幻師知幻。是名諸菩薩　善行於境界。二八

釋曰。諸菩薩修行有九種差別。一者善行生死譬如病人服苦澀藥。但爲差病不生貪染。菩薩亦爾。親近生死但爲思惟策勵非爲染著。二者善行衆生譬如良醫親近病者。菩薩亦爾。由大悲故不捨煩惱病苦衆生。三者善行自心譬如有智之主善能調服未成就奴。菩薩亦爾。善能調伏未調伏心。四者善行欲塵譬如商人善於販賣。菩薩亦爾。於檀等諸度增長資財。五者善行三業譬如善浣衣師能除穢垢。菩薩亦爾。修治三業能令清淨。六者善行不惱衆生譬如慈父愛於小兒雖穢不惡。菩薩亦爾。衆生加損未嘗瞋惱。七者善行修習譬如鑽火未熱不息。菩薩亦爾。修習善法曾無間心。八者善行三昧譬如出財得保信人日日滋益。菩薩亦爾。修習諸定不亂不味功德增長。九者善行般若譬如幻師知幻非實。菩薩亦爾。於所觀法得不顛倒。是名菩薩修行差別。已說修行差別。次說三輪清淨偈曰。

常勤大精進　熟二令清淨　淨覺無分別　漸漸得菩提。二九

釋曰。常勤大精進熟二令清淨者。菩薩以大精進力勤行自他二利。是故衆生及自並得成熟。是名清淨。淨淨覺無分別漸漸得菩提者。淨覺謂法無我智。此智不分別三輪謂修者所修正修。故得清淨。由此淨故漸漸得成無上菩提。隨修品究竟。

大乘莊嚴經論卷第六

(一)原刻作修。今依麗刻及梵藏本改。

大乘莊嚴經論卷第七

無著菩薩造

唐三藏法師波羅頗迦羅蜜多羅譯

教授品第十五

釋曰。已說菩薩隨修。次說如來教授。偈曰。

行盡一僧祇　長信令增上。　衆善隨信集(一)　亦具如海滿。一

釋曰。行盡一僧祇長信令增上者。若諸菩薩行行盡一阿僧祇劫。爾時長養於信方至上品。問。獨信增耶。答。衆善隨信集亦具如海滿。謂於信增時一切衆善隨信聚集亦得具足。如大海水湛然圓滿。偈曰。

聚集福德已　佛子最初淨。　極智及輭心　勤修諸正行。二

釋曰。聚集福德已者。如前所說聚集故。佛子最初淨者。令護清淨故。及於大乘作正直見不顛倒受義故。極智者得多聞故。輭心者離諸障故。勤修諸正行者有堪能故。

偈曰。

自後蒙諸佛　法流而教授。　增益寂靜智　進趣廣大乘。三

釋曰。自後蒙諸佛法流而教授者。此諸菩薩從此已後蒙諸佛如來以修多羅等法而爲說之。譬如爲說十地經。增益寂靜智進趣廣大乘者。此菩薩若得教授則增益奢摩他智。於廣大乘而能進修。如是得教授已次起六種心。偈曰。

(一)想名及了句。　思義亦義知。　法總及義求。　六心次第起。四

釋曰。六心者。一根本心二隨行心三觀察心四實解心五總聚心六希望心。想名者謂根本心。初於修多羅等法觀察無有二義。唯想名聚故。了句者謂隨行心。次隨諸句決了差別及次第故。思義者謂觀察心。次於彼義內正思惟故。義知者謂實解心。於彼思義如實知故。法總者謂總聚心。更聚前法復總觀故。義求者謂希望心。於彼義趣求得意故。如是起六心已次起十一種作意。偈曰。

(二)有求亦有觀。　一味將止道。　觀道及二俱。　拔沉幷抑掉。五

(一)梵藏本無此頌。但另有二頌詳說六心。文義同下長行。　(二)梵藏本無此二頌。但另有四頌詳說十一作意義同長行。

(一)梵藏本此節原有四頌，詳釋九心，今譯文略。

正住，與無間，　於中亦尊重，　置心一切緣　作意有十一。六

釋曰：十一種作意者：一有覺有觀作意，二無覺有觀作意，三無覺無觀作意，四奢摩他作意，五毗鉢舍那作意，六二相應作意，七起相作意，八攝相作意，九捨相作意，十恆修作意，十一恭敬作意。有求者謂有覺有觀作意，此作意以意言相續觀察諸法。有觀者謂無覺有觀作意，此作意雖離於覺，亦以意言相續觀察諸法。一味者謂無覺無觀作意，此作意離於意言而相續觀察諸法。止道者謂奢摩他作意，此作意但緣諸法名。觀道者謂毗鉢舍那作意，此作意但緣諸法義。二俱者謂二相應作意，此作意能一時緣名義。拔沉者謂起相作意，此作意若緣名心沉即能策起。抑掉者謂攝相作意，此作意若緣義心散即能攝持。正住者謂捨相作意，此作意若心平等能住捨心。無間者謂恆修作意，此作意能依正住修習無廢。尊重者謂恭敬作意，能於習時尊重名義。如是起十一種作意已，復應修習九種住心，偈曰：

(一)繫緣，將速攝，　內略，及樂住，　調厭，與息亂，　惑起，滅亦爾。七

所作心自流。　爾時得無作。　菩薩復應習　如此九住心。八

釋曰。九種住心者。一安住心二攝住心三解住心四轉住心五伏住心六息住心七滅住心八性住心九持住心。此九住教授方便應知。繫緣者謂安住心。安心所緣不令離故。速攝者謂攝住心。若覺心亂速攝持故。內略者謂解住心。覺心外廣更內略故。樂住者謂轉住心。見定功德轉樂住故。調厭者謂伏住心。心若不樂應折伏故。息亂者謂息住心。見亂過失令止息故。惑起滅亦爾者謂滅住心。貪憂等起即令滅故。所作心自流者謂性住心。所作任運成自性故。爾時得無作者謂持住心。不由作意得總持故。如是修習得住心已次令此心得最上柔輭偈曰。

下[一]猗修令進　為進習本定。　淨禪為通故　當成勝輭心。九

釋曰。下猗修令進為進習本定者。菩薩得住心時應知已得下品身猗心猗。為增進此猗更修根本禪定。問。更修本定為何功德。答。淨禪為通故當成勝輭心。諸菩薩為起諸神通故。為欲成就最勝柔輭心故。是故進修本定。問。起諸神通欲何所作。勝柔

(一)梵藏本令心柔輭一節原有四頌。合一段釋。今譯改文。

軟心復云何成。偈曰。

起通遊諸界　歷事諸世尊　最上軟心得　供養諸佛故。一〇

釋曰。起通遊諸界歷事諸世尊者。謂菩薩欲往無量世界欲經無量劫數。欲歷無量諸佛欲承事供養及聞正法。爲此事故起諸神通。問。何故作此事。答。最上軟心得供養諸佛故由供養諸佛爲因故更得成就第一勝柔軟心。如是得勝心已便得諸佛之所稱揚。偈曰。

未(一)入淨心前　五種稱揚得。　器體成淨故　堪進無上乘。一一

釋曰。未入淨心前五種稱揚得者。謂此菩薩於淨心地前先得如來稱揚其五種功德。問。此稱揚於菩薩有何利益。答。器體成淨故堪進無上乘。此菩薩得如來稱揚已便成就清淨器體。於無上乘則堪進入。問。如來稱揚彼菩薩何等五功德。偈曰。

念(二)念融諸習　身猗及心猗　圓明與見相　滿淨諸法身。一二

釋曰。五功德者。一者融習二者身猗三者心猗四者圓明五者見相。融習者一一刹

(一)梵藏本此頌與下頌合爲一段。(二)梵藏本解五德原有三頌今略爲一。

那消融一切習氣聚故、身猗者修習輕安遍滿身故、心猗亦爾、圓明者圓解一切種空離分數故、見相者見無分別相爲後清淨因故。滿淨諸法身者、爲滿爲淨一切種法身常作如是五因故。問、何時滿、何時淨。答、十地時滿、佛地時淨。此中應知五種功德前三是奢摩他分、後二是毗鉢舍那分、菩薩於此時中於世間法皆得具足。如是得稱揚已、次起通達分善根、偈曰、

爾(一)時此菩薩　次第得定心、唯見意言故　不見一切義。一三

釋曰、此菩薩初得定心離於意言、不見自相總相一切諸義、唯見意言、此見卽是菩薩煖位。此位名明、如佛灰河經中所說、明此明名見法忍。偈曰、

爲長法明故、堅固精進起、法明增長已、通達唯心住、一四

釋曰、此中菩薩爲增長法明故起堅固精進住、是法明通達唯心、此通達卽是菩薩頂位(二)。偈曰、

諸義悉是光　由見唯心故、得斷所執亂　是則住於忍。一五

(一)梵藏本此下四頌合爲一段、(二)原刻作住、今依麗刻改、

釋曰。此中菩薩若見諸義悉是心光。非心光外別有異見。爾時得所執亂滅。此見即是菩薩忍位。偈曰。

所執亂雖斷　尚餘能執故　斷此復速證　無間三摩提。一六

釋曰。此中菩薩爲斷能執亂故復速證無間三摩提。問。有何義故此三摩提名無間。答。由能執亂滅時爾時入無間故受此名。此入無間即是菩薩世間第一法位(二)。隨其次第說煖等諸位已。次說見道起。偈曰。

遠離彼二執　出世間無上　無分別離垢　此智此時得。一七

釋曰。遠離彼二執者所執能執不和合故。出世間無上者得無上乘故。無分別者即彼二執分別無故。離垢者見道所斷煩惱滅故。菩薩爾時名遠塵離垢得法眼淨。偈曰。

此即是轉依　以得初地故　後經無量劫　依淨方圓滿。一八

釋曰。此即是轉依以得初地故者。此離垢即是菩薩轉依位。何以故。得初地故。問。依

(二)梵藏本下有一頌總結上文。今譯缺略。

極淨耶。答。後經無量劫依淨方圓滿。非於此初即得極清淨。由後經無量阿僧祇劫此依方得清淨圓滿故。偈曰。

爾(一)時通法界　他自心平等　平(二)等有五種　五無差別故。一九

釋曰。爾時通法界他自心平等者。菩薩於初地即得通達平等法界。由此通達故能觀他身即是自身。亦得心平等。問。此時得幾種心平等。答。平等有五種五無差別故。何謂為五。一者無我平等。謂於自他相續不見有我無差別故。二者有苦平等。謂於自他相續所有諸苦無差別故。三者所作平等。謂於自他相續欲作斷苦無差別故。四者不求平等。謂於自他所作不求反報無差別故。五者同得平等。如餘菩薩所得我得亦爾無差別故。偈曰。

諸(三)行虛分別　淨智了無二　解脫見所滅　如是說見道。二〇

釋曰。諸行虛分別淨智了無二者。此中菩薩於三界諸行唯見不真分別。以極淨智了彼無二。淨智者出世間故。無二者二執無故。彼無二體即法界也。解脫見所滅如

(一)梵本此頌八言一句式。今譯文略。次同。　(二)梵本此頌列五平等名義。今譯文略。　(三)梵本此頌八言一句式別為一段解釋。今譯改文。

〔一二〕梵藏本此下十五頌合爲一段。

是說見道者。謂解脫見道所滅煩惱法界即是解脫。若見解脫滅煩惱時說名菩薩初得見道。偈曰。

無體及似體　自性合三空　於此三空解　此說名解空。二一

釋曰。三空者。一無體空謂分別性。彼相無體故。二似體空謂依他性。此相如分別性無體故。三自性空謂真實性。自體空自體故。此偈顯菩薩得空解脫門。偈曰。

應知緣無相　悉盡諸分別　此中無願緣　不真分別盡。二二

釋曰。此偈上半顯得無相解脫門。下半顯得無願解脫門。應知此中菩薩具得三解脫門。偈曰。

此時所得法　一切菩提分。應知彼菩薩　同得如見道。二三

釋曰。一切菩提分者謂四念處等。彼菩薩得見道時亦得此法。偈曰。

覺〔一三〕世唯諸行　無我唯苦著。無義自我滅　大義依大我。二四

釋曰。覺世唯諸行無我唯苦著者。此菩薩覺諸世間但是諸行實無有我。衆生計著

唯著苦耳。無義自我滅者．謂染汙身見滅故。大義者利益一切衆生故．大我者以一切衆生爲自己故．此中菩薩滅自我見依大我見作衆生利益事．是謂大義依大我。偈曰．

無我復我見　無苦亦極苦．　益彼不求報　以利自我故。二五

釋曰．此中諸菩薩無我者謂無自身無義我見．復我見者謂有他身大義我見．無苦者謂無自身所起諸苦．亦極苦者謂有他身所起諸苦。益彼不求報者．無希望故．何以故．以利自我故．諸菩薩利益衆生時卽是利益自我．是故無外希望。偈曰．

自脫心最上　他縛卽堅廣．　苦邊不可盡　如是應勤作。二六

釋曰．自脫心者謂滅自見道所斷煩惱故．最上者此解脫由無上乘故。他縛卽堅廣者由一切衆生相續所起煩惱故．苦邊不可盡者衆生界無邊如虛空故．如是應勤作者衆生如是苦菩薩應爲衆生斷苦作邊．作已復作不應休息故。偈曰．

自苦不息忍　豈忍他諸苦．　此生及窮生　翻彼謂菩薩。二七

（一）梵本下有八言句式五頌，合爲一段，今譯改爲三段。

釋曰：衆生於一期生苦及窮生死際不可思議苦無能忍受者，此菩薩翻彼不能忍受悉能爲之忍受，故言翻彼謂菩薩。偈曰：

於他行等愛　利彼不退轉　希有非希有　他利自利故。二八

釋曰：於他行等愛利彼不退轉者，菩薩於一切衆生行平等愛心無有差別，若求樂利益若行樂利益若求行時利益之心無有退轉。希有非希有他利自利故者，此不退轉事於諸世間希有最上，然此希有亦非希有，何以故，他得益時即是菩薩自得益故。偈曰：

餘（一）地說修道　二智勤修習　無分別建立　淨法及衆生。二九

釋曰：餘地者謂後九地。問：餘地何所修。答：二智勤修習。二智者一無分別智二如所建立智。無分別智謂出世智，如所建立智謂後得世智。問：此二智有何功能。答：淨法及衆生。此中無分別智成熟佛法是其功能，如所建立智成熟衆生是其功能。偈曰：

修位二僧祇　最後得受職　入彼金剛定　破諸分別盡。三〇

釋曰。修位二僧祇最後得受職者。二僧祇謂第二及第三大劫阿僧祇。最後謂究竟修。於此修位方得受職。問。受職已更何所作。答。入彼金剛定破諸分別盡。問。因何義故名金剛定。答。分別隨眠此能破故。是故此定名金剛喻。偈曰。

轉依究竟淨　成就一切種。住此所作事　但爲利羣生。三一

釋曰。轉依究竟淨者。謂永離一切煩惱障及智障故。成就一切種者。謂得一切種智。由無上故。住此所作事者。謂住此位中乃至窮衆生生死際示現成道及現涅槃故。問。此事何所爲。答。但爲利羣生。如此等事一向但爲利益一切衆生故。自下次明因大教授得大義利。偈曰。

牟(一)尼尊難見　常見得大義。以聞無等法　淨信資養心。三二

釋曰。此偈明菩薩因大教授常得現前見佛。常聞無正等法。常起極深淨信遍滿於心。此明初時得大義利。偈曰。

若於教授中　法門如欲住。如人拔險難　佛勸亦如是。(二)三三

(一)梵藏本下有二頌合爲一段。(二)梵藏本下有一頌，說佛教授各種義利，今缺。

釋曰。若於教授中法門如欲住者。有諸菩薩於教授時中或於如來法門心欲樂住也。如人拔險難佛勸亦如是者。譬如有人墮在深坑有能捉髮懸擲高岸。佛勸亦爾。若彼菩薩樂住寂滅深坑。諸佛如來強能置之佛果高岸。此明次時得大義利。偈曰。

世間極淨眼　勝覺無分別。　譬如大日出　除幽朗世間。三四

釋曰。若諸菩薩成佛時永退一切世間法故眼(一)得最極清淨。爾時名得無分別勝覺。譬如日輪大出能除幽暗照朗世間。此明畢竟時得大義利如是廣說已。次以一偈總結前義。偈曰。

佛子善集滿　成就極廣定。　恆受尊教授　能窮功德海。三五

釋曰。此偈義如文顯現。教授品究竟。

業伴品第十六

(二)釋曰。已說如來大教授。菩薩起業以方便爲伴今當說。偈曰。

(三)譬如大地種　任持四種物。　如是三種業　建立一切善。一

(一)原刻作明。今依麗刻改。(二)梵藏本品首有嗢柁南。總結上文五品次第。今缺。(三)梵本此頌十二言一句。式詳列四物之名。今譯文略。

釋曰。此偈顯示菩薩集起業方便。譬如大地種任持四種物者。何謂四物。一者大海二者諸山三者草木四者衆生是謂四物。如是三種業建立一切善者。海等四物譬一切善法。如是菩薩三業能聚集一切諸善。所謂檀等諸波羅蜜及一切菩提分法。

偈曰。

難(一)行業能行　應形無量劫。
身口心自性　拔彼不退轉。二

釋曰。此偈顯示菩薩救他業方便。難行業能行應形無量劫者。何謂難行業。謂衆生欲得小乘出離。菩薩於彼極生大苦。欲令彼轉異乘心故。變種種形於無量世界經無量劫數而能久受勤苦作種種難行業。身口心自性拔彼不退轉者。謂菩薩爲拔彼故雖復處處久受勤苦。三業自性終無退屈。偈曰。

如人怖四害　深防爲自身。
菩薩畏二乘　護業亦如是。三

釋曰。此偈顯示菩薩自護業方便。如人怖四害深防爲自身者。何謂四害。一者毒物二者兵仗三者惡食四者怨仇是謂四害。深防者爲利益自身故。菩薩畏二乘護業

(一)梵藏本此下二頌合爲一段

亦如是者，毒等四害譬二乘人諸業方便，菩薩怖畏此故，深自防護起二乘心，何以故，由斷大乘種故，大乘善根未起令不起，故已起復令滅，故及與佛果作障礙故。偈曰，

作者業所作　三輪不分別　得度淨業海　功德無有邊。四

釋曰，此偈顯示菩薩清淨業方便。作者業所作三輪不分別者，何謂三輪，一者作者，二者業，三者所作，是謂三輪(二)，不分別者，此三不可得故。由此故三輪得清淨，三輪清淨故業清淨。得度淨業海功德無有邊者，到業彼岸故，功德無邊者由無盡故。業伴品究竟。

度攝品第十七之一

釋曰，已說起業方便業所聚集諸波羅蜜，今當說，此中先說憂陀那偈曰，

(三)數相次第名，修習差別攝，治障德互顯，度十義應知。一

釋曰，此中六波羅蜜應知有十種義，一制數二顯相三次第四釋名五修習六差別

(一)原刻作諸，今依麗刻改　(二)玄奘譯攝大乘論出此頌云，數相及次第，訓詞修差別，攝所治功德，互決擇應知。

七攝行八治障九功德十互顯。此中有六偈制立六波羅蜜數唯有六偈曰，

資生身眷屬　發起初四成，第五惑不染，第六業不倒。二

釋曰，此偈顯示爲攝自利三事故立波羅蜜數唯有六，一者增進二者不染三者不倒。彼初四波羅蜜如其次第能令四事增進，一資生成就由布施故，二自身成就由持戒故，三眷屬成就由於忍辱，行忍辱者多人愛故，四發起成就由於精進，一切事業因此成故。第五禪波羅蜜能令煩惱不染，折伏煩惱由此力故。第六般若波羅蜜令業不顛倒，一切所作如實知故。偈曰，

施彼及不惱　忍惱是利他，有因及心住　解脫是自利。三

釋曰，此偈顯示爲攝二利六事故立波羅蜜數唯有六。初爲攝利他三事故立前三波羅蜜令起正勤，如其次第一者施彼二者不惱三者忍彼惱。(一)後爲攝自利三事故須立後三波羅蜜令起正勤，如其次第一者有因由依精進故，二者心住由心不定令定故，三者解脫由心已定令解脫故。偈曰，

(一)原刻作彼，今依麗刻改。

不乏。亦不惱。　忍惱。及不退。　歸向。與善說。　利他即自成。四

釋曰。此偈顯示爲攝利他六事故立波羅蜜數唯有六。菩薩行六波羅蜜時如其次第。於彼受用令不乏故。不惱彼故忍彼惱故。助彼所作令不退故。以神通力令歸向故。以善說法斷彼疑故。菩薩如是利他即是自利。爲他所作即自所作。由此因緣得大菩提故。偈曰。

不染。及極敬。　不退有二種。　亦二無分別。　具攝大乘因。五

釋曰。此偈顯示爲攝大乘四因故立波羅蜜數唯有六。一者不染二者極敬三者不退四者無分別。菩薩修行施時於財不染無顧戀故受持戒時於諸學處起極敬故。行忍辱精進時此二不退。忍於衆生非衆生所作苦得不退故。精進於修行善時得不退故。行禪定般若時此二無分別。奢摩他毗鉢舍那平等所攝故。如此四因攝一切大乘因盡。偈曰。

不著。及不亂。　不捨。亦增進。　淨惑及智障。　是道皆悉攝。六

釋曰。此偈顯示爲攝大乘六道故立波羅蜜數唯有六。問。道者何義。答。有方便者爲道。此中檀波羅蜜於諸資財不著爲道。由施時於境離染著故。尸波羅蜜於諸境界不亂爲道。由求受戒時一切心亂攝令住故。及比丘住護者求境界時一切業亂不能轉故。羼提波羅蜜於諸衆生不捨爲道。由一切不饒益事不生厭故。毗黎耶波羅蜜於修諸善增長爲道。由精進發起令增上故。禪波羅蜜於煩惱障令清淨爲道。般若波羅蜜於智慧障令清淨爲道。如是六種道攝一切大乘道盡。偈曰。

爲攝三學故　說度有六種。　初三二初一　後二二一三。七

釋曰。此偈顯示爲攝三種增上學故立波羅蜜數唯有六。此中立初三波羅蜜爲攝初一戒增上學。戒有二種。謂聚及眷屬。尸羅爲聚。檀及羼提爲眷屬。何以故。施於求受時資財不悋故。忍於護持時打罵不報故。此中立後二波羅蜜如其次第爲攝心慧二增上學。此中立第四一波羅蜜應知具攝三增上學。由一切三學精進爲伴故。

已制六波羅蜜數。次顯六波羅蜜相。偈曰。

分別六度體(一)　一一有四相。　治障及合智　滿願亦成生。　八

釋曰。諸菩薩修諸波羅蜜一一皆有四相。一治障二合智三滿願四成生。治障者。檀等六行如其次第對治慳貪破戒瞋恚懈怠亂心愚癡故。合智者。悉與無分別智共行。由通達法無我故。滿願者。施於求財者隨其所欲而給與之。戒於求戒者隨其所欲以身口意護而教授之。忍於悔過者與之歡喜。精進於作業者隨欲助之。定於學定者隨欲授法。智於有疑者隨欲決斷。成生者。先以施攝。後以三乘法隨其所應而成熟之。先安立於戒等中。後以三乘成熟亦爾。已顯六波羅蜜相。次說六波羅蜜次第。偈曰。

前後及下上　麤細次第起。　如是說六度　不亂有三因。　九

釋曰。六波羅蜜次第有三因緣。一前後二下上三麤細。前後者謂依前後得起。何以故。由不顧資財故受持戒。行持戒已能起忍辱。忍辱已能起精進。精進已能起禪定。禪定已能解真法。下上者前者爲下後者爲上。下者施上者戒。乃至下者定上者智。

(一)梵藏本此節原有六頌，分兩大段，詳就六度一一說其治障具智滿願成生，今譯取意合爲一頌。

麤細者前者爲麤後者爲細。麤者施細者戒。乃至麤者定細者智。何故麤。易入易作故。何故細。難入難作故。已說六波羅蜜次第。次釋六波羅蜜名偈曰。

除貧亦令涼。 破瞋與建善。 心持及真解。 是說六行義。一〇

釋曰。能除貧窮故名施。能令清涼故名戒。由具戒者於境界相中煩惱熱息故。能破瞋恚故名忍。破瞋恚能令盡故。能建善故名進。建立善法由此力故。能持心故名定。攝持內意故。能解真法故名慧。曉了第一義諦故。已釋六波羅蜜名。次說修習六波羅蜜偈曰。

物與思及心。 方便并勢力。 當知修六行 說有五依止。一一

釋曰。諸菩薩修習諸波羅蜜有五依止。一者物依止。二者思惟依止。三者心依止。四者方便依止。五者勢力依止。物依止修諸波羅蜜有四種。一者依止因。依種姓力而修習故。二者依止報。依自身成就力而修習故。三者依止願。依昔願力而修習故。四者依止數。依智慧力而修習故。思惟依止修諸波羅蜜亦有四種。一者信思惟。於諸

波羅蜜相應教而生信心故。二者味思惟。於諸波羅蜜中見功德味故。三者隨喜思惟。於一切世界一切衆生所有諸波羅蜜皆生隨喜故。四者希望思惟。於自身及他未來所有勝波羅蜜起希望故。心依止修諸波羅蜜有六種。一者無厭心二者廣大心三者勝喜心四者勝利心五者不染心六者善淨心。何謂修檀六種心。若菩薩以滿恆河沙數世界七寶及以身命於一刹那施一衆生如是乃至盡衆生界所願成熟無上菩提者。以此門施心無厭足。如是相心是名修檀無厭心。若菩薩如是相施從初相續乃至成佛無刹那頃有絶有減。如是相心是名修檀廣大心。若菩薩以施攝他時生極重歡喜過於受者得財時生喜。如是相心是名修檀勝喜心。若菩薩以施攝他時見他受物極饒益我。非我自用爲極饒益。何以故。由施攝他令我成就無上菩提因故。如是相心是名修檀勝利心。若菩薩如是廣施不求報恩及以果報。如是相心是名修檀不染心。若菩薩如是廣施所生福聚所得果報施一切衆生非爲自受。又與一切衆生共之迴向無上菩提。如是相心是名修檀善淨心。何謂修戒等六種心。若菩薩有恆河沙數自身．一一身復有恆河沙數劫壽．一一壽中復乏一切資生．於此之中復有火聚遍滿三千大千世界．菩薩以此多身經此多壽在此火聚起四威儀．於一剎那但修一戒．如是乃至盡諸戒聚乃至盡諸智聚能得無上菩提者．菩薩修之心無厭足．如是相心是名修戒等無厭心。若菩薩從初修戒乃至修智極坐道場無有閒斷．如是相心是名修戒等廣大心。若菩薩修戒等攝他時生極重歡喜過於受攝者得利益時生喜．如是相心是名修戒等勝喜心。若菩薩修戒等攝他時見他得利極饒益我．非我自利爲極饒益．如是相心是名修戒等勝利心。若菩薩修戒等時不求報恩及以果報．如是相心是名修戒等不染心．若菩薩廣修戒等所生福聚所得果報願施一切衆生非爲自受．又與一切衆生共之迴向無上菩提．如是相心是名修戒等善淨心。方便依止修諸波羅蜜有三種．三種者卽是三輪清淨．此清淨由無分別智爲方便故．以此方便一切作意悉得成就。勢力依止修諸波羅蜜亦有三種．一者身勢力二者行勢力三者說勢力．身勢力者應知是佛自性身及受用身。行勢力者應知是佛化身。以此化身於一切相爲一切衆生示現一切善行故。説勢力者謂演説六波羅蜜一切種時無滯礙故。

大乘莊嚴經論卷第七

大乘莊嚴經論卷第八

無著菩薩造

唐三藏法師波羅頗迦羅蜜多羅譯

度攝品第十七之二

釋曰。已說修習六波羅蜜。次說六波羅蜜差別。六波羅蜜差別各有六義。一者自性二者因三者果四者業五者相應六者品類。偈曰。

施(一)彼及共思。 二成亦二攝。 具住不慳故。 法財無畏三(二)。 一二

釋曰。此偈明檀波羅蜜六義。施彼者是施自性。由以己物施諸受者故。共思者是施因。由無貪善根與思俱生故。二成者是施果。由財成就及身成就故。言身成就者具攝命等五事。如五事經中說施食得五事。一者得命二者得色三者得力四者得樂五者得辯。二攝者是施業。由自他二攝滿足及大菩提滿足故。具住不慳故者是施相應。由具足住不慳人心中故。法財無畏三者是施品類。品類有三。一者法施二者

(一)梵本此節原有八言句式二頌。今合為一。次下五度皆同。

(二)梵本第二頌末句云。智者應知習。今譯改入長行。

財施三者無畏施故。如是六義智者應知應習。偈曰。

六支滅有邊。　善道及持等。　福聚具足故。　二得爲二種。一三

釋曰。此偈明尸波羅蜜六義。六支者是戒自性。由住具戒乃至受學諸學足故。滅有邊者是戒因。滅是涅槃。爲求涅槃度諸有邊受行戒故。善道者是戒果。善道及不悔等次第五心住因戒得故。持等者是戒業。戒有三能。一者能持。由能任〔一〕持一切功德如大地故。二者能靜。由能止息一切煩惱火熱故。三者無畏。由能不起一切怖憎等諸罪緣起豈畏起諸罪故。福聚具足故者是戒相應。由一切時身口意業皆行善行故。二得爲二種者是戒品類。二得謂受得及法得。受得者攝波羅提木叉護。法得者攝禪護及無流護故。偈曰。

不報耐智性。　大悲及法依。　五德幷二利。　具勝彼三種。一四

釋曰。此偈明羼提波羅蜜六義。不報耐智性者是忍自性。一不報二耐三智。此三次第是三忍自性。不報者是他毀忍自性。耐者是安苦忍自性。智者是觀法忍自性。大

〔一〕原刻作住。今依麗刻改。

悲及法依者是忍因。一大悲爲因。二法依爲因。法依者謂受戒及多聞故。五德者是忍果。如經中說忍得五種果。一得少憎嫉二得不壞他意三得喜樂四得臨終不悔五得身壞生天。二利者是忍業。由三忍故能作自利利他二種業。如經偈說。作彼二義自利利他。若知他瞋於彼自息。具勝者是忍相應。忍難行故名最勝具足最勝名相應。如經中說忍最上難行故。彼三種者是忍品類。彼人有三品。一他毀忍二安苦忍三觀法忍故。偈曰。

於善於正勇。有信有欲故。念增及對治。具德彼七種。一五

釋曰。此偈明毗梨耶波羅蜜六義。於善於正勇者是精進自性。遮餘業中勇猛故言善。除外道解脫中勇猛故言正。有信有欲故者是精進因。由信及求精進得起故。念增者是精進果。念定等功德復由精進起故。對治者是精進業。如經中說起精進者能得樂住不雜諸惡不善法故。具德者是精進相應。由具無貪等功德故。彼七種者是精進品類。彼人有七品精進。一學戒精進二學定精進三學慧精進四身精進五

心精進六無間精進七尊重精進。偈曰．
心住．及念進．　樂生．亦通住．　諸法之上首．　彼種三復三。一六
釋曰．此偈明禪波羅蜜六義。心住者是定自性．由心住內故。念進者是定因．有念故
於緣不忘．依進故禪定得起。樂生者是定果．離退離方便果不虛故。通住者是定業．
通謂五通。住謂三住聖住天住梵住．禪定能令五通及三住皆得自在住故。諸法之
上首者是定相應．如經中說三摩提者諸法上首故。彼種三復三者是定品類．彼人
有二種三品．一者有覺有觀無覺有觀無覺無觀三品故．二者喜俱樂俱捨俱三品
故。偈曰．
正擇．與定持．　善脫．及命說．　諸法之上首．　彼亦有三種。一七
釋曰．此偈明般若波羅蜜六義。正擇者是慧自性．由離邪業及世間所識業正擇出
世間法故。定持者是慧因．由定持慧如實解法故。善脫者是慧果．謂於染汙得善解
脫．何以故．由世間出世間大出世間正擇故。命說者是慧業．由慧命及善說慧命者

以彼無上正擇爲命故。善說者正說正法故。諸法之上首者。是慧相應。如經中說般若者一切法中上故。彼亦有三種者是慧品類。彼人有世間出世間大出世間三品正擇故。已說六波羅蜜差別。次說六波羅蜜攝行。偈曰。

一切白淨法　應知亂定俱　六度總三雙　是類皆悉攝。一八

釋曰。一切白淨法者謂檀等諸行法。應知彼行法總攝有三種。一者亂二者定三者俱。彼亂者以前二波羅蜜攝施戒不定故。定者以後二波羅蜜攝禪及實慧定故。俱者以中二波羅蜜攝忍及精進定不定故。已說六波羅蜜攝行。次說六波羅蜜治障。偈曰。

檀(一)離七著故　不著說七種　應知餘五度　障治七皆然。一九

釋曰。檀離七著故不著說七種者。彼檀著有七種。一資財著二慢緩著三偏執著四報恩著五果報著六障礙著七散亂著。此中障礙著者謂檀所對治貪隨眠不斷故。散亂著者散亂有二種。一下意散亂求小乘故。二分別散亂分別三輪故。由菩薩行

(一)梵本此節每度一頌。共有六頌。文句大同。皆叠說七不著。今譯取意合爲一頌。

（一）梵本此頌十九言一句，式具出各功德因緣，義同長行，今譯文略，次五頌均同。

檀時遠離此七著故，說七不著。應知餘五度障治七皆然者，應知戒等五波羅蜜亦各有七著，離七著故亦各說七不著。此中有差別者，翻檀波羅蜜離資財著即是戒等五波羅蜜離第一著。所謂戒離破戒著，忍離瞋恚著，精進離懈怠著，禪定離亂心著，智慧離愚癡著。戒等離障礙著者彼障隨眠皆斷除故，戒等離分別著者隨其三輪不分別故。已說六波羅蜜治障，次說六波羅蜜功德。此中先說利他功德，偈曰：

恆（二）時捨身命　離求愍他故。因施建菩提　智攝施無盡。二〇

釋曰：此偈顯示檀波羅蜜利他功德。恆時捨身命者，謂諸菩薩一切時施自身命與一切求者故。離求愍他故者，不求報恩及以愛果，由大悲爲因故。因施建菩提者，因是施已建立一切衆生於三乘菩提故。智攝施無盡者，此施由無分別智所攝，乃至無餘涅槃，其福無盡無窮，利益一切衆生故。偈曰：

恆時守禁勤　離戒及善趣。因戒建菩提　智攝戒無盡。二一

釋曰：此偈顯示尸波羅蜜利他功德。恆時守禁勤者，菩薩有三聚戒：一律儀戒，二攝

善法戒三攝衆生戒。初戒以禁防爲體。後二戒以勤勇爲體。諸菩薩一切時恆守護故。離戒及善趣者謂不著得戒及不求愛果故。偈曰。

恆時耐他毁　離求畏無能。　因忍建菩提　智攝忍無盡。二二

釋曰。此偈顯示羼提波羅蜜利他功德。恆時耐他毁者諸菩薩於一切時若一切衆生以一切極惱事來毁菩薩菩薩悉能忍受故。離求畏無能者不求報恩不求善趣不爲怖畏不爲無能故。偈曰。

恆時誓勤作　殺賊爲無上。　因進建菩提　智攝進無盡。二三

釋曰。此偈顯示毗梨耶波羅蜜利他功德。恆時誓勤作者諸菩薩無比修精進有二自性。一弘誓爲自性二勤方便爲自性。殺賊爲無上者菩薩修精進但爲殺自他煩惱賊。爲得無上菩提故。偈曰。

恆時習諸定　捨禪下處生。　因定建菩提　智攝定無盡。二四

釋曰。此偈顯示禪波羅蜜利他功德。恆時習諸定者諸菩薩攝無邊三摩提而修習

故。捨禪下處生者棄捨無上禪樂住來就下劣處受生。何以故。由大悲故。偈曰。

恆了真餘境　佛斷尙不著　因智建菩提　悲攝智無盡。二五

釋曰。此偈顯示般若波羅蜜利他功德。恆了真餘境者了真謂第一義諦平等相人法二無我智故。餘境謂無邊名相等差別故。佛斷尙不著者佛斷謂涅槃。諸菩薩修般若尙不著佛涅槃。何況求生死。此中前五波羅蜜以無分別智攝故乃至無餘涅槃功德無盡。般若波羅蜜以大悲攝故恆不捨衆生功德無盡。六偈別說利他功德已。次以一偈總說前義。偈曰。

廣大及無求　最勝與無盡　當知一一度　四德悉皆同。二六

釋曰。四功德者。一廣大功德二無求功德三最勝功德四無盡功德。前六偈第一句顯廣大功德。利多衆生故。第二句顯無求功德。第三句顯最勝功德。第四句顯無盡功德。復次六波羅蜜復有清淨功德。偈曰。

得見及遂願　并求合三喜　菩薩喜相翻　彼退悲極故。二七

釋曰。此偈顯示檀波羅蜜清淨功德。彼乞求者於菩薩生三喜。一得見時生喜二遂願時生喜三求見求遂時生喜。由不見不遂時不生喜故。菩薩一切時於乞求者翻彼三喜亦生三喜。一得見彼時生喜二遂彼願時生喜三求見求遂彼時生喜。此中應知彼求者三喜不如菩薩三喜。何以故。菩薩大悲具足故。偈曰。

自身財眷屬　由悲恆喜施。　彼三遠離行　何因不禁守。二八

釋曰。此下顯示尸波羅蜜清淨功德。此偈明遠離身三惡行。菩薩於自身自財自眷屬中由大悲故尚恆歡喜好施於他。況於他身他財他眷屬中三種遠離行而不禁守耶。偈曰。

不顧及平等　無畏亦普施。　悲極有何因　惱他而妄語。二九

釋曰。此偈明遠離妄語惡行。凡起妄語有四因緣。一爲自利戀身命故。二爲利他利所愛故。三爲怖畏懼王法故。四爲求財有所須故。菩薩則不爾。一者不顧不戀身命故。二者平等他身與自得等心故。三者無畏離五怖故。四者普施以一切物施一切

故。菩薩悲愍恆深．復有何因而起妄語。偈曰．

平等利益作．　大悲懼他苦．　亦勤成熟生．　極遠三語過。三〇

釋曰．此偈明遠離餘三語惡行。菩薩於一切衆生恆作平等利益．豈欲壞他眷屬而作兩舌。菩薩大悲恆欲拔除一切衆生之苦於他苦中極生怖懼．豈欲爲苦於他而作惡口。菩薩恆行正勤恆欲成熟一切衆生．豈欲不成熟他而作綺語。是故菩薩能極遠離此三語過。偈曰．

普施及有悲．　極善緣起法．　何因不能耐　意地三煩惱。三一

釋曰．此偈明遠離意三惡行。菩薩由普施一切物故離貪煩惱．由大悲故離瞋煩惱．由極善緣起法故離邪見煩惱。如是等破戒對治差別是菩薩戒清淨功德。偈曰．

損者得益想　苦事喜想生．　菩薩既如是　忍誰何所忍。

釋曰．此偈顯示羼提波羅蜜清淨功德。損者得益想者菩薩於彼不饒益者得饒益想應須忍辱．何以故．爲成忍辱因故。苦事喜想生者菩薩於受苦事中更生喜想．何

以故。成就利他因故。菩薩既無不饒益想起處及苦想起處。於誰邊起忍。於何事起忍。偈曰。

菩薩他想斷　愛他過自愛。　於他難行事　精進卽無難。三三

釋曰。此偈顯示毗梨耶波羅蜜清淨功德。菩薩爲他難行精進而得不難。何以故。他想斷故及一切時生於他愛過自愛故。菩薩如是爲他精進豈復難行。是故精進清淨。偈曰。

少樂二自樂。　著退盡癡故。　是說三人禪。　菩薩禪翻彼。三四

釋曰。此偈顯示禪波羅蜜清淨功德。少樂者謂世間禪。二自樂者謂聲聞禪及緣覺禪。著者若世間禪著自見。若二乘禪著涅槃。退者謂世間禪。盡者謂二乘禪無餘涅槃時盡故。癡者彼三人禪如其所應有染癡無染癡故。菩薩禪翻彼者謂翻彼三人禪。何以故。多樂自樂他樂故。不著不退無盡無癡故。是謂禪定清淨功德。偈曰。

闇觸及二燈　如是三人智。　譬如日光照　菩薩智無比。三五

（一）梵藏本此節每度一頌，共有六頌，文句大同，今合爲一頌。

釋曰。此偈顯示般若波羅蜜清淨功德。譬如闇中以手觸物。凡夫人智亦如是。何以故。得少境故。不明了故。不恆定故。譬如二燈室中照物。聲聞人智及緣覺智亦如是。何以故。得少境故。漸明了故。未極淨故。譬如日光照物。菩薩智亦如是。何以故。得遍滿故。以明了故。極清淨故。如是無比。是謂菩薩般若清淨功德。復次六波羅蜜後有八種無上功德。偈曰。

（二）依。類。緣。迴向。　因。智。田。依止。　如是八種勝　無上義應知。三六

釋曰。八無上者。一依二類三緣四迴向五因六智七田八依止。問此八於六度云何得無上。答檀依者以依菩薩故。檀類者此有三種。一物施。以捨自身命故。二無畏施。以救濟惡道生死畏故。三法施。以說大乘法故。檀緣者以大悲爲緣起故。檀迴向者以求大菩提故。檀因者以先世施業熏習種子爲因故。檀智者以無分別智觀察三輪不分別施者受者財物故。檀田者田有五人。一求人二苦人三無依人四惡行人五具德人。應知此中以具德勝人爲無上。檀依止者由三種依止故。一依止信向二

依止思惟三依止三昧。依止信向者如分別修中信思惟所說。依止思惟者如分別修中味思惟隨喜思惟希望思惟所說。依止三昧者謂依金剛藏等定如勢力依止修中所說。如是依等無上故檀得無上。如檀八無上。戒等五波羅蜜八無上應知亦爾。此中戒品類無上者謂菩薩戒。忍品類無上者謂來殺菩薩者卑下劣弱。精進品類無上者謂修諸波羅蜜所對治斷。禪品類無上者謂菩薩三摩提。智品類無上者謂緣如如境。戒等由勝田無上者謂大乘法。餘六無上如檀中說。復次檀及精進復有不共差別功德。問。檀差別云何。偈曰。

施一令得樂　多劫自受苦　尙捨爲愛染。　何況利翻彼。三七

釋曰。若諸菩薩施一衆生令其得樂自身多劫受貧窮苦尙施無悋。由愛染故愛染者謂悲差別。何況施一衆生令其得樂自身多劫獲大福利也。偈曰。

乞者隨所欲　菩薩一切捨。　彼求爲身故　利彼百種施。三八

釋曰。此偈上半總說謂隨彼所求菩薩悉捨。下半解釋謂彼乞者爲自利故一切欲

(一一)梵藏本此下二頌合爲一段。

得。菩薩爲利他故百種悉捨。偈曰。

捨身尚不苦　何況餘財施。出世喜得故　起苦是無上。三九

釋曰。菩薩捨身時由心故不生苦。此心顯示菩薩出世間。何以故。得歡喜故。問。此喜從何得。答。從起苦得。是故起苦是菩薩無上。是故菩薩在出世間上。偈曰。

乞者一切得　得喜非大喜。菩薩一切捨　喜彼喜大故。四〇

釋曰。乞者所須菩薩皆施。乞者得喜。此喜非是大喜。問。何故。答。由菩薩一切皆捨。喜彼得財此喜爲大。奪彼喜故。偈曰。

乞(一二)者一切得　有財非見富。菩薩一切捨　無財見大富。四一

釋曰。此偈顯菩薩財無盡差別。偈曰。

乞者一切得　非大饒益想。菩薩一切捨　得大饒益想。四二

釋曰。此偈顯菩薩大悲差別。偈曰。

乞者自在取　如取路傍果。菩薩能大捨　餘人無是事。四三

釋曰。此顯菩薩無著差別。問。說檀不共功德差別已。精進不共功德差別復云何。偈曰。

勝。因。依。業。種。　對治等異故。　如是六種義　精進有差別。四四

釋曰。精進有六種差別。一勝差別二因差別三依止差別四業差別五種差別六對治差別。此偈總舉。餘偈別釋。偈曰。

白(一)法進爲上　進亦是勝因。　及得諸善法　進則爲依止。四五

釋曰。此偈說精進勝差別因差別依止差別。白法進爲上者說最勝差別。由於一切善法中說精進爲最勝故。進亦是勝因者說因差別。由說精進是無上因故。及得諸善法進則爲依止者說依止差別。由依止精進得一切善法故。偈曰。

現樂與世法。　出世及資財。　動靜及解脫。　菩提七爲業。四六

釋曰。此偈說精進業差別。此業差別有七種。一得現法樂住二得世間法三得出世間法四得資財。五得動靜。動靜者由是世間不究竟故六得解脫。解脫者由斷身見

(一)梵本此頌十一言一句式。末句總說七業。今譯改文。

故七得菩提。菩提者由大菩提故。偈曰。

增(一)減及增上。捨障亦入真。轉依與大利。六說精進種。四七

釋曰。此偈說精進種差別。種差別有六種。一增減精進謂四正勤。二惡法減二善法增故。二增上精進謂五根。由於解脫法爲增上義故。三捨障精進謂五力。由彼障礙不能礙故。四入真精進謂七覺分。由見道建立故。五辦依精進謂八聖道分。由修道是究竟轉依因故。六大利精進謂六波羅蜜。由自利利他故。偈曰。

種復有五異。弘誓將發行。無下及不動。第五說無厭。四八

釋曰。五異者。一弘誓精進謂欲發起行故。二發行精進謂現行諸善故。三無下精進謂得大果下體無故。四不動精進謂寒熱等苦不能動故。五無厭精進謂不以少得爲足故。此五種如經中所說有弘誓精進。有現起精進。有勇猛精進。有堅固精進。有不捨佛道精進。於諸善法中如其次第應知。偈曰。

三種下中上。由依三乘爾。亦二下上覺。利有小大故。四九

(一)梵藏本此下二頌合爲一段。

釋曰。彼精進依人差別復說三種及二種。三種者依三乘行人差別。如其次第下中上精進故。問。何因復二種。答。下上覺故。下覺者依二乘行人。上覺者依大乘行人。如其次第說於小利及大利故。何以故。爲自利故。爲他利故。偈曰。

財著。煩惱著。　厭著。知足著。　四著不能退　對治分四種。五〇

釋曰。此偈說精進對治差別。由對治四著有四不退說四種對治差別。問。此云何。答。檀等諸行由四著爲礙故而不得行。一者財著。於財極悋故。二者煩惱著。於財起染故。三者厭著。於檀等行有退屈故。四者知足著。於少施等喜滿足故。行精進者對治如此四著能得不退故。說四種對治差別。已說六波羅蜜功德。次說六波羅蜜互顯。偈曰。

相攝及差別。　依法。亦爲因。　六度互相成　一切種分別。五一

釋曰。六波羅蜜相成自有四義。一相攝。二差別。三依法。四爲因。相攝者。無畏施攝戒忍二度。由此二度能與無畏故。法施攝定智二度。由此二度能與法故。俱施攝精進

一度。由此一度能行二施故。問。戒攝幾種。答。攝善法戒一切檀等皆攝。如是忍等互攝如其所應作。差別者。檀等六種即爲六施謂施施戒施乃至般若施。於他相續建立檀等故。依法者。所有諸經所有檀等諸義顯示所有檀等諸義。所有諸經顯示處處相攝應知。爲因者。謂檀爲戒等因。何以故不顧財者能行戒等故。戒亦施等因。何以故比丘受護者能捨一切所有受故。住戒者能具足忍等故。又受攝善法戒爲檀等故。如是忍等互爲因如其所應作。如是說六波羅蜜義已。次說四攝行。偈曰。

布施將愛語。　利行。幷同利。　施平及彼說。　建立亦自行。五二

釋曰。四攝者。一布施攝二愛語攝三利行攝四同利攝。施平者即布施攝。彼說者謂愛語攝。說彼波羅蜜義故。建立者謂利行攝。建立衆生於波羅蜜中故。自行者謂同利攝。建立他已自亦如是行故。問。何故說此四攝體。答。此說攝他諸方便。偈曰。

攝他四方便　即是四攝性。　隨攝亦攝取　正轉及隨轉。五三

釋曰。布施者是隨攝方便。由財施隨他身起攝故。愛語者是攝取方便。由無知疑惑

者令受義故。利行者是正轉方便。由此行諸善轉故。同利者是隨轉方便。菩薩自如說行。衆生知已先未行善亦隨行故。問。四攝業云何。偈曰。

令器及令信。　令行。亦令解。　如是作四事　次第四攝業。五四

釋曰。布施者能令於法成器。由隨順於財則堪受法故。愛語者能令於法起信。由教法義彼疑斷故。利行者能令於法起行。由如法依行故。同利者能令彼得解脫。由行淨長時得饒益故。是爲四攝業。問。世尊亦說二攝。此云何。偈曰。

四體說二攝　財攝及法攝。　財一法有三　次第攝四攝。五五

釋曰。此四攝體世尊餘處說爲二攝。謂財攝法攝。卽以二攝攝於四攝。財攝攝初一攝。法攝攝後三攝。問。云何攝後三。答。法有三種。一所緣法二所行法三所淨法。如其次第攝後三攝應知。偈曰。

下中上差別　如是四攝種。　倍無及倍有。　亦純合三益。五六

釋曰。四攝種差別有三謂下中上。由諸菩薩攝三乘人差別故。由此三種差別次第

復有三益。一倍無益二倍有益三純有益。倍無益者謂解行地菩薩攝。倍有益者謂入大地菩薩攝。純有益者謂八地已上菩薩攝。由彼決定能令衆生成就故。偈曰。

菩薩欲攝衆　依此四方便。　大利及易成。　得讚三益故。五七

釋曰。若諸菩薩欲攝徒衆者一切皆須依此四攝以爲方便。何以故。由一切大利得成就故。由是樂易方便故。由得諸佛稱揚故。偈曰。

四攝於三世　恆時攝衆生。　成就衆生道　非餘唯四攝。五八

釋曰。此四攝於三世中已攝當攝現攝一切衆生。是故此四攝是成熟衆生道非餘諸道。餘道無體故。別說六度四攝已。次以一偈總結前義。偈曰。

不著及寂靜。　能耐將意勇。　不動幷離相。　亦攝攝衆生。五九

釋曰。此偈上三句結六度義。下一句結四攝義。偈義如前解。菩薩以此六行行此四攝。顯示六波羅蜜成就自利利他。四攝成就亦爾。是故如其次第先說六度後說四攝。度攝品究竟。

大乘莊嚴經論卷第八

大乘莊嚴經論卷第九

無著菩薩造

唐三藏法師波羅頗迦羅蜜多羅譯

(一)供養品第十八

釋曰。已說業所聚集諸行。未說供養如來。此供養今當說。偈曰。

(二)依物緣迴向。　因智田依止。　如是八供養　　供養諸如來。一

釋曰。略說供養如來有八種。何謂爲八。一者依供養二者物供養三者緣起供養四者迴向供養五者因供養六者智供養七者田供養八者依止供養。問此八義云何。偈曰。

(三)現前不現前。　衣服飲食等。　深起善淨心。　爲滿於二聚。二

常願生佛世。　三輪不分別。　成熟諸衆生。　最後十一種。三

釋曰。此二偈八句顯示前八義應知。現前不現前者謂依供養。依現在及過去未來

(一)梵藏本合供養親近無量三事爲一品。(二)梵本此頌總結供養，原在後出。今譯改文。(三)梵藏本此段原有四頌，具列十一依止供養名目，且文在品首。今譯文略，又改在後出。

諸佛而供養故。衣服飲食等者謂物供養．以衣服等而供養故。深起善淨心者謂緣起供養．以深淨信心而供養故。爲滿於二聚者謂迴向供養．爲滿福智二聚而供養故。常願生佛世者謂因供養．由有宿願願生佛世令我有益不虛供養故。三輪不分別者謂智供養．設供受供供具三事不可得故。成熟諸衆生者謂田供養．衆生爲田教彼供養令種善根故。最後十一種者謂依止供養．此依止有十一種．一者依止物．由依財物而供養故．二者依止思惟．由依味思惟隨喜思惟希望思惟故．三者依止信．由信大乘發菩提心故．四者依止願．由發弘誓願故．五者依止悲．由憐愍衆生故．六者依止忍．由難行能行故．七者依止行．由諸波羅蜜故．八者依止正念．由如法不倒故．九者依止正見．由如實覺了故．十者依止解脫．由聲聞煩惱滅故。十一者依止真實．由得大菩提故。問．供養種差別云何．偈曰．

[一]因果及內外．　麤細與大小．　亦遠近差別．　是名供養種。四

釋曰．世等差別爲供養種差別。彼過去爲因現在爲果．現在爲因未來爲果．如是因

〔一〕梵本此節原有二頌．詳陳義釋．今譯文略．

果謂去來今應知。內者自供養．外者令他供養。麤者利供養．細者隨順供養。小者劣供養．大者勝供養．有慢者爲劣．無慢者爲勝．三輪不分別故。遠者欲後時供養．近者卽今時供養．復次隔世供養者爲遠．無間供養者爲近．復次發願於未來欲供養者爲遠．發願於現在卽供養者爲近。問．何等供養如來爲最上供養。偈曰．

供養諸如來　最上由自意．　信．心．通．方便．　和合．五勝故。五

釋曰．五種自意供養如來應知此供養爲最上供養。何謂爲五．一者淨信二者深心三者神通四者方便五者和合。淨信者於大乘法說供養處生淨信故。深心者此心有九種．一味心二隨喜心三希望心四無厭心五廣大心六勝喜心七勝利心八無染心九善淨心．此九心如脩諸波羅蜜中說。神通者謂依虛空藏等諸三摩提故．方便者謂無分別智方便攝故．和合者謂一切諸大菩薩和合一果入一切果故。供養品究竟。

親(一)近品第十九

(一)梵藏本不分品。

釋曰。已說供養如來。云何親近善知識。偈曰。

如（一）前供養佛　略說有八種。親近於善友　應知八亦然。一

釋曰。應知親近善知識亦有依等八種。問。此中八義復云何。偈曰。

調。靜。除德增。有勇。阿含富。覺真。善說法。悲深。離退滅。二

釋曰。此偈顯示第一依親近。若善知識具足十種功德者應堪親近。何謂爲十。一者調伏二者寂靜三者惑除四者德增五者有勇六者經富七者覺真八者善說九者悲深十者離退。調伏者與戒相應。由根調故。寂靜者與定相應。由內攝故。惑除者信念與慧相應。煩惱斷故。德增者戒定慧具不缺減故。有勇者利益他時不疲倦故。經富者得多聞故。覺真者了實義故。善說者不顚倒故。悲深者絕希望故。離退者於一切時恭敬說故。偈曰。

敬（二）養及給侍　身心亦相應。願樂及以時　下心爲緣起。三

釋曰。此偈上半顯示物親近。下半顯示緣起親近。物親近有三。一者財謂恭敬供養。

（一）梵藏本此頌具列八種名目。又與下頌合爲一段。（二）梵藏本此頌分兩段釋。下二頌同。

二者身謂隨順給侍。三者心謂給侍時身心相應。緣起親近亦有三種。一者願樂二者知時三者除慢。偈曰。

爲離於貪著　爲求隨順行。　隨順如所教　以此令彼喜。四

釋曰。此偈上半顯示迴向親近。下半顯示因親近。迴向親近者不爲貪著利養故。但爲隨順修行故。因親近者菩薩如所教授隨順修行爲親近善知識因。何以故菩薩以此隨順令彼善知識心生歡喜故。偈曰。

善解於三乘　自乘令成就。(一)成生及淨土　爲(二)法不爲財。五

釋曰。此偈顯示智田依止三種親近。善解於三乘自乘令成就者顯示智親近。善解三乘者由智故。成生及淨土者顯示田親近。田有二種。一衆生田二佛土田。問此二云何名田。答。自所聞法於衆生相續中而建立故。隨所住佛土修清淨因故。爲法不爲財者顯示依止親近。菩薩但以法利具足爲依止是故親近善知識。不以財利具足爲依止故。問親近善知識種差別云何。偈曰。

因果．及隨法．內外．與麤細．勝(一)劣．(二)亦遠近．是謂種差別。六

釋曰．因果差別者謂過去親近爲因現在親近爲果．現在親近爲因未來親近爲果。隨法差別者謂善知識所流法門．隨其差別而修行故。內外差別者自親近爲內．令他親近爲外。麤細差別者自聽爲麤．內心思惟爲細。勝劣差別者有慢親近爲劣．無慢親近爲勝。遠近差別者現在趣中親近爲近生報趣中親近爲遠．復次生報趣中親近爲近後報趣中親近爲遠．復次無間親近爲近隔世親近爲遠．復次願於現在親近爲近願於未來親近爲遠。問．何等親近善知識得爲最上。偈曰．

親近善友勝 自意五如前．信．心．通．方便．和合等別故。七

釋曰．如前供養諸佛由五種自意故得爲最勝．謂淨信深心神通方便和合．此中親近善知識最勝亦爾。由淨信者於大乘經說親近處生淨信故．由深心者心亦九種謂味心乃至善淨心親近修行故．由神通者謂依虛空藏等三摩提而親近故．由方便者謂依無分別智攝故．由和合者諸大菩薩以一果入一切果故。親近品究竟。

（一）梵藏本此下原爲一頌．分兩段釋．今譯文略．（二）原刻作示．今依麗刻改．

梵住品第二十（一）

釋曰。菩薩所修四梵住。此云何。偈曰。

梵住有四種（二）　一一有四相。　治障與合智。　轉境及成生。一

釋曰。梵住者謂四無量。即慈悲喜捨。此中應知菩薩四無量一一各有四種相。一治障。由所治斷故。二合智得無分別智對治勝故。三轉境。由衆生緣法緣無緣故。四成生。由作勝業成就衆生故。問。何等衆生爲衆生緣。何等法及無緣爲法緣及無緣。偈曰。

樂苦喜煩惱　如是衆生緣。　法緣說彼法。　無緣卽彼如。二

釋曰。四種衆生聚是衆生緣。一求樂衆生聚二有苦衆生聚三有喜衆生聚四煩惱衆生聚。慈者於求樂衆生聚起與樂行。悲者於有苦衆生聚起拔苦行。喜者於有喜衆生聚起不離行。捨者於諸受起煩惱衆生聚起令離行。是名衆生緣。法緣者卽是說彼四種梵住法說名法緣。無緣者卽是彼如。以無分別故說名無緣。偈曰。

（一）梵藏本不分品。　（二）梵藏本此頌每相爲一句。無此總標之文。

及彼如義故． 忍位得清淨． 身口業所攝． 亦盡諸煩惱。三

釋曰．彼四種行應知無緣慈者．以如緣故入地無生法忍時得一切善根亦得圓滿彼清淨故及慈所依身口二業所攝者．諸煩惱亦盡如煩惱所緣說意自體諸煩惱斷斷所緣故．如是修多羅中說。問．彼四梵住何等行差別．偈曰．

有(一)動．及不動． 亦噉．及不噉． 應知四梵住 如是行差別。四

釋曰．彼四梵住應知有四種行差別．一者動二者不動三者噉四者不噉。動者退分．可退故．不動者住分及勝分．不可退故．噉者染汙貪著樂味．無大心故．不噉者不染汙也。此退等行是梵住差別．諸菩薩住不動及不噉中．不住於動及噉中。問．梵住種差別云何。偈曰．

前六．及前二． 下地．亦下心． 相似等為下． 翻下則為上。五

釋曰．下上差別者彼不定地自性前六品為下．一切定地前二品亦為下謂輭輭輭中下地亦為下謂下七地菩薩觀上地故．下心亦為下謂諸聲聞故．相似亦為下謂

(一)梵藏本此四句義合為半頌．另有半頌釋四行差別。今譯缺略。

（一）梵藏本此下二頌合爲一段。名因果相差別。

未得無生法忍菩薩故。如所說下。翻此下則爲上應知。問。此四梵住能得幾果。偈曰。

所（一）生欲界報。　滿聚。亦成生。　不離。及離障。　具足五爲果。六

釋曰。菩薩住諸梵住爲因具得五果。一者欲界衆生中生是果報果。二者二聚圓滿是增上果。三者成熟衆生是丈夫果。四者一切生處不離梵住是依果。五者所生之處恆離彼障是相離果。問。此梵住中有何等事是菩薩相。偈曰。

設遇重障緣　及以自放逸。　欲知菩薩相　梵心無退轉。七

釋曰。菩薩有二事梵心不動應知是爲菩薩相。一者設遇重障因緣心終無異是菩薩相。二者設自放逸謂能治不現前時心亦無異是菩薩相況無量現前時。問。梵住障礙云何。偈曰。

四梵有四障　瞋惱憂欲故。　菩薩具此障　多種過失起。八

釋曰。彼四梵所對治具有四障。如其次第一瞋二惱三憂四欲。由如此障梵無體故。若有此四復生多種過失。問。多失云何。偈曰。

如(一)是諸煩惱　起則有三害。　自害亦害彼　及以尸羅害。 九

釋曰。此偈顯示三害過失。一自害。謂自苦思作。二他害。謂他苦思作。三尸羅害。謂俱苦思作。偈曰。

有悔。亦失利。　失護。及師捨。　治罰。幷惡名。　如是六呵責。 一〇

釋曰。此偈顯示得六種呵責過失。一者自呵責。由有憂悔故。二者他呵責。由失利養故。三者天呵責。由失擁護故。四者大師呵責。由大師所捨故。五者梵行呵責。由智慧梵行人如法治罰故。六者十方人呵責。惡名流出故。偈曰。

後身諸難墮。　梵住今(二)亦退。　心數大苦得。　復此三過生。 一一

釋曰。此偈顯示後得三種過失。一者墮難。由此惡業得後世惡報故。二者退行。由已得退及未得退。退失現在未來梵住故。三者苦生。由心數法從彼生大憂苦故。問。已說過失。何者是功德。偈曰。

善住梵住人　遠離彼諸惡。　生死不能汙　不捨濟羣生。 一二

(一)梵本此節原爲聖章體一頌。今譯文略。藏本亦略爲十二言句一頌。(二)原刻作令。今依麗刻及梵藏本改。

〔一〕原刻作止。今依麗刻改。

釋曰。住梵住者得二功德。一者捨煩惱。如前所說過失悉遠離故。二者不捨衆生。爲成熟衆生生死不能汙故。問。已知功德。此功德云何知最尊最上。偈曰。

如人有一子　有德生極愛　菩薩於一切　起梵勝過彼。一三

釋曰。由過此譬則顯示菩薩四種梵住最尊最上。問。大悲以何種衆生爲所緣。偈曰。

熾然及怨勝　苦逼亦闇覆　住險將大縛　食毒幷失道　一四

復有非道住　及以瘦澀者　如此十衆生　大悲心所緣。一五

釋曰。菩薩大悲略以十種衆生爲境界。一是熾然衆生謂樂著欲染者。二是怨勝衆生謂修善時爲魔障礙者。三是苦逼衆生謂在三塗者。四是闇覆衆生謂恆行不善者由不識業報故。五是住險衆生謂不樂涅槃者由生死險道不斷絕故。六是大縛衆生謂外道僻見者由欲向解脫爲種種僻見堅縛所縛故。七是食毒衆生謂噉定味者譬如美食雜毒則能害人善定亦爾爲貪所著則便退失。八是失道衆生謂增上〔一〕慢者由於真實解脫道中而迷謬故。九是非道住衆生謂於下乘不定者由有退

故。十是瘦澀衆生謂諸菩薩於二聚未滿者。如此十種衆生是菩薩大悲所緣境界。

已說大悲境界。次說大悲得果。偈曰。

障斷及覺因。　與樂亦愛果。　自流五依故。　是人去佛近。一六

釋曰。障斷者是相離果。彼障斷故覺因者是增上果。利益衆生故。與樂者是丈夫果。丈夫所作故。愛果者是果報果。得可愛報故。自流者是依果。與未來勝悲故。如是五果皆依大悲所得。當知如此菩薩去佛菩提則爲不遠。已說大悲得果。次說大悲不住。偈曰。

生死苦爲體　及以無我性。　不厭亦不惱　大悲勝覺故。一七

釋曰。一切生死以苦爲體。以無我爲性。菩薩於苦得如實知。於無我得無上覺。如是得知覺已。由大悲故於生死不生厭離。由勝覺故亦不爲煩惱所惱。是故菩薩得不住涅槃亦不住生死。已說大悲不住。次說大悲功德。偈曰。

見苦自性時　知苦生悲苦。　亦知捨方便　恆修不厭生。一八

釋曰。菩薩觀世間苦見其自性時卽生悲苦。如彼遠離方便。亦求如實知。知已恆修不厭。是名大悲功德。已說大悲功德。次說大悲差別。偈曰。

自性與數擇。　宿習及障斷。　應知菩薩悲　如此四差別。一九

釋曰。此大悲隨其次第有四差別。一者自性。成自然故。二者數擇。見功德過失故。三者宿習。由先世久修故。四者障斷。由得離欲斷所治惱障清淨故。復有六種差別。偈曰。

非等亦非常。　非深亦非順。　非道非不得。　翻六悲如是。二〇

釋曰。翻非大悲六種差別卽是大悲六種差別。一者平等二者常恆三者深極四者隨順五者淨道六者不得。平等者於樂受等衆生所有諸受皆知是苦。故常恆者乃至無餘涅槃亦無盡故。深極者入地諸菩薩得自他平等故。隨順者於一切衆生苦如理拔濟故。淨道者所對治惱得斷除故。不得者得無生法忍時諸法不可得故。已說大悲差別。次說大悲如樹。偈曰。

悲．忍．思．願．生．　成熟．次第說．　大根至大果　悲樹六事成。二一

釋曰．此大悲樹應知以六事成就．一者大悲二者忍辱三者思惟四者勝願五者勝生六者成熟．此即是根莖枝葉華果六位。問．此事云何。答．此樹以大悲爲根．以忍辱爲莖．以利益衆生思惟爲枝．以勝生願爲葉．以所得勝生爲華．以成熟衆生爲果。問．何故六事先後如此。偈曰．

(一)無悲則無忍　如是六次第．　勝生若不得　成熟衆生無。二二

釋曰．若無大悲則不能起大苦難行忍．若無大苦難行忍則不能起利益衆生思惟．若無利益衆生思惟則不能起勝生願．若無勝生願則不能向勝生處．若不向勝生處則不能成熟衆生。問．前後相似如此．成立相似復云何。偈曰．

根生以慈潤．　莖擢以樂廣．　念正則增枝．　願續則長葉．二三

內緣成爲華．　外緣成爲果．　當知非根等　如是次第成。二四

釋曰．此中成立相似者悲以慈潤能令滋生．由有慈者見他苦已生悲苦故．是故以

（一）梵藏本此節原有一頌．詳說先後所以．今譯文略．

悲爲根。忍以樂想能令抽擢。由菩薩利他苦生樂想。樂想生已能令忍辱得廣大故。是故以忍爲莖。思以正念能令增進。由忍廣已能於利他事中起正念故。是故以思爲枝。願以相續能令長成。由前滅後生譬如葉長落故抽新。是故以願爲葉。生以內緣成爲實。由自身成熟則受生不虛。是故以生爲華。成熟者以外緣成爲實。由他身成熟則利益不虛。是故以成熟衆生爲果。如是次第成立應知已說大悲如樹。次讚大悲功德。偈曰。

大悲利益作　誰於他不起。　於苦勝樂生　樂生由悲故。二五

釋曰。此義如偈所說。已讚大悲功德。次說大悲無著。偈曰。

菩薩悲自在　寂靜尚不住。　世樂及身命　此愛云何起。二六

釋曰。一切世間皆愛世樂及自身命。一切聲聞緣覺雖不愛世樂及自身命而於涅槃起住著意。菩薩不爾。大悲自在故。於涅槃尚不住。何況住彼二愛中。已說大悲無著。次說大悲愛勝。偈曰。

貪愛非無障　世悲亦世間．　菩薩悲愛起　障盡亦過世。二七

釋曰．悲愛最勝自有二義．一者障盡二者過世愛親等。貪則自體是障行．世間悲體雖非障而是世間．菩薩悲愛自體障盡而復過世故爲最勝。問．云何障盡。偈曰．

有苦及無智　大海及大闇．　拔濟以方便　云何不障盡。二八

釋曰．有苦爲大海．無智爲大闇．能拔濟方便是大悲．此悲愛則障盡。問．云何過世。偈曰．

羅漢及緣覺　如是悲愛無．　何况餘世間　豈得不過世。二九

釋曰．阿羅漢辟支佛尚無大悲愛．况餘世間而有可得．若如是者豈不過世乎。已說大悲愛勝．次說大悲無厭．偈曰．

得悲諸菩薩　捨苦而起苦．　彼初起苦怖　證時欣樂甚。三〇

釋曰．捨苦者謂諸菩薩以大悲故欲捨他苦．而起苦者由捨他苦則起自苦。彼初起苦怖者彼初謂信行地菩薩．彼於起苦中而生怯怖．由自他平等未見故．由苦如實

未觸故。證時欣樂甚者證時謂淨心地菩薩．彼於起苦中生極欣樂．由見自他平等故．由苦如實已觸故。已說大悲無厭．次說大悲苦勝．偈曰．

悲苦最希有　苦勝一切樂．　更樂悲生故　辦非有況餘。三一

釋曰．悲苦最希有者．謂從他苦而生大悲．從大悲而生自苦．如是悲苦有何希有．而得過此故爲最希有。苦勝一切樂者．卽此悲苦勝於一切世間之樂。問．何故．答．更樂悲生故．此諸菩薩更以悲苦爲樂．由此苦從大悲生故。辦非有況餘者．彼樂所作已辦者尚無．況餘世間而得有也。已說大悲苦勝．次說大悲施勝．偈曰．

施與悲共起　能令菩薩樂．　三界中樂受　比此無一分。三二

釋曰．若布施與大悲俱生．則能起菩薩勝樂．於三界中所作諸樂欲比大悲施所作樂無有一分而得相似。已說大悲施勝．次說大悲忍苦．偈曰．

生死苦自性　不捨由悲故．　起苦利他因　云何捨不習。三三

釋曰．一切苦悉入生死苦中．諸菩薩不捨生死．由大悲故。菩薩起苦是利他因．菩薩

不捨生死時卽是不捨一切苦。已說大悲忍苦。次說大悲施果。偈曰。

悲施財三果　悲者恆增長。　愛生及攝生　資生復三樂。三四

釋曰。悲施財三果悲者恆增長者。諸菩薩大悲能增長三種果。一者增悲。由修習故能令自體增長。二者增施。由悲自在故能令施得增長。三者增財。由施自在故能令財得增長。愛生及攝生資生復三樂者。從是三果復生三樂。一者從悲爲因生愛生樂。二者從施爲因生攝生樂。三者從財爲因生資生樂。已說大悲增果。次說大悲勸進。偈曰。

悲長及施增　成生。亦樂起。　牽來復將去。　大悲勸如是。三五

釋曰。大悲勸進菩薩行六種功德。大悲義言。菩薩汝修習我令我滋長。汝捨資財令施增進。汝應以施成熟衆生。汝應以施令自樂起。汝若施者招引大菩提二聚及餘令向已來。汝若施者將導二聚及餘令向大菩提去。已說大悲勸進。次說大悲樂勝。偈曰。

（一）此句立名係譯者所加。次五段同。

苦者悲諸苦　不施云何樂。以令自樂故　施樂拔他苦。三六

釋曰。苦者悲諸苦者。諸菩薩以悲起諸苦。是故名苦者。不施云何樂者。菩薩大悲故以他苦爲自苦。若不施他樂云何得自樂。以令自樂故施樂拔他苦者。若菩薩施衆生樂拔衆生苦時。卽是菩薩自作樂。已說大悲樂勝。次說大悲教授。偈曰。

悲者教自施　施彼勿自求。施報願不受　有願還以施。三七

釋曰。此偈（二）教行無求施。悲者教自施施彼勿自求者。大悲義言。汝施施他時莫求自樂。他樂若無自樂亦無。何以故。樂不別故。施報願不受有願還以施者。若我施果亦願不受。設有果時還以布施。偈曰。

施及於施果　普施於一切。彼樂我樂故　施彼我無須。三八

釋曰。此偈教行施果施。謂施及施所得果普施一切衆生。何以故。悲者以彼樂爲自樂故。是故菩薩所有施果皆應布施一切衆生。大悲作如是教授。偈曰。

輕財而以施　來多復來好。不用而自來　還用展轉施。三九

釋曰。此偈教行厭財施。若人厭財而行施者。是人雖不欲財而財自來極廣極妙。道理如此。以大心故。若有如此還用布施。是則資財來而復來菩薩則施而復施。何以故。非求自樂欲令施無窮故。偈曰。

悲者以大悲　盡施及常施。應作如是施　慎勿求施果。四〇

釋曰。此偈教行無間施應知。偈曰。

若我不樂施　施果不施時。施無一刹那　以無施愛故。四一

釋曰。此偈教行無厭施應知。偈曰。

不作不與果　與果與作者。是汝觀恩過　與我不相似。四二

釋曰。此偈教行捨恩施。菩薩語施云。若人行汝者汝方與果。是汝待報恩過失。我則不爾。是汝不與我相似。復次若人行汝者汝但與此人果。汝則是待報恩者。我則不爾所行施果與一切衆生。是汝不與我相似。已說大悲教施。次說大悲行施偈曰。

無障及淨句　利彼亦自量(一)。無求與無著　悲者如是施。四三

(一)原刻作見。今依麗刻改。

〔一〕原刻作施。今依麗刻改。

釋曰。無障者謂不奪他物行施故。淨句者以如法財行施謂不以毒物兵仗酒等施故。利彼者以施攝他時置於〔一〕善根故。自量者不令自眷屬有乏少故。無求者謂前衆生或無心求或無口求見彼乏少自然而行施及不簡福田故。無著者不求報恩及以果報故。偈曰。

盡。廣。勝。常。喜。　離著。亦清淨。　迴向於二處　菩提及善根。四四

釋曰。盡者內外物施故。廣者多物施故。勝者妙物施故。常者恆施故。喜者離瞋施故。謂乞求者作不饒益時忍而喜施。離著者無希望故。如前無著說。清淨者以如法故。如前淨句說。迴向菩提者迴向大菩提故。迴向善根者迴向隨順善根器故。已說大悲行施。次說大悲受用差別。偈曰。

有財而自用　及用施衆生。　得喜施喜勝。　三樂養心故。四五

釋曰。菩薩自受用財生喜。及用財布施衆生生喜。二喜相比施喜爲勝。何以故。三樂養心故。三樂者。一布施喜二攝他喜三菩提聚滿足喜。已說大悲受用差別。次說大

悲增長諸度。偈曰。

慳惡瞋放逸　緣著及邪著　如是六蔽者　悲令六度增。四六

釋曰。慳者少物不能捨故。惡者破戒及惱他故。瞋者於少不饒益起大瞋故。放逸者於諸善法不勤行故。緣著者五欲亂心故。邪著者外道無慧故。如是住六蔽者大悲憐愍爲說過失令六波羅蜜而得增長。說大悲增長諸度已。此悲從四緣生亦應顯示。偈曰。

苦樂不苦樂　因力及善友　自體相續流　大悲四緣義。四七

釋曰。苦樂不苦樂者顯示緣緣。具緣三受三苦俱起悲故。問捨受云何苦。答由行苦故。因力者顯示因緣。善友者顯示增上緣。自體相續流者顯示次第緣。問大悲如是生已云何得平等。偈曰。

行相及思惟　隨順與離障　不得亦清淨　六義悲平等。四八

釋曰。大悲平等有六種。一者行相平等由三受位衆生平等知是苦故。二者思惟平

（一）梵藏本次有一頌總結供養．親近．無量三者功德．今譯缺略．

等．由平等憐愍故．三者隨順平等．由平等救濟故．四者離障平等．由平等不惱故．五者不得平等．由自他及悲三輪平等不可得故．六者清淨平等．由入地無生忍時平等得故。問．如是別說大悲已．此四梵住云何修習得令無上．偈曰．

慈等令無上　自意修亦五．
信．心．通．方便．　和合．如前說。四九

釋曰．如前供養諸佛親近善友皆由五種自意修習得令無上．梵住亦爾。由淨信者於大乘經說梵住處生淨信故．由深心者以九種心修梵住故．由神通者依虛空等定而修習故．由方便者依無分別智所攝故．由和合者一果入一切果故（一）。梵住品究竟。

大乘莊嚴經論卷第九

大乘莊嚴經論卷第十

無著菩薩造

唐三藏法師波羅頗迦羅蜜多羅譯

覺分品第二十一之一

釋曰。諸菩薩有羞相（羞兼慚愧）此中應說偈曰。

治障及合智。緣境亦成生。菩薩有羞相 如此四差別。一

釋曰。此偈顯示菩薩有羞有四種相。一自性二伴類三境界四作業。治障者謂離無羞此即是羞自性。合智者與無分別智相應。此智是羞伴類。緣境者菩薩以小無障衆生爲可羞境即是聲聞緣覺小者對大乘故無障者破煩惱障故。成生者菩薩有羞以建立衆生爲業。此是有羞四種相。問。諸菩薩有羞於何行中起。偈曰。

菩〔一〕薩於六度 障增及治減。不勤亦勤行。於此有羞起。二

釋曰。諸菩薩於四事中極生羞恥。一者於諸度障增時極生羞恥。二者於諸障治減

〔一〕梵藏本此節原有二頌，分兩段釋。今譯文略。

（一）梵藏本此節原有四頌。分六段釋。今略爲一頌一段。

時極生羞恥。三者修諸度懈怠時極生羞恥。四者隨順煩惱法勤行時極生羞恥。所謂諸根常開而不禁守。問菩薩有羞種差別云何。偈曰。

六品及二品。七地與二乘。亦似則爲下。反此應知上。三

釋曰。六品者不定地中前六品有羞爲下。二品者諸定地中前二品有羞爲下。七地者菩薩十地中前七地有羞爲下。二乘者謂下心衆生有羞爲下。由有增上慢故亦似者謂未得無生忍菩薩彼有羞亦爲下。翻此諸下有羞應知即是諸上有羞。問何法是有羞障及彼障有幾過失。偈曰。

（二）無羞惑不斷。三害及六呵。墮難退苦三。如前十二失。四

釋曰。無羞者是菩薩有羞障。若有此障則煩惱不斷。煩惱不斷則先生三害。一自害謂不正思惟。由自惱故。二他害謂瞋及捨。由惱他故。問瞋者惱衆生可爾。捨者云何惱衆生。答菩薩應化衆生捨而不化。是謂爲惱。俱害者謂破尸羅。由惱自他故。起三害已即於現法得六呵責。由疑悔失利失護棄捨治罰惡名故。隨其次第得六種呵

責。所謂自呵責乃至十方人呵責。如是已後復有三種過失生。一退墮諸難處。二退失已得未得善法。三從彼生大苦受。是謂無羞生十二種過失。問。已知障及過失。何者是有羞功德。偈曰。

此(一)等一切惡　菩薩若有羞　當知一切盡　起彼對治故。五

天人聰慧生　速滿於二聚　成生不退轉　離不離爲果。六

釋曰。初偈顯示有羞離過功德。如前過失菩薩有羞一切不有故。後偈顯示有羞集功德具足聚集五勝果故。天人聰慧生者是得果報果。謂常生天上及以人中恆得聰慧故。速滿於二聚者是得增上果。謂得大菩提二聚故。成生不退轉者是得丈夫果。丈夫所作故。離者是得相離果。離彼障故。不離者是得依果。一切生處不離彼障對治故。問。有羞功用譬喻云何。偈曰。

有(二)衣翻有垢　凡夫無慚故。天(三)衣更無垢　菩薩有慙爾。七

菩薩慚具足　如空不可汙。欲勝諸菩薩　亦以慚莊嚴。八

(一)梵藏本此節原有二頌。分十八段釋。今略爲二頌一段。(二)梵藏本此節二頌。分五段釋。今合爲一。(三)原刻作無。今依麗刻改。

譬如慈母愛　慚護衆生然。　觀生及化生　此事由慚起。九

釋曰。此中第一偈顯示慚如衣服。何以故。有慚者過垢不能汙故。第二偈上半顯示慚如虛空。何以故。有慚者雖值世間八法不被染故。第二偈下半顯示慚如莊嚴。何以故。有慚者端正勝餘菩薩故。第三偈顯示慚如慈母。何以故。有慚者擁護生死一切過失如象馬軍觀生化生由此起故。衣服譬顯慚能對治住諸煩惱虛空譬顯慚能對治染著八法。莊嚴譬顯慚能隨順同行。慈母譬顯慚能成熟衆生。問。菩薩行慚有何相。偈曰。

不忍及不行。　亦忍及亦行。　當知此四種　是說行慚相。一〇

釋曰。此偈顯示四種行慚相。一不忍二不行三忍四行。何以故。有慚者於一切過惡有前二相。不忍故不行故。於一切功德有後二相。忍故行故。問。云何慚羞得無上。偈曰。

修習於慚羞　亦起五自意。　信法等別故　無上如前知。一一

釋曰。如前知者。於大乘經說慚羞處生淨信故。以九種深（一）心修習故。依虛空等定修習故。由無分別智攝故。以一果入一切果故。已說菩薩有羞。次說菩薩無畏。偈曰。

諸（二）菩薩無畏　體相及差別。　堅固與殊勝。　今當次第解。　一二

釋曰。菩薩無畏有四義解釋。一體相二差別三堅固四殊勝。問。體相云何。偈曰。

進定慧三起　勇健勤猛作。　是說無畏相　亦顯於衆名。　一三

釋曰。精進禪定般若此三若起是無畏體相。勇健勤猛此四顯無畏衆名。問。此三於何行中無畏。偈曰。

諸有所作中　下動愚則畏。　離三三決定　是名無畏安。　一四

釋曰。菩薩於諸所作中其心若下若動若愚則生怖畏。何以故。下心者於彼無勤修故。動心者於彼心不住故。愚心者於彼無方便故。彼三對治隨其次第即是精進禪定般若。是故精進等三若得決定則名無畏。問。云何決定。答。此三對治任運現前是名決定。問。已說體相。云何差別。偈曰。

（一）原刻作染。今依麗刻改。　（二）梵藏本此下二頌合爲一段。

(一)自性.及大願.　不顧.及不退.　聞深.亦能化.　置彼於佛身.　一五
亦行諸苦行.　不捨於生死.　生死不能染.　此十是差別。一六

釋曰.此二偈隨其次第說無畏有十種差別。一者自性.謂性成就得無畏故.二者大願.謂發菩提心得無畏故.三者不顧.謂勤自利時不顧身命得無畏故.四者不退.謂勤利他時有違逆者得無畏故.五者聞深.謂聽實義時得無畏故.六者能化.謂難化衆生以通力化得無畏故.七者置彼於佛身.謂建立衆生於大菩提得無畏故.八者亦行諸苦行.謂行種種難行苦行得無畏故.九者不捨生死.謂故意受生得無畏故.十者生死不能染.謂處染不染得無畏故。問已說差別.云何堅固.偈曰.

惡朋及重苦　聞深不能退.　譬如螽翅風　不動須彌海。一七

釋曰.菩薩無畏於三緣得不動.一遇惡朋二遭重苦三聞深法.譬如螽蟖振羽不能蕩海搖山.彼之三緣不能動菩薩心亦復如是.是故菩薩無畏得堅固。(二)問已說堅固.云何殊勝。偈曰.

(一)梵藏本此節原有二頌.今略爲一.　(二)梵藏本均缺此節頌文及長行.

諸說無畏中　菩薩無畏上　相異堅殊勝　與彼不相似。一八

釋曰．由前三義勝故菩薩無畏於諸說無畏中最爲殊勝。已說菩薩無畏．次說菩薩不退．偈曰．

不退諸菩薩　品類有三事．於聞進苦故　慚勇爲依止．一九

欲樂大菩提　是說不退性．未成成極成　差別諸地顯。二〇

釋曰．此二偈顯示不退品類依止自性差別。彼品類有三種．一聞法無厭不退二恆大精進不退三生死苦惱不退。依止有二種．一慚二勇．有慚者不退．退者可羞恥故．有勇者不退．退者非猛健故。自性謂欲樂大菩提欲樂若迴卽得退故。差別有三種．一未成謂信行地菩薩不退．二成謂初地至七地菩薩不退．三極成謂八地已上菩薩不退。已說菩薩不退．次說菩薩知法．偈曰．

知(一)法．知法業．　知相．知無盡．　得果及二門．　成生亦住法。二一

釋曰．知法者謂知五明處．一內明二因明三聲明四醫明五巧明．知此五論是謂知

(一)梵藏本此節原有二頌．今譯文略．

法。知法業者謂知自利利他以此爲業。知內論者爲自修及爲他說。知因論者爲申己義及屈他義。知聲論者爲自善音令他信受。知醫論者爲除他疾。知巧論者爲令他解。知論相者謂知此五論得有五因是菩薩知論相。一聞得二持得三誦得四思得五通得。菩薩先於論有聞聞已受持持已習誦誦已正思思已通達通達者知此是功德此是過失此是善語此是惡語。知無盡者謂如此知乃至無餘涅槃亦無盡故。得果者謂自知得一切種智故。二門者一三昧門二陀羅尼門。知論菩薩以三昧門成熟衆生隨彼化攝故以陀羅尼門成熟佛法隨所得法皆能持故。已說菩薩知法。次說菩薩知世間偈曰。

身知亦口知。　及以實諦知。　菩薩知世間　最勝餘無等。（二二）

釋曰菩薩有三種知世間。一身知世間二口知世間三諦知世間。問云何身知。云何口知。偈曰。

（二）身知則舒顏。　口知則先語。　爲令成器故。　正法隨修行。（二三）

（一）梵藏本此頌分四段釋。並雜入牒問。今譯改式。

釋曰．舒顏者謂熙怡歡笑．此是身知世間．先語者謂慰問讚美．此是口知世間。問．此知何所爲。答．爲令成器故。問．令成何器。答．正法隨修行．令成此器故。問．云何諦知世間。偈曰．

二(一)知知世生． 二知知世滅． 爲息復爲得 諦智(二)勤修行 二四

釋曰．二知知世生者知苦集二諦則知世間常生．由生及生方便故。二知知世滅者知滅道二諦則知世間可滅．由滅及滅方便故。問．知諦世間復何所爲。答．爲息復爲得諦智勤修行．息者苦集諦．得者滅道諦．諸菩薩爲息苦集諦爲得滅道諦故．觀諸諦修智具足．如是知世間卽是知世間業。已說菩薩知世間．次說菩薩修習四量．偈曰．

能詮及義意． 了義．亦無言． 當知此四種 是說四量相。 二五

釋曰．能詮者如來所說十二部經．此法爲量非人爲量。義意者謂文中所以．此義爲量非語爲量。了義者謂世間可信及佛所印可．此了義爲量非不了義爲量。無言者

(一)梵藏本此節原有二頌．今譯文略． (二)原刻作知．今依下長行及梵藏本改．

謂出世證智。此智爲量非識爲量。問。世尊何故說此四量。偈曰。

謗法及非義　邪思與可言　遮此四事故　次第說四量　二六

釋曰。說能詮法爲量遮謗說人。說義意爲量遮非義。文句說了義爲量遮邪思倒解。說智爲量遮可言智。問。依此四量有可功德。偈曰。

信心及內思　正聞與證智　菩薩不可壞　依量功德爾　二七

釋曰。依第一量則信心不可壞。依第二量則正思不可壞。依第三量則正聞不可壞。依第四量則世智不可壞。已說菩薩修習四量。次說菩薩四無礙解。偈曰。

於門相言智　通達無比倫　此即是菩薩　四種無礙解　二八

釋曰。第一者謂知門智。能知義中所有名門差別故。第二者謂知相智。能知此義屬此名故。第三者謂知言智。能知異土言音故。第四者謂知智智。能知自能說法故。知此四種是無礙解。偈曰。

(一)能說及所說　說具合三事　四二復二種　次第三事因　二九

釋曰．能說所說說具此三事各有因緣。能說有四因緣．一教授智二成熟智三聚滿智四令覺智。所說有二因緣．一法二義．四智於此二有用故。說具有二因緣．一言二智．由此二得成說故。偈曰．

舉法及釋法．　令解與避難．　建立四無礙　以是義應知。三〇

釋曰．舉法者以門故．釋法者以相故．令解者以言故．避難者以智故．應知此中以所說法及義以說具言及智次第建立四無礙解。問．云何名無礙解．無礙解者有何業。偈曰．

內證及外覺　故稱無礙解．　能斷一切疑　此即是彼業。三一

釋曰．此偈上半立名．下半顯業。名者．由諸菩薩初以出世間智內證諸法得平等如解．後以後得世智外覺諸法法門差別．由此道理故名無礙解。業者．復由此解能斷一切衆生一切疑網．此名爲業。(一)已說菩薩四無礙解．次說菩薩二聚功德．偈曰．

福智爲二聚　勝報亦不汙．　一切諸菩薩　勝相皆如此。三二

（一）梵藏本此下二頌合爲一段．

釋曰．福智爲二聚者二聚謂福聚及智聚。勝報亦不汙者謂菩薩由福聚故於生死中作勝報成就因．由智聚故於彼勝報作不染汙因．是故菩薩勝相無等。問．二聚攝六度云何。偈曰．

初二爲福體．　第六即是智．　餘三二聚因．　五亦成智聚。三三

釋曰．初二爲福體者應知施戒二波羅蜜爲福聚體．第六即是智者應知般若波羅蜜即爲智聚體．餘三二聚因者應知忍辱精進禪定三波羅蜜通爲二聚因．由俱作故．五亦成智聚者復由般若能迴向故一切諸波羅蜜皆成智聚。問．云何名聚．云何聚業。偈曰．

正修及數修　資善名爲聚．　自利與他利　成就則名業。三四

釋曰．此偈上半釋名．下半顯業。名者．三婆羅名爲聚．(一)三者正修義．婆羅者數修義．由正修及數修善法則得資長．由資長故名聚。業者由此聚故則能成就自他二利．是名爲業。問．二聚種差別云何。偈曰．

(一)梵本分二段釋名．二者相續．Samtati 婆者修得．羅者數數行．今譯改文．

入地．入無相． 及入無功用． 受職．并究竟． 二聚次第因。三五

釋曰．於中種差別者．彼信行地聚爲入地因．六地中聚爲入無相因．無相者第七地所攝聚彼相不起故．第七地聚爲入無功用因．第八第九地聚爲入受職因．第十地聚爲入究竟因．究竟者佛地所攝故。已說菩薩二聚功德．次說菩薩修習四念處．偈曰．

依(一)止．及對治． 入諦．與緣緣． 作意．并至得． 隨順．亦隨轉．三六

覺境．及受生． 限極．將最上． 長時．與後證． 勝修十四種。三七

釋曰．此二偈明菩薩四念處有十四種勝修．一依止勝修二對治勝修三入諦勝修四緣緣勝修五作意勝修六至得勝修七隨順勝修八隨轉勝修九覺境勝修十受生勝修十一限極勝修十二最上勝修十三長時勝修十四後證勝修。依止勝修者謂依大乘經起聞思修慧爲自體故。對治勝修者謂能對治不淨苦無常無我法想四倒．由入身等法無我故。入諦勝修者謂如其次第次第入苦集滅道諦故．自入他

(一)梵藏本此上有一頌．總說十四修故殊勝。今缺.

〔一〕梵藏本此節原有四頌，一總二別，分兩段釋，今譯缺其總頌。

入如中邊分別論說。緣緣勝修者謂緣一切衆生身等爲境界故。作意勝修者謂身等不可得故。至得勝修者謂身等不離不合故。隨順勝修者謂得諸障對治，能對治彼障故。隨轉勝修者謂凡夫二乘所修念處亦攝隨轉爲教授故。覺境勝修者謂知身如幻色相似故，知受如夢皆邪覺故，知心如空自性淨故，知法如客客謂纏垢，譬如虛空有煙雲塵霧故。受生勝修者謂故意受生成就轉輪王等，最勝身受心法亦不染故。限極勝修者謂修下品念處亦過餘人修最上品，自性利故。最上勝修者謂能不作功用總別修習四念處故。長時勝修者謂修至無餘涅槃亦無盡故。後證勝修者謂十地及佛地中皆可得故。已說菩薩修習四念處，次說菩薩修習四正勤。偈曰。

三〔一〕捨及入地，　住寂與得記，
成生亦受職，　淨土幷圓滿。三八

釋曰。菩薩爲對治四念處障故修習四正勤，若廣說此對治則有十種差別，由對治十行障故。十行者一捨著行，謂受有中勝報而不染著。二捨蓋行，謂離一切障蓋。三捨下行。謂離二乘作意。四入地行。謂入初六地。五住寂行。謂入第七地。六得記行。謂入第八地。七成生行。謂入第九地。八受職行。謂入第十地。九淨土行。謂第八第九第十三地。十圓滿行。謂入佛地。菩薩爲對治此十行障故修習四正勤。是爲廣說差別。

問。此十差別修義云何。偈曰。

依止於欲故　起勤起精進。　攝心與正持　十治修如是。三九

釋曰。修義者謂依欲起勤。依勤起精進。攝心正持。是名修義。此中有平等修。有有相修。有精進修。平等修者由正勤能令止觀平等故。有相修者由止舉捨三相合修故。精進修者爲斷止觀中沒掉二障起精進故。問。云何起精進。答。謂攝心及正持。攝心者謂奢摩他。正持者若心平等則如是住。如是正持。以此三修修前十行是名修正勤。已說菩薩修習四正勤。次說菩薩修習四神足。偈曰。

分別四神足(一)　略以三事解。　依止及方便。　亦成就應知。四〇

釋曰。此中略以三事分別四神足。一依止二方便三成就。問。云何依止。偈曰。

（一）梵藏本此節先有一頌。總說四神足爲成就自利他利故起。今譯缺略。

禪定所依止　差別有四足。一欲。二精進。三心。四思惟。四一

釋曰。應知禪波羅蜜所依止有此四足差別。問。云何方便。偈曰。

起作及隨攝。繫縛并對治。隨次八斷行　三一二二成。四二

釋曰。起作及隨攝繫縛并對治者。方便亦有四種。一起作方便二隨攝方便三繫縛方便四對治方便。問。此四種方便各以何等行成。答。隨次八斷行三一二二成。八斷行者一信二欲三勤四猗五念六智七思八捨。此中隨其次第以信欲勤三行成立起作方便。由信起欲由欲起勤如是次第故。以猗一行成立隨攝方便。由猗息已定得生故。以念智二行成立繫縛方便。由正念故心於定中不離所緣。由正智故心離所緣覺已隨攝。以思捨二行成立對治方便。由思故對治沒纏。由捨故對治掉纏。此二是諸煩惱對治故。問。云何成就。偈曰。

能見及能授。遊戲亦遊願。自在并得法。成就此六種。四三

釋曰。六成就者。一能見成就二能授成就三遊戲成就四遊願成就五自在成就六

得法成就。能見成就者謂五眼．肉眼天眼慧眼法眼佛眼．此成就故。能授成就者謂六通．依此能教授故．如其次第身通往彼所．天耳通聞其音而爲說法．他心通知障有無爲之除斷．宿住通知過去行借力令知使其生信．天眼通知死此生彼令其生厭．漏盡通爲之說法令得解脫。遊戲成就者此有多種．謂變化等諸定。遊願成就者謂入願力遊諸願果．謂放光發聲等此不可數．廣如十地經說。自在成就者謂十自在．亦如十地經說。得法成就者謂得力無所畏及不共法。已說菩薩修習四神足．次說菩薩修習五根．偈曰．

覺．行．聞．止．觀． 信等根所緣． 增上是根義． 成就利益故。四四

釋曰．信根以菩提爲所緣．進根以菩薩行爲所緣．念根以聞大乘法爲所緣．定根以奢摩他爲所緣．慧根以如實智爲所緣。問云何是根義。答此信等於所緣增上故名爲根．能成就利益故。已說菩薩修習五根．次說菩薩修習五力．偈曰．

應知信等根 乘入於初地． 如是五根障 能羸故名力。四五

釋曰。此中五根臨入初地時,能令不信懈怠失念亂心無智羸劣,故名爲力。已說菩薩修習五力,次說菩薩修習七覺分偈曰。

菩薩入初地　建立於覺分。諸法及衆生　於此得平等。四六

釋曰。諸菩薩入初地時,覺彼法故建立覺分。問。云何覺。答。於一切法及自他身得平等解。如此名覺。如其次第法無我及人無我故。偈曰。

譬(一)如輪王行　七寶爲先導。菩薩趣正覺　七分常圓滿。四七

釋曰。此明諸菩薩七覺分與轉輪聖王七寶相似。問。何分與何寶相似。偈曰。

念(二)伏於諸境。擇法破分別。進速無餘覺。明增喜遍身。四八

障盡猗而樂。諸作從定生。隨時所欲住。棄取皆由捨。四九

釋曰。第一念覺分與輪寶相似。未降國土輪能降,故未伏境界念能伏故。第二擇法覺分與象寶相似。諸國勍敵象能摧,故分別勝怨擇能破故。第三精進覺分與馬寶相似。大地闊邊馬速窮,故真如極際進速覺故。第四喜覺分與珠寶相似。珠光燭幽

(一)梵藏本均無此頌,但另有長行生起云,此下說七覺分與輪等七寶相似。(二)梵藏本此節原有四頌,分十段釋,今譯改文。

王歡極故法明破闇心喜滿故。第五猗覺分與女寶相似。王受快樂女摩觸故。智脫障惱猗息惡故。第六定覺分與藏臣寶相似。王有所須從臣出故。智有所用從定生故。第七捨覺分與兵寶相似。主兵閱衆棄弱取強隨轉輪聖王所住不疲倦故。菩薩修行棄惡取善隨無分別智所住無功用故。成立七覺分與七寶相似其義如此。(一)偈曰。

依止及自性。　出離與功德。　第五說不染。　此分有三種。五〇

釋曰。七覺分如其次第念是依止分。一切菩提分依此而行故。擇是自性分。一切菩提以此爲自體故。進是出離分。以此能令菩薩至究竟故。喜是功德分。以此能令心樂滿故。猗定捨三是不染分。猗是不染因故。定是不染依止故。捨是不染自性故。已說菩薩修習七覺分。次說菩薩修習八正道分。偈曰。

一(二)轉如前覺　立分二亦然。　次三三業淨。　後三三障斷。五一

釋曰。一轉如前覺者。第一分如前位中如實覺後時隨轉說名正見。立分二亦然者

(一)梵藏本次有一頌，總結上義，今譯缺略。　(二)梵本此頌原爲八言句式，今譯文略，次同。

第二分。如前位中自所立分而解入佛經中。如佛所立爲他分別名正思惟。次三三業淨者。次三謂正語正業正命。三業謂語業身業俱業。如其次第以次三正攝此三業故。後三三障斷者。後三謂正勤正念正定。三障謂智障定障自在障。如其次第以後三正治此三障。由修正勤長時不退屈故智障斷。由修正念掉沒無體故定障斷。由修正定勝德成就故自在障斷。如是建立八正道分應知。

大乘莊嚴經論卷第十

大乘莊嚴經論卷第十一

無著菩薩造

唐三藏法師波羅頗迦羅蜜多羅譯

覺分品第二十一之二

釋曰。已說菩薩修習道分。次說菩薩修習止觀。偈曰。

安心於正定　此即名爲止。正住法分別　是名爲觀相。五六

釋曰。安心於正定。此即名爲止者。謂心依正定(一)而不見心。非無正定而立止故。是名止相。正住法分別是名爲觀相者。謂依正住分別法體。是名觀相。問。此二行云何修。偈曰。

普(二)欲諸功德　是二悉應修。一分非一分。修有單雙故。五七

釋曰。普欲諸功德是二悉應修者。若人遍欲求諸功德。是人於止觀二行悉應修習。如經中說。佛告諸比丘。若有所求云何令得諸比丘離欲離惡不善法乃至廣說。諸

(一)原刻作安。今依麗刻改。　(二)梵藏本此段原爲半頌。

比丘有二法應須修習所謂止觀。一分非一分者，一分謂或止或觀，非一分謂止觀合。問，何故。答，修有單雙故，單修者一分或止修或觀修，雙修者非一分謂止觀合修。問，此二行云何種差別，復云何業，偈曰，

（一）能通及能出，　無相亦無爲，　（二）淨土及淨果，　是二卽爲業。五八

釋曰，此偈上半明種差別，下半明業，此二法在信行地名依止修，若入大地復有四種差別，一能通修謂入初地，二能出修謂入乃至六地，於彼六地出有相方便故，三無相修謂入第七地，四無爲修謂入後三地，作功用修名有爲，後三地不作功用故名無爲，此五是種差別。淨土者依後三地修淨土行，淨果者作轉依行，此二淨卽是彼業。已說菩薩止觀，次說菩薩修習五種巧方便，偈曰，

（三）自熟與成生，　速果并作業，　生死道不絕，　說此爲五巧。五九

釋曰，五種巧方便者，一自熟佛法以無分別智爲巧方便，二成熟衆生以四攝法爲巧方便，三速得菩提以懺悔隨喜請轉法輪生起勝願爲巧方便，四作業成就以二

（一）梵藏本此二句原與前文合爲一頌，（二）梵藏本此下一頌，今譯文略，（三）梵藏本此段二頌，又與次頌合作一段，今譯改式。

門爲巧方便。二門者謂陀羅尼門及三昧門。以此二門能成就利益衆生業故。五生死道不絶以無住處涅槃爲巧方便。問。云何巧差別。云何巧業。偈曰。

菩薩巧無等　差別依諸地。　能成自他利　說是名爲業。六〇

釋曰。此偈上半明巧差別。下半明巧業。差別者此五方便於諸菩薩最上無等。何以故。於諸地中不與二乘共故。是名差別。業者能成就自身他身一切利益。是名爲業。

已說菩薩巧方便。次說菩薩陀羅尼。偈曰。

業(一)報及聞習。　亦以定爲因。　依止此三行　持類有三種。六一

釋曰。陀羅尼品類有三種。一報得。由先世業力得故。二習得。由現在聞持力而得故。三修得。由依定力得故。問。云何種差別。偈曰。

二小一爲大。　一大復三種。　地前與地上　不淨及淨故。六二

釋曰。二小一爲大者。於彼三種品類中報得及習得應知此二爲小。修得者應知此一爲大。一大復三種者。於彼大種類中應知復有三種。謂輭中上。未入地菩薩所有

(一)梵藏本此下二頌合作一段釋。

爲輭。以入不淨地菩薩所有爲中謂初七地。入清淨地菩薩所有爲上謂後三地。問。
云何業。偈曰。

應知諸菩薩　恆依陀羅尼　開法及持法　作業皆如是。六三

釋曰。此中應知諸菩薩依止陀羅尼恆開示妙法及常受持。以此爲業。已說菩薩陀羅尼。次說菩薩起諸願。偈曰。

(一)思欲共爲體。　智獨是彼因。　諸地卽爲地。　二果亦爲果。六四

應知差別三　種種大清淨。　此業有二種　自利與利他。六五

釋曰。此二偈以六義分別諸願。一自性二因三地四果五差別六業。彼思欲相應共爲自性。以智爲因。諸地爲地。二果爲果謂卽果及未來果。以諸願爲因心得遂故。心遂者如心所欲皆成就故。又以願力遊諸願果所謂身放光明口發音響乃至廣說。差別有三種。一種種。謂信行地願如是如是欲得故。二廣大謂入地菩薩十大願故。三清淨。謂後後諸地轉轉清淨乃至佛地極清淨故。是名差別。彼業二種。一自利成

(一)梵藏本此段原有二頌，詳說一果二差別之義今譯文略

就二利他成就。是名爲業。已說菩薩諸願。次說菩薩修習三三昧。偈曰。

應知二無我　及以二我依　二依常寂滅　三定所行境　六六

釋曰。三三昧有三種所行。一人法二無我是空三昧所行。二彼二執所依五取陰是無願三昧所行。三彼依畢竟寂滅是無相三昧所行。(一)彼三種所取體爲三種境界。彼三種能取體爲三種三昧。是名三三昧。問。三三昧名義云何。偈曰。

(二)空定無分別　無願厭背生　無相恆樂得　彼依常寂滅　六七

釋曰。空定無分別者。無分別義是空三昧義。由人法二我不分別故。無願厭背生者。厭背義是無願三昧義。由厭背我執所依故。無相恆樂得彼依常寂滅者。樂得義是無相三昧義。由樂得彼所依畢竟寂滅故。問。三三昧云何起。偈曰。

應知及應斷　及以應作證　次第空等定　修習有三種　六八

釋曰。應知及應斷及以應作證者。應知謂人法二無我。應斷謂二我執所依。應證謂彼依畢竟寂滅。次第空等定修習有三種者。此中爲知人法二無我故修空三昧。爲

(一)梵藏本此段原爲半頌。今譯改式。　(二)梵藏本此段半頌。今譯文竄。

斷彼二執所依故修無願三昧。爲證彼依畢竟寂滅故修無相三昧。已說菩薩修習三三昧。次說菩薩說四法憂陀那。偈曰。

如前三三昧　四印爲依止　菩薩如是說　爲利羣生故。六九

釋曰。四法印者。一者一切行無常印。二者一切行苦印。三者一切法無我印。四者涅槃寂滅印。此中應知無常印及苦印爲成無願三昧依止。無我印爲成空三昧依止。寂滅印爲成無相三昧依止。菩薩說此四印爲三三昧依止。皆爲利益諸衆生故。問。何等是無常義乃至何等是寂滅義。偈曰。

無義分別義　不真分別義　息諸分別義　是名四印義。七〇

釋曰。此中諸菩薩以無義是無常義。由分別相畢竟常無故。以分別義是無我義。由分別相唯有分別。此二是分別相。由無體故。不真分別義是苦義。由三界心心法爲苦體故。此是依他相。息諸分別義是寂滅義。此是真實相。復次應知依他相復以剎那剎那壞爲無常義。問。云何成立剎那壞義。偈曰。

由起．及從因．相違．亦不住．無體．與相定．隨轉．并滅盡．七一
變異．因亦果．執持．與增上．隨淨及隨生．成義有十五。七二

釋曰．此二偈以十五義成立剎那剎那滅義．一由起二從因三相違四不住五無體六相定七隨轉八滅盡九變異十因十一果十二執持十三增上十四隨淨十五隨生．由此十五義剎那壞義可得成立。第一由起者．諸行相續流名起．若無剎那剎那滅義而有諸行相續流名起者不然。若汝言物有暫時住後時先者滅後者起名相續者則無相續．由暫住時後起無故。第二從因者．凡物前滅後起必藉因緣．若離因緣則無體故。若汝言彼物初因能生後時多果者不然．初因作業即便滅盡．豈得與後諸果作因。若汝言初因起已更不起者．建立此因復何所用。若汝言起已未滅後時方滅者．彼至後時誰爲滅因。第三相違者．若汝復執是能起因復爲滅因者不然．起滅相違同共一因無此理故．譬如光闇不並冷熱不俱．此亦如是．是故起因非即滅因。若如汝執諸行起已非即滅者．則違阿含及道理．違阿含者佛語諸比丘諸行

(一)原刻作能，今依麗刻改

如幻是壞滅法是暫時法剎那不住。違道理者諸修行人於諸行生滅中思惟剎那剎那滅。若不如是於臨終時見彼滅相則無厭惡離欲解脫是則同餘凡夫。第四不住者。若汝言諸行起已得有住者。爲行自住爲因他住。若行自住何故不能恆住。若因他住彼住無體何所可因。二俱不爾。是故剎那剎那滅義得成。第五無體者。若汝執住因雖無壞因未至是故得住壞因若至後時卽滅非如火變黑鐵者不然(一)。壞因畢竟無有體故。火變鐵譬我無此理。鐵與火合黑相似滅赤相似起。能牽赤相似起是火功能。實非以火變於黑鐵。又如煎水至極少位後水不生。亦非火合水方無體。第六相定者。佛說有爲法有爲相一向決定所謂無常。汝執諸行起已非卽滅者是有爲法則有少時而非無常。便墮非一向相。第七隨轉者。若汝言若物剎那剎那新生者。云何於中作舊物解。應說由相似隨轉得作是知。譬如燈燄相似起故起舊燈知而實差別。前體無故。第八滅盡者。若汝言云何得知後物非前。應說由滅盡故。若住不滅則後剎那與初剎那住無差別。由有差別故知後物而非前物。第九變異者。

若汝言物之初起非卽變異者不然。內外法體後邊不可得故。由初起卽變漸至明了。譬如乳至酪位酪相方現。而變體微細難可了知。由相似隨轉謂是前物。以是故刹那刹那滅義得成。第十因者。若汝許心是刹那滅。彼心起因謂眼色等諸行。彼果刹那滅故因亦刹那。由不可以常因起無常果故。第十一果者。彼眼等諸行亦是心果。是故刹那滅義得成。由不可以無常因起常果故。第十二執持者。若汝言云何得知眼等諸行亦是心果。應說由心執持得增長故。第十三增上者。又如佛說心將世間去心牽世間來。由心自在世間隨轉識緣名色。此說亦爾。故知諸行是心果。第十四隨淨者。淨是禪定人心。彼人諸行隨淨心轉。如經中說修禪比丘具足神通心得自在。若欲令木爲金則得隨意。故知諸行皆是心果。第十五隨生者。如作罪衆生所得外物一切下劣。作福衆生所得外物一切妙好。故知諸行皆是心果因是刹那果非刹那無此道理。由因自在故。如是總成立一切內外諸行是刹那已。次別成立內法是刹那。偈曰。

初起．及續起．　長起．及依起．　變起．與熟起．　劣起．亦勝起．七三
明起．無明起．　及以異處起．　種起．無種起．　像起．十四起。七四

釋曰．此二偈以十四種起成立內法諸行是刹那義．一者初起謂最初自體生．二者續起謂除初刹那餘刹那生．三者長起謂眠食梵行正受長養故生．四者依起謂眼等諸(二)識依止眼等根生．五者變起謂貪等染汙令色等變生．六者熟起謂成胎嬰兒童子少壯中年老位等生．七者劣起謂諸惡道生．八者勝起謂諸善道生．九者明起謂欲界後二天及色界無色界一切天生．十者無明起謂除前明處所餘諸處生．十一者異處起謂此處死彼處生．十二者種起謂除阿羅漢最後五陰生．十三者無種起謂前所除最後五陰生由後生種子無故．十四者像起謂入解脫禪者定自在力故諸行像生。問．復以何因成立此十四種起．偈曰．

續(一)異．及斷異．　隨長亦隨依．　住過．及去過．　無住無無死．七五
亦有隨心相．　行者應當知　如此九種因　成前十四起。七六

(一)原刻作謂．今依麗刻改．(二)梵藏本此處原有二頌．與上文合一段譯．今釋改式．

釋曰，此二偈以九種因成立前十四起，九種因者，一續異二斷異三隨長四隨依五住過六去過七無住八有死九隨心。第一續異者，此因成立第一初起，若最初起時因體無差別者則後時諸行相續而起亦無差別，因體無差別故，由因有差別故後餘諸行刹那得成。第二斷異者，此因成立第二續起，若一一刹那無差別因者則後時斷差別亦不可得，由斷有差別故諸行刹那此義得成。第三隨長者，此因成立第三長起，能令諸行圓滿故名爲長，若無刹那而有諸行長養者不然，由彼住故，若諸行得住則不得漸大圓滿非謂長養。第四隨依者，此因成立第四依起，若執能依不住所依得住者不然，如人乘馬人去馬不去無有此理，如是識依於根識有刹那依無刹那不然亦爾。第五住過者，此因成立六起，謂變起熟起劣起勝起明起無明起。成立變起熟起者，若執諸行初起即住不滅者不然，無變起故，謂貪等變色永不可得，由初無變後亦爾故，若初無變後諸熟位亦不可得，由先有變後方熟故。成立劣起勝起刹那亦爾，若執諸行得住而有善惡熏習次第與果者不然，諸行不住次第相續各得與果此義可爾。成立明起無明起剎那亦爾。若諸行得住則明起亦無(一)不住則有由心轉故。無無明起亦爾。後時無變異故。第六去過者。此因成立第十一異處起若執諸行往餘處名去者不然。我今問汝諸行去作爲起已將諸行往餘處。爲不起將諸行往餘處。若起已將往者此處起已餘處不起此卽是住。而言去者是義相違。若不起將往者不起則本來無去。而言去者此語無義。又復若諸行去作住此處卽作所作令諸行去是亦不然。住則不得到餘處故。若諸行到餘處方作所作是亦不然。無有離去而有諸行到餘處故。若此處住若餘處住離諸行外畢竟求作不可得。是故不異諸行相續而有去作。去既無體則剎那義成。若汝言若實無去云何世人見去。應說由無間相續假說名去實無去體。若汝言復有何因諸行得相續去。應說因緣無量。有心力自在如威儀等去。有宿業自在如中陰中去。有手力自在如放箭擲石去。有依止自在如乘車乘船去。有使力自在如風吹物去。有自體自在如風性傍去火性上去水性下去。有術力自在如依呪依藥在空而去。有磁石自在能

(一)原刻作爾。今依麗刻改。

令鐵去。有通力自在如乘通去。如是等有無量因緣能令諸行相續假說名去。是義應知。第七無住者。此因成立第十二種起。若諸行得住餘時更有種子起者不然。剎那剎那無餘因故。若諸行不住後種子起是義可然(一)。第八有死者。此因成立第十三無種起。若無剎那而有死時無種起者不然。先有種起後命終時方無種起是亦不然。由一一剎那因無體故。是故死心剎那不可得成。第九隨心者。此因成立第十四像起。由心自在剎那剎那彼像得起。若無剎那而像得起無此理故。問。如是別成立內有爲法剎那已。復有何因能成立外法四大及六種造色是剎那耶。偈曰。

(二)由滋及由涸。 性動。增。亦滅。 二起。與四變。 薪力及漸微。七七

亦說隨心起。 及以難問成。 一切諸外法 無非剎那體。七八

釋曰。此二偈以十四因成立外法是剎那。水有二因。一滋二涸。若無剎那。水或時滋長或時乾涸不可顯現。若人作如是問。既無剎那水有何因而滋復有何因而涸。彼則不能答。今見水有滋涸。故知剎那是水滋涸因。風有三因。一性動二增盛三滅息。

(一)原刻作不。今依麗刻改。 (二)梵藏本此上原有一頌。總標諸大以六義說剎那性。今譯缺略。

若風性住則無動時。行無體故。亦無增感亦無滅息。由彼住故。地有六因。謂二起四變。二起者由水由風地起可得。謂劫生時彼地是水風果故知地亦是剎那。四變者由四所作地變可得。一業力所作由衆生業力有差別故。二人功所作由掘鑿等故。三諸大所作由火水風故。四時節所作由時改轉異相現故。若無剎那四變不可得。因無體故。如地有六因知是剎那。色香味觸六因亦爾。是故亦是剎那。火有一因所謂薪力。薪力火增故火得起。已共火起薪即不得住。火燒薪已火亦不住。若火不由薪後時無薪火應久住。由隨同義故火聲在後說。聲有一因所謂漸微。譬如鍾聲後時漸微可得。若無剎那後時小聲無可得理。法入色有一因謂隨心起。如受戒時隨心下中上起。心因剎那故彼果亦剎那。是故外法剎那亦成。復次總由難問故。我今問汝何故欲得諸行無常不欲得諸行剎那滅。若汝言一一剎那滅不可知者不然。譬如燈燄於不動位彼剎那亦不可知。汝何故不欲令彼體無剎那。若汝言燈燄體有剎那細故不可覺者。諸行亦爾何故不欲令有剎那。若汝言燈燄與諸行不相似者不然，不相似有二種，一自性不相似二時分不相似，若此自性不相似者此譬得成，非自體爲譬故，非如以燈喻燈以牛喻牛譬則不成。若取時分不相似者此譬亦成，由燈燄及諸行皆刹那相似故，若非刹那譬則不成。今更問汝如人乘乘其乘住時其人去不，答不，若爾者所依根住能依識去亦無道理。若汝言何故現見燈燄念念滅燈炷如是住，應說汝見非見，由炷相續刹那刹那有壞有起，汝不如實知故。若汝言諸行刹那如燈燄者世人何故不知，應說由諸行是顛倒物故相續刹那隨轉此不可知，而實別別起，世人謂是前物生顛倒知，若不爾則無無常常倒，倒體若無染汙亦無，復從何處而有解脫。由是難問則諸行刹那成。成立無（一）常義已，次成立無我義。問，人者爲可說有，爲可說無，偈曰，

（二）人假非實有，　言實不可得，　顛倒及染汙　染因成立故。七九

釋曰，人假非實有者可說人是假名有非實體有，若如此則不墮一向執，離有無故。問，人是實有云何知無。答，言實不可得，由彼人不如色等有實可得，非覺智證故，問，

（一）原刻下衍常字，今依麗刻刪。　（二）梵藏本此下十二頌合爲一大段釋，今譯改式。

人非覺智不證佛、又說我者現在可得、汝言不可得者不然。答、此言可得非實可得、由顛倒故佛說無我、計我是名顛倒。問、云何知是顛倒。答、由染汙故、身見是染汙、所謂我我所執、若不顛倒則非染汙。問、云何知我執是染汙。答、染汙因故、由我執爲因貪等染汙得起、是故知是染汙。問、如汝所許於色等五陰說人假有、此人與陰爲一爲異。偈曰、

假人與實陰　不可說一異　若說一異者　則有二過生。八〇

釋曰、假人與陰不可說一不可說異、若說一異二過則生、二過者、若說人與陰一、陰即是人及人是實、若說人與陰異、陰雖非人人亦是實、以是故人是施設有、一異不可說、是故如來止記論成。偈曰、

若執人是實　一異應可說　一異不可說　此說則無理。八一

釋曰、若人違大師教執有實人、是實人與陰一異則應可說、而執與陰一異不可說、此說則無道理。若汝言人不可說、如火與薪非異非不異者不然。偈曰、

異相及世見　聖說亦不然。　火薪非不說　有二可得故。八二

釋曰。異相者。火謂火大薪謂餘大各有別相。是故火與薪異。世見者。世人離火見薪謂可燒木等。亦離薪見火如風吹燄去。是故火與薪異。聖說亦不然者。佛世尊無處說火之與薪一異不可說。是故汝執火薪一異不可說此無道理。若汝言非離薪見火風卽是薪者不然。有二可得故。由火之與風二相別故。復次偈曰。

二有故識起　人緣則非義。　好滅及惡生　言生復非理。八三

釋曰。若人執人有實謂見者聞者覺者識者食者知者說者。若爾彼眼等識起爲以人爲緣說人是作者。爲以人是主說人是作者。若以人爲緣者。二有故識起。人緣則非義。由人於識起中無有少力可見故。若以人是主者。好滅及惡生言生復非理。若人爲主已生所愛識應畢竟令不滅不應令滅。未生不愛識應畢竟令不生不應令生。以是故汝不應執人是見者乃至識者。復次偈曰。

汝執實人中　何業可成立。　無實強令實　違佛三菩提。八四

（一）原刻作此。今依麗刻改。

釋曰。若人是實有汝以何業可得成立。凡是實有必有事業。如眼等淨色以見等事業可得成立。人無是等事業可得成立。是故人非實有。復次汝於無實人中強欲令有實人即違如來三種菩提。一者甚深菩提二者不共菩提三者出世菩提。若見實人則非甚深菩提。則非不共外道菩提。則非世間不習菩提。是故此執是世間（一）所取是外道著處是生死恆習。復次若人是見者乃至識者。眼等諸根爲有功用爲無功用。若有功用爲自然起爲由人起。問。彼何所疑。偈曰。

若用自然起　即有三過生。若以人爲緣　眼等則無用。八五

釋曰。若言眼等功用自然起者。人於眼等不作事業則有三種過生。若言以人爲緣功用得起者。眼等諸根則一向無有功用。問。何者是功用自然起三過。偈曰。

人非作者故　用非常起故　起非一時故　自起則不然。八六

釋曰。若眼等功用不待人作自然而起。則人非作者。云何名見者乃至識者。此是第一過失。若眼等功用自然起則應常起。不應起時非常。此是第二過失。若眼等功用

常起則起應一時。云何不得並起。此是第三過失。由此義故若言自然起者不然。問。以人爲緣復有何過。偈曰。

人住用先無　人壞則人斷　更有第三體　爲緣無此義　八七

釋曰。若言人住與功用爲緣者。人既常有何故功用先無後有。是義不然。若言人壞爲緣者。人壞則墮無常。是亦不然。若言更有第三不住不壞人爲緣者。無有此義。如是依道理說實人不可得。復次偈曰。

諸法無我印　及說真實空　有我有五過　是故知無我　八八

釋曰。法印經中佛說一切法無我。真實空經中佛說有業有報作者不可得捨前陰起後陰起滅唯法。增五經中說若執有我有五過失。一者墮於見處起我見命者見二者同於外道。三者僻行邪行。四者於空不欲不信不住。五者聖法不得清淨。如是依阿含說有實人亦不可得。問。若無實人。云何世尊處處經中而說有人謂知者負擔者及建立隨信行等人耶。偈曰。

由依染淨法　位斷說有異。　行異相續異　無實假說人。八九

釋曰。由依染汙法及清淨法有位差別及斷差別故。建立假人有差別。若無假人差別則不可說有行差別及相續差別。如知經中說何等諸法謂染汙法。何等爲知謂清淨法。如負擔經中說何者負擔謂染汙法。何者棄擔謂清淨法。若無行差別及相續差別則不可說此二法爲知者負擔者。菩提分法多(一)位差別謂方便道見道修道究竟道。若無行及相續差別則不可說彼菩提分法有隨信行等人差別。由無實人約法差別可得假說。以此道理故知所說但是假人。若佛意不說是假人說實人則無用。由起衆生我見故。偈曰。

不爲起我見　由見已起故。　無始已習故。　無用應解脫。九〇

釋曰。佛不應爲起衆生我見說有實人。由衆生我見先已起故。亦不爲令衆生數習我見說有實人。由衆生我見先已習故。亦不爲令我見衆生得解脫故說有實人。一切無功用者皆應自然得解脫故。以是故一切未見諦者有我見而無解脫。非如苦

(一)原刻作兩。今依麗刻改。

體先時不見後時方見。人不如是非先不見後時方見。又如苦體先時不見後亦不見即無解脫。人體亦爾。先時亦見後時亦見則無解脫。若實有我則決定有我所從此二執即起我愛及餘煩惱。如是則無解脫。以是故不應欲得有實人以我見等過皆悉起故。如是別說菩提分已。次總結前義。偈曰。

慚羞等功德　菩薩常具足。　自利既不捨　亦令他利成。九一

釋曰。此義如前所顯略說。覺分品究竟。

大乘莊嚴經論卷第十一

〔一〕梵藏本此段原有二頌，又與次頌合爲一頌，今譯改式。

大乘莊嚴經論卷第十二

無著菩薩造

唐三藏法師波羅頗迦羅蜜多羅譯

功德品第二十二

釋曰：已說菩薩諸覺分，次說菩薩諸功德。偈曰：

捨〔一〕身及勝位。忍下亦長勤。不味不分別。六行說希有。一

釋曰：此偈顯示行希有。檀行者若能施自身命，則爲希有，餘非希有。戒行者若能棄捨勝位，慕道出家，則爲希有，餘非希有。忍行者若能不顧身命，忍於下劣衆生，則爲希有，餘非希有。精進行者若能長時正勤，乃至窮生死際而不斷絶，則爲希有，餘非希有。禪行者若能於勝定樂而不噉味，不彼受生，則爲希有，餘非希有。慧行者若能起無分別智，則爲希有，餘非希有。若聲聞人分別四諦而有厭離，菩薩則不爾，是名六種行希有。偈曰：

生在如來家．得記並受職．及以得菩提．四果說希有。二

釋曰．此偈顯示果希有菩薩有四種果．一者入初地時生如來家是須陀洹果．二者於第八地中而得授記是斯陀含果．三者於第十地中而得受職是阿那含果．四者佛地是阿羅漢果．前三是學果．第四是無學果。已說菩薩希有．次說菩薩非希有．偈曰．

離欲．與得悲．勝修．及平等．依此修諸度．是行非希有。三

釋曰．若菩薩已得離欲而行布施非爲希有．不染於物物易捨故．若菩薩以得大悲而持戒忍辱非爲希有．若菩薩已得勝修謂第八地由無功用無分別故行後三度非爲希有．若菩薩已得自他平等心行一切諸度亦非希有．由利他時即如自利無有退屈心故。已說菩薩非希有．次說菩薩平等心．偈曰．

菩薩愛衆生．不同生五愛．自身與眷屬．子友及諸親。四

釋曰．此偈顯示菩薩於諸衆生得平等心．衆生有五種愛心不得平等．一愛自身二

愛眷屬三愛兒子四愛朋友五愛諸親。由此五愛不得平等亦非畢竟。如人或時亦行自害。菩薩愛衆生心則平等。由不捨不退故。偈曰。

無（一）偏及無犯。　遍忍起善利。　禪（二）亦無分別。　六度心平等。五

釋曰。此偈顯示菩薩行六度得心平等。無偏者是布施心平等。於諸求者不隨愛憎故。無犯者是持戒心平等。乃至微細戒行亦不缺故。遍忍者是忍辱心平等。普於勝劣衆生皆能忍故。起善利者是精進心平等。爲起一切善根及起自他一切種利而勤行故。禪亦者是學定心平等。菩薩修定亦爲起諸善根及爲起諸利益而精進故。無分別者是修慧心平等。從初發心乃至究竟所行諸度皆三輪清淨故。是名諸度心平等。已說菩薩平等心。次說菩薩饒益衆生事。偈曰。

令（三）器及令禁。　耐惡與助善。　入法亦斷疑。　亦行饒益事。六

釋曰。此偈顯示諸菩薩以六波羅蜜饒益諸衆生。令器者以施饒益。令彼得成修善器故。令禁者以戒饒益。隨其堪能而令持故。耐惡者以忍饒益。能受衆生違逆事故。

（一）梵藏本此段二頌。與上文合釋。今譯改式。（二）梵藏本此句意云禪亦常善。今文略。（三）梵藏本此段二頌。今略爲一。次下八段均同。

助善者以進饒益。佐助衆生(一)營善業故。入法者以定饒益。迴邪入正通力能故。斷疑者以智饒益。若凡若聖所有疑網皆除故。已說菩薩六度饒益。次說菩薩七似饒益。一似母饒益二似父饒益三似善友饒益四似同侶饒益五似健奴饒益六似闍黎饒益七似和尙饒益。問。云何似母饒益。偈曰。

等心生聖地。長善防諸惡。教習以多聞。五業如慈母。七

釋曰。譬如慈母於子作五種饒益業。一懷胎二出生三長養四防害五教語。菩薩饒益衆生五業亦爾。一等心向衆生二生之於聖地三長養諸善根四防護諸惡作五教習以多聞。是名菩薩五種似母業。問。云何似父饒益。偈曰。

令信令戒定。令脫令勸請。亦爲防後障。五業如慈父。八

釋曰。譬如慈父於子作五種饒益業。一下種子二教工巧三爲娉室四付善友五絕外債不令後償。菩薩五業亦爾。一令起信以爲聖體種子二令學增上戒定以爲工巧三令得解脫喜樂以爲娉室四令勸請諸佛以爲善友五爲遮諸障礙以爲絕債。

(一)原刻作心。今依麗刻改。

是名菩薩五種似父業。問云何似善友饒益。偈曰．
祕深及呵犯．讚持與教授．令覺諸魔事．五業如善友。九
釋曰．譬如善友於己作五種饒益業．一密語爲覆二惡行令斷三善行稱譽四所造佐助五遮習惡事．惡事四種一射獵二姦非三躭酒四博戲．菩薩五業亦爾．一非器者祕其深說二犯戒者如法呵責三具戒者以善稱譽四修行者教令速證五魔事者卽令覺知．是名菩薩五種似善友業。問云何似同侶饒益。偈曰．
與樂及與利．樂恆利亦恆．及以不離散．五業如同侶。一〇
釋曰．譬如有智同侶於己作五種饒益業．一與樂二與利三恆與樂四恆與利五不乖離．菩薩五業亦爾．一與不顚倒樂．世間成就者名樂由此得樂受故．二與不顚倒利．出世成就者名利由此對治煩惱病故．餘三可解．是名菩薩五種似同侶業。問云何似健奴饒益。偈曰．
成生開出要．忍害與二成．示以巧方便．五業如健奴。一一

釋曰。譬如健奴爲主作五種饒益業。一極諸所作二得不欺誑三忍諸打罵四作事精好五解巧方便。菩薩五業亦爾。一成熟衆生二開示出要三忍諸惡事四與世間樂五與出世利。是名菩薩五種似健奴業。問云何似闍黎饒益。偈曰。

遍授及示要。　舒顏亦愛語。　不求彼恩報。　五業如闍黎。二二

釋曰。得無生忍者說爲闍黎。譬如闍黎於弟子作五種饒益業。一教其諸法二示其速要三身知舒顏四口知愛語五心無希望。菩薩五業亦爾應知。問云何似和尚饒益。偈曰。

令滿及令脫。　斷障與世樂。　及與出世利。　五業如和尚。二三

釋曰。譬如和尚於弟子作五種饒益業。一度令出家二與其受戒三禁斷諸過四攝持以財五教授以法。菩薩五業亦爾。一令滿二聚二令得解脫三令斷諸障四與世間樂五與出世利。是名菩薩五種似和尚業。已說菩薩七似饒益。次說衆生六種報恩。偈曰。

不著及不犯。知作亦善行。如是修六度　是報菩薩恩。一四

釋曰。如菩薩饒益衆生。衆生報菩薩恩亦如是。不著者布施報恩。不犯者持戒報恩。知作者修忍報恩。菩薩愛忍彼知而作卽是報恩。善行者行餘三度報恩。以精進行定慧卽得解脫故。後三度合名善行。已說衆生六種報恩。次說菩薩五種希望偈曰。

六增及六減。成生與進地。大覺是五處　希望有五種。一五

釋曰。諸菩薩於五處常起希望。一希望六度增長。二希望六蔽損減。三希望成熟衆生。四希望勝進諸地。五希望無上菩提。是名五種希望。已說菩薩五種希望。次說菩薩四種不空果偈曰。

斷怖與發心。除疑亦起行。四事化衆生　必定不空果。一六

釋曰。諸菩薩四業利益衆生必不空果。一爲說深法必得不怖。二令發菩提心(一)必得佛果。三爲之斷疑必無重起。四爲說六度必能修習。是名四業不空果。已說菩薩四種不空果。次說菩薩六種正行偈曰。

(一)此字依麗刻加。

離求離後有．　遍起諸功德．　修禪捨無色．　智合方便行。一七

釋曰．離求者布施正行．不望報故離後有者戒忍正行．不求後有故．遍起諸功德者精進正行．修禪捨無色者禪定正行．智合方便行者般若正行．三輪清淨爲般若．迴向菩提爲方便．如寶積經說施不求報如是廣說。已說菩薩六種正行．次說菩薩六度進退分偈曰．

著(一)財與毀禁．　慢下將墮善．　嗽味亦分別．　是退翻爲進。一八

釋曰．六度所對治是退分因．翻彼所對治卽是能對治．應知卽是進分因。已說菩薩六度進退分．次說菩薩六度真似功德．偈曰．

假(二)許及詐相．　誑喜亦僞勤．　身靜口善說．　是似翻卽真。一九

釋曰．假許者是似布施．謂語求者言所有恣取而彼來卽悋．詐相者是似持戒．謂覆藏諸惡而詐善威儀．誑喜者是似忍辱．謂甘言虛悅而規害待時．僞勤者是似精進．謂虛說我求佛果而實心希世報．身靜者是似禪定．謂身口端默而惡覺擾心．口善

(一)梵藏本此段二頌今略爲一．　(二)梵藏本此段二頌半今略爲一．

(一)梵藏本此下二頌合作一段。

說者是似般若。謂爲他巧說而身自不行。此六是不真行。翻此不真行卽爲真行。已說菩薩真似功德。次說菩薩爲衆生除六蔽偈曰。

與彼六度行　除彼六蔽障。菩薩化衆生　地地皆如是。二〇

釋曰。衆生有六蔽能障彼六波羅蜜。所謂慳貪破戒瞋恚懈怠亂心愚癡。菩薩如其次第給其所須令行布施乃至令行般若。使彼衆生得除六障。卽是與施乃至與智。已說菩薩除衆生六蔽。次說諸佛授菩薩記。偈曰。

授(一)記有二種　人別及時別。轉記及大記　此復爲二種。二一

釋曰。授記有二種。一人差別二時差別。人差別授記有四種。一未發心授記謂姓位。二已發心授記三現前授記四不現前授記。時差別授記有二種。一有數時授記二無數時授記。復次更有二種授記。一轉授記二大授記。轉授記者謂記彼菩薩後於如是如來如是時節當得授記。問云何大授記。偈曰。

八地得無生　斷慢斷功用。諸佛及弟子　一體同如故。二二

釋曰。大授記者謂在第八地中得無生忍時。由斷自言我當作佛慢故。及斷一切分別相功用故得一切諸佛菩薩同一體故。問云何同一體。答不見諸佛諸菩薩與自己身而有差別。何以故同一如故。偈曰。

剎土及名號。　時節與劫名。　眷屬幷法住。　記復有六種。二三

釋曰。復有此六種授記。一者於如是剎土。二者有如是名號。三者經如是時節。四者有如是劫名。五者得如是眷屬。六者如是時節正法住世。已說諸佛授記。次說菩薩六種決定。偈曰。

財(一)成。及生勝。　不退與修習。　定業無功用。　六事決定成。二四

釋曰。菩薩由六度增上得六種決定。一者財成決定。由施常得大財成就故。二者生勝決定。由戒常得隨意受生故。三者不退決定。由忍諸苦常不退故。四者修習決定。由進恆時習善無間息故。五者定業決定。由禪成就衆生業永不退故。六者無功用決定。由智得無生忍無分別智自然住故。已說菩薩六種決定。次說菩薩六種必應

(一)梵藏本此段一頌半。今譯文略。次段同。

（一）梵藏本此段二頌今略爲一。

作。偈曰。

供養及學戒。　修悲亦勤善。　離諠深樂法。　六事必應作。二五

釋曰。諸菩薩爲成就六度故於諸地中決定應作六事。一者必應供養此爲成就檀度。若不長時供養則檀度不得圓滿。供養義如供養品說。二者必應學戒此爲成就戒度。若不長時學戒則戒度不得圓滿。三者必應修悲。此爲成就忍度。若不長時忍諸不饒益事則忍度不得圓滿。四者必應勤善。此爲成就進度。若心放逸不修諸善則進度不得圓滿。五者必應離諠。此爲成就禪度。若在聚落多諍擾心則禪度不得圓滿。六者必應樂法。此爲成就智度。若不遍歷諸佛聽法無厭如海納流無時盈溢則智度不得圓滿。已說菩薩六種必應作。次說菩薩六種必常作。偈曰。

（一）厭塵及自省。　耐苦修善法。　不味不分別。　六行必常起。二六

釋曰。諸菩薩爲成就六度故必應常作六事。一者厭塵。謂知五欲過失譬如糞穢雖少亦臭布施果報雖多亦苦。由不著故能行三施。此事常修則檀度圓滿。二者自省。

謂晝夜六時常自省察所作三業知過則改。此事常修則戒度圓滿。三者耐苦。若有他來作諸不饒益事及自求法忍諸寒熱等苦。此事常修則忍度圓滿。四者修善。善謂六波羅蜜。於諸地中此事常修則進度圓滿。五者不味。謂不噉禪中勝樂恆來欲界受生。此事常修則禪度圓滿。六者不分別。謂於三輪異相不起分別。此事常修則智度圓滿。已說菩薩六種必常作。次說菩薩六度勝類。偈曰。

法(一)施。及聖戒。　無生。起大乘。　定悲。如實智。　六行此爲勝。二七

釋曰。施有多種以法施而爲最上。戒有多種以聖人所愛無流戒而爲最上。忍有多種以八地無生忍而爲最上。精進有多種以起大乘度脫衆生而爲最上。定有多種以出世第四禪與大悲合者而爲最上。智有多種以如實通達諸法智而爲最上。已說菩薩六度勝類(二)。次說四種假建立。偈曰。

立(三)法。及立諦。　立理。亦立乘。　五七四三種　建立假差別。二八

釋曰。四種假建立者。一法假建立。二諦假建立。三道理假建立。四乘假建立。問。各有

(一)梵藏本此段一頌半。今譯文略。　(二)原刻作脫。今依麗刻改。　(三)梵藏本缺此總頌。

幾種。答．法假建立有五種差別．諦假建立有七種差別．道理假建立有四種差別．乘假建立有三種差別。法假建立五種者．偈曰．

所(一)謂五明處　皆是大乘種．修多祇夜等　類有差別故。二九

釋曰．法假建立五種卽是五明論．此五皆是大乘修多羅祇夜等種類差別．五明處如覺分品說。諦假建立七種者．偈曰．

輪轉及空相．唯識與依止．邪行亦清淨．正行如七種。三〇

釋曰．七種差別卽是七如．一輪轉如二空相如三唯識如四依止如五邪行如六清淨如七正行如。輪轉如者謂生死卽是三界心心法．此從分別起．此分別復從因緣起不從自在等因生．亦非無因生．由分別境界空故一切時但有分別依他二性輪轉。空相如者謂法無我．一切諸法同一空以爲相故。唯識如者謂無分別智。依止如者謂苦諦．此有二種．一器世間二衆生世間。邪行如者謂集諦．此卽是愛。清淨如者謂滅諦．此有二種．一煩惱障淨二智障淨。正行如者謂道諦。如此七種如名諦假

(一)梵藏本此下四頌合作一段。

建立。此中應知三種如是分別依他二性。謂輪轉如依止如邪行如。四種如是真實性。謂空相如唯識如清淨如正行如。故分別依他二性攝者卽是世諦。真實性攝者卽是真諦。道理假建立四種者。偈曰。

正思正見果　擇法現等量。　亦說不思議。　道理有四種。三一

釋曰。道理假建立有四種。一相待道理二因果道理三成就道理四法然道理。相待道理者所謂正思。由待正思出世正見方始得起。離正思惟更無別方便故。因果道理者所謂正見及果。成就道理者所謂以現等量簡擇諸法。法然道理者所謂不可思議處。此法已成故。如問何故正思能起正見。此已成就不應更思。何故正見能斷煩惱及得於滅。此已成就不可更思。諸如是義悉是法然道理。如此四種名道理假建立。乘假建立三種者。偈曰。

心。說。行。聚。果。　五各下中上。　依此三品異　建立有三乘。三二

釋曰。依五義三品建立三乘。五義者一心二說三行四聚五果。三品者謂下中上。若

聲聞五事俱下。心下(一)者求自解脫。說下者說自利法。行下者行自利行。聚下者福智陋小但三生等果。下者得聲聞果。若緣覺乘五事俱中。若菩薩乘五事俱上。心上者謂四種恩心如金剛般若經說。說上者如其恩心作如是說法。行上者如其說法作如是行。行聚上者如其行行得如是聚滿。果上者如其聚滿得無上菩提。復次若聲聞乘從他聞法內自思惟以分別智得果。若緣覺乘不從他聞內自思惟亦以分別智得果。若菩薩乘不從他聞以無分別智得果。此三種名乘假建立。已說四種假建立。次說菩薩四種求知。偈曰。

名(二)物互爲客。　二性俱是假。　二別不可得。　是名四求義。(三)

釋曰。諸菩薩四種求諸法。一名求二物求三自性求四差別求。名求者推名於物是客此謂名求。物求者推物於名是客此謂物求。自性求者推名自性及物自性知俱是假此謂自性求。差別求者推名差別及物差別知俱空故悉不可得此謂差別求。說四求已。次分別四如實知。偈曰。

(一)原刻作一今依麗刻改　(二)玄奘譯攝大乘論卷二引此頌云名事互爲客其性應尋思於二亦當推量亦唯假

真智有四種　名等不可得。　二利爲大業　成在諸地中。 三四

釋曰。諸菩薩於諸法有四種如實知。一緣名如實知二緣物如實知三緣自性如實知四緣差別如實知。如實知者。由知一切(一)名等皆不可得故。二利爲大業成在諸地中者。諸菩薩於諸地中起自利利他大事。此名如實知業。偈曰。

住持及受用。　種子合三因。　依止及心法。　亦種爲彼縛。 三五

釋曰。三因者。一住持因二受用因三種子因。住持因者謂器世界。受用因者謂五欲境界。種子因者謂阿梨耶識。由此識是內外諸法種子因故此三因如繩卽是能縛。問。此縛縛何等物。答。依止及心法亦種爲彼縛。所縛亦有三種。一依止二心法三阿梨耶識。問。依止是何等。答。是眼等六根。問。阿梨耶識是何等。答。是三界內外諸法種子。此中但有阿梨耶識可縛。無人我可縛。此名如實知繫縛。偈曰。

安(二)相在心前　及以自然住。　一切俱觀察　至得大菩提。 三六

釋曰。安相在心前者。安相謂聞思修慧方便。人所緣起分別故名安相。及以自然住

(一)原刻作物。今依麗刻改。　(二)玄奘譯攝大乘論卷二引此頌云。現前自然住。安立一切相。智者不分別。得最上菩提。

者。彼相謂自性現前非分別故名自然住。一切俱觀察者。彼二所緣非所緣體無分別故。以此方便為諸相對治。彼二應次第觀察。謂先觀安相後觀自然住相。此二皆非緣體。彼起四倒即得隨滅。至得大菩提者。若修行人但觀察人相唯得聲聞緣覺菩提。若觀察一切法相即得無上菩提。如是隨其所縛而得解脫。此名如實知解脫。

問。此解脫由何所知由何所盡。偈曰。

若智緣真如。　遠離彼二執。　亦知熏聚因。　依他性即盡。三七

釋曰。若具知三性即盡依他性。若智緣真如者是知真實性。遠離彼二執者是知分別性。亦知熏聚因者是知依他性。依他性即盡者。由知三性即熏習聚盡。熏習聚者謂阿梨耶識。問。此盡有何功德。偈曰。

緣彼真如智　觀察無異相。　有非有現見。　想作自在成。三八

釋曰。觀察無異相者。別相及如無差別見故。此說二乘與菩薩差別。二乘相及無相差別而見。如是見已悉捨於相於無相界起作意緣入無相三昧。菩薩則不爾。於真

如外不見別有諸相．於無相界亦見無相．由菩薩智無種種相修故。有非有現見者．有名真如境界．非有名相境界．皆現見故。想作自在成者．謂欲作神通等事一切皆由憶想分別而成．此是如實知利益。問．凡夫及菩薩二見云何顯示。偈曰．

覆（一）實見不實　應知是凡夫．　見實覆不實　如是名菩薩。三九

釋曰．凡夫無功用不見真如見不真實相．菩薩無功用見真如不見不真實相。問．已知差別．云何轉依及得解脫。偈曰．

不（二）見見應知　無義有義淨．　轉依及解脫．　以得自在故。四〇

釋曰．無義境界謂諸相此即不見．有義境界謂真如此即見．如是說名轉依。見所執境界無體及見真如有體如是說名解脫．何以故．以得自在故．自在者謂隨自意轉自然不行諸境界．如經說若有相則被縛若被縛則無解脫．不行一切境界即是解脫。問．云何如實知淨土方便。偈曰．

衆生同一種　地境皆普見．　此即淨土障．　應知亦應捨。四一

（一）玄奘譯攝大乘論卷三引此頌云．諸凡夫覆真．一向顯虛妄．諸菩薩捨妄．一向顯真實．（二）攝論引云．應知顯不顯真義非真義．轉依即解脫．隨欲自在行．

釋曰．衆生同一種地境皆普見者．器世界是大境界．一切衆生同見一種類．皆言此是大地故。此即淨土障者．由作此見即與淨土方便而爲障礙。應知亦應捨者．菩薩知此想爲障礙已即應勤捨此想．是名對治。已說菩薩四種如實知．次說菩薩五種無量．偈曰．

應化及應淨．　應得亦應成．　應說此五事　菩薩五無量。四二

釋曰．五事無量者．一應化事無量．由攝一切衆生界故．二應淨事無量．由攝一切器世界故．三應得事無量．由攝一切法界故．四應成事無量．由攝一切可化衆生故．五應說事無量．由攝十二部經是化衆生方便故。已說菩薩五種無量．次說菩薩說法有八果．偈曰．

(二)發心．及得忍．　淨眼與盡漏．　法住．學亦斷．　受用爲八果。四三

釋曰．菩薩若勤說法能得八果．一諸聽法者或發菩提心．二或得無生忍．三或於諸法遠塵離垢得法眼淨．此謂下乘所攝．四或得諸漏盡．五令正法久住．由此正說得

(一)梵藏本此段二頌，今略爲一。次二段同。

展轉受持故。六未學義者令得學義。七未斷疑者令得斷疑。八已斷疑者令得受用正法無障大喜味。已說菩薩說法有八果。次說大乘七大義偈曰。

緣。行。智。勤。巧。　(一)果。事。皆具足。　依此七大義　建立於大乘。四四

釋曰。若具足七種大義說爲大乘。一者緣大。由無量修多羅等廣大法爲緣故。二者行大。由自利利他行皆具足故。三者智大。由人法二無我一時通達故。四者勤大。由三大阿僧祇劫無間修故。五者巧大。由不捨生死而不染故。六者果大。由至得力無所畏不共法故。七者事大。由數數示現大菩提大涅槃故。已說大乘七大義。次說八法攝大乘偈曰。

姓。信。心。行。入。　成。淨。菩提。勝。　如是八種事　總攝諸大乘。四五

釋曰。此以八事總攝一切大乘。八事者。一種姓。如姓品說。二信法。如信品說。三發心如發心品說。四行。行如度攝品說。五入道如教授品說。六成熟衆生。謂初七地。七淨佛國土。謂第八不退地。八菩提勝。謂佛地。菩提有三種。謂聲聞菩提緣覺菩提佛菩

(一)原刻作畏。今依麗刻改。長行同。

提佛菩提大故爲勝。於此佛地示現大菩提及大涅槃故。已說八法攝大乘。次說菩薩五人差別。偈曰。

信(一)行及淨行。　相行。無相行。　及以無作行。　差別依諸地。四六

釋曰。菩薩有五人差別。一信行人謂地前一阿僧祇劫。二淨心行人謂入初地。三相行人謂二地至六地。四無相行人謂第七地。五無作行人謂後三地。已說菩薩五人差別。次說菩薩諸相差別。偈曰。

不著及清淨。　降瞋與勤德。　不動幷見實。　有欲名菩薩。四七

釋曰。此偈以自利門說菩薩相。不著者是能行施。不著諸欲故。清淨者是能持戒。降瞋者是能忍辱。勤德者是能精進。不動者是能習定。見實者是能修智。有欲者是能起願樂大菩提故。行此七事說名菩薩相。偈曰。

隨攝及無惱。　耐損幷勇力。　不放逸多聞。　利彼名菩薩。四八

釋曰。此偈以利他門說菩薩相。隨攝者是施。恆以四攝攝衆生故。無惱者是戒。自信

(一)梵藏本此段一頌半。今譯文略。

於他不起惱害見故，耐損者是忍，他來違逆不懷加報意故，勇力者是進，在苦度衆生無有退屈心故，不放逸者是定，不著禪味來就下處生故，多聞者是智，能斷一切衆生疑故，如是勤行利他是菩薩相。偈曰，

厭財及捨欲，　忘怨亦勤善，
巧相無惡見，　內住名菩薩。四九

釋曰，此偈以住功德門說菩薩相。厭財者住施功德，知慳財過墮於惡道來貧窮故，捨欲者住戒功德，若著五欲不能出家受持戒故，忘怨者住忍功德，他來損已不懷不報故，懷報者如似畫石，不懷報者如似畫水，一墮惡道，一生善趣，勤善者住進功德，爲自他二利恆行六波羅蜜故，巧相者住定功德，善能分別止舉捨三相故，無惡見者住智功德，一切諸相不可得故，內住者住願功德，內謂大乘論住不動故。偈曰，

具悲亦起慚，　耐苦及捨樂，
持念幷善定，　不捨名菩薩。五〇

釋曰，此偈以不退門說菩薩相。具悲者是施不退，愍他苦人能行施故，起慚者是戒不退，觀此世他世及法人不造諸非故，耐苦者是忍不退，風雨寒熱等及他違損事

一切皆忍故。捨樂者是進不退。能行正勤人不著自樂故。持念者是定不退。能善攝心人由念力故。善定者是慧不退。無分別智具足故。不捨者是願不退。不捨大乘故。偈曰。

除苦。不作苦。容苦。不畏苦。脫苦。不思苦。欲苦。名菩薩。五一

釋曰。此偈以離苦門說菩薩相。除苦者是施。施他物時除他貧窮故。不作苦者是戒。戒自居時不作苦惱他故。容苦者是忍。自他利時諸苦能受故。不畏苦者是進。行難行時恆得不退故。脫苦者是定。離欲欲界時解脫苦故。不思苦者是慧。三輪清淨時不起分別故。欲苦者是願。爲化衆生樂住生死故。偈曰。

樂法。及性法。呵法。亦勤法。自在法。明法。向法。名菩薩。五二

釋曰。此偈以攝法門說菩薩相。樂法者是施。愛施等法故。性法者是戒。自性護持故。呵法者是忍。饑嫌瞋法故。勤法者是進。勤行大乘法故。自在法者是定。諸禪自在故。明法者是慧。無上般若具足故。向法者是願。一向樂大菩提故。問。云何名法。答。由一

切諸波羅蜜法皆隨轉故。偈曰。

財、制、護、善、樂、　法、乘、與、此、七、　七種不放逸　是故名菩薩。五三

釋曰。此偈以不放逸門說菩薩相。一財不放逸此由布施不施不堅施則堅固故。二制不放逸此由持戒。如佛說應作者作不應作者不作故。三護不放逸此由忍辱。護自他心無兩害故。四善不放逸此由精進。常起正勤行六度故。五樂不放逸此由修定。諸禪樂受不味著故。六法不放逸此(一)由般若如實真法此能知故。七乘不放逸此由大願魔王來壞其菩提心亦不退故。偈曰。

不遂、及小罪、　不忍、退、亦亂、　小見、及異乘、　七羞名菩薩。五四

釋曰。此偈以有羞門說菩薩相。一不遂羞羞慳貪故。二小罪羞羞微細罪見怖畏故。三不忍羞羞不忍故。四退羞羞懈怠故。五亂羞羞退定故。六小見羞羞餘小執通達法無我故。七異乘羞羞起小乘心捨大菩提故。偈曰。

今世、後世、捨、　起勤、亦得通、　等說、及大果、　七攝名菩薩。五五

(一)此四字依文義加。

釋曰。此偈以攝生門說菩薩相。一今世攝謂以布施攝現在衆生。二後世攝謂以持戒攝未來衆生。得勝生處方能攝故。三捨攝謂以忍辱攝有惱亂衆生。四起勤攝謂以精進攝懈怠衆生。五得通攝謂以禪定攝他方衆生。往彼化故。六等說攝謂以智慧攝下中上衆生。等心爲說無增減故。七大果攝謂以大願若得佛果攝諸衆生無有餘故。此諸偈義以異門說六度及大願是菩薩相應知。已說菩薩諸相差別。次說菩薩諸名差別。偈曰。

應(一)知諸菩薩　亦名摩訶薩。亦名有慧者　亦名上成就。五六
亦名降伏子　亦名降伏持。亦名能降伏　亦名降伏牙　五七
亦名爲勇猛　亦名爲上聖。亦名爲導師　亦名大名稱。五八
亦名爲有悲　亦名大福德。亦名自在行　亦名正說者。五九

釋曰。此十六名皆依義立。一切菩薩總有此名。若人聞有此名應知卽是菩薩。已說菩薩諸名差別。次說菩薩諸義差別。偈曰。

(一)梵藏本此段僅兩頌。今譯文繁。

實覺．大義覺．一切覺．恆覺．及以方便覺．五覺名菩薩。六〇

釋曰．由有五覺故名菩薩．一者實義覺．覺人法無我故．二者大義覺．覺自他義故．三者一切覺．覺一切種義故．四者恆覺．雖現涅槃覺無盡故．五者方便覺．覺隨物機而作方便故。偈曰．

隨我及小見．及以諸識身．亦於虛分別．四覺名菩薩。六一

釋曰．復由四覺名爲菩薩．一隨我覺．由覺心故．心謂阿梨耶識．二小見覺．由覺意故．意謂與我見等四惑相應緣阿梨耶識者．三識身覺．由覺識故．識謂六識身．四虛分別覺．由覺不真分別故．不真分別者卽前心意識．一切菩薩唯覺此是不真分別故。

偈曰．

無境及真義．永無亦圓滿．亦說不可得．五覺名菩薩。六二

釋曰．復由五覺名爲菩薩．一無境覺．覺依他性故．二真義覺．覺真實性故．三永無覺．覺分別性故．四圓滿覺．覺一切境一切種故．五不可得覺．覺三輪清淨故。三輪者．一

應覺謂菩薩境。二依覺謂菩薩身。三覺性謂菩薩智。此三不可得故名不可得覺。偈曰。

成就及處所。　胎藏隨次現。　及以斷深疑。　五覺名菩薩。六三

釋曰。復由五覺名爲菩薩。一成就覺。謂成佛果。二處所覺。謂住兜率天宮。三胎藏覺。謂入母胎。四隨次現覺。謂出胎受欲出家修行成道。五斷深疑覺。謂爲諸衆生轉大法輪。偈曰。

得(一)不得及住。　於自亦於他。　有說與無說。　有慢及慢斷。六四

未熟亦已熟。　如此十一種。　一切皆能覺。　是故名菩薩。六五

釋曰。復由十一種覺故名菩薩。得不得及住者。如其次第過去未來現在覺。於自亦於他者。謂內覺外覺。有說與無說者。謂麤覺細覺。有慢及慢斷者。謂劣覺勝覺。未熟亦已熟者。謂遠覺近覺。未熟者覺彼久遠方覺。已熟者覺彼於近卽覺。功德品究竟。

大乘莊嚴經論卷第十二

(一)梵藏本此段一頌。今譯文廣。

大乘莊嚴經論卷第十三

無著菩薩造

唐三藏法師波羅頗迦羅蜜多羅譯

行住品第二十三

釋曰。已說菩薩功德。次說菩薩五種相。偈曰。

內心有憐愍。愛語及勇健。開手幷釋義。此五菩薩相。(一) 一

釋曰。菩薩有五種相。一憐愍二愛語三勇健四開手五釋義。憐愍者以菩提心攝利衆生故。愛語者令於佛法得正信故。勇健者難行苦行不退屈故。開手者以財攝故。釋義者以法攝故。此五種相應知初一是心後四是行。已說菩薩五種相。次說菩薩在家出家分。偈曰。

菩(二)薩一切時　恆居輪王位。利益衆生作　在家分如此。二

釋曰。菩薩在家恆作輪王。化行十善離於十惡。此是利益。偈曰。

(一)梵藏本次有一頌，釋五相業，今譯缺略。(二)梵藏本此下二頌合爲一段。

（一）梵藏本此段一頌半今譯文略。

受得及法得。及以示現成。三種出家分　在於一切地。三

釋曰。菩薩出家有三分。一受得分謂從地受護。二法得分謂得無流護。三示現分謂變化作。受得分謂信行地。法得分及示現分謂入大地。偈曰。

應知出家分　無量功德具。欲比在家分　最勝彼無等。四

釋曰。二分校量出家分勝。由無量功德具足故。已說菩薩在家出家分。次說菩薩五種極大心。偈曰。

愛[一]果及善根。涅槃欲令得。未淨。淨。極淨。謂在諸地中。五

釋曰。五極大心者。一樂極大心。二利極大心。三未淨極大心。四已淨極大心。五極淨極大心。愛果者謂樂極大心。令諸衆生得後世愛果故。善根者謂利極大心。令諸衆生現行諸善及得涅槃故。未淨者謂未淨極大心。即信行地菩薩。淨者謂已淨極大心。即初地至七地菩薩。極淨者謂極淨極大心。即後三地菩薩。已說菩薩五種極大心。次說菩薩四種攝衆生。偈曰。

欲樂．及平等．增上．與徒衆．四心於諸地　攝受一切生。六

釋曰．四種攝衆生者．一欲樂心攝．由以菩提心攝故．二平等心攝．由入初地得自他平等心攝故．三增上心攝．由居主位以自在力攝故．四徒衆心攝．由攝成自弟子故。已說菩薩四種攝衆生．次說菩薩四種受生．偈曰．

業力及願力．定力亦通力．依此四種力　菩薩而受生。十

釋曰．四種受生者．一業力生．二願力生．三定力生．四通力生。業力生者．謂信行地菩薩．業力自在．隨所欲處而受生故．願力生者．謂入大地菩薩．願力自在．爲成熟他．受畜生等生故．定力生者．謂得定菩薩．定力自在．捨於上界．下受生故．通力生者．謂得神通菩薩．通力自在．能於兜率天等．示現諸相而受生故．已說菩薩四種受生．次說菩薩十一住相．偈曰（一）．

證（二）空．證業果．住禪．住覺分．觀諦．觀緣起．無相．無功用．八

化力．淨二門．及以菩提淨．以此諸所說　立地相應知。九

（一）梵藏本初有總標一頌．今譯缺略。（二）梵藏本此段五頌．今譯文略。

釋曰。十一住者即十一地。住者名地故。證空者顯初住相。多住人法二無我故。證業果者顯第二住相。證業及果不壞能護戒故。住禪者顯第三住相。能生欲界而不退禪故。住覺分者顯第四住相。能入生死而不捨覺分故。觀諦者顯第五住相。以明教化惱唯惱心以我無故。觀緣起者顯第六住相。能不起染心而依緣起受生故。無相者顯第七住相。行雖功用而上參一道多住無相故。無功用者顯第八住相。雖淨佛土而無起作多住無功用故。化力者顯第九住相。四辨自在能成熟一切衆生故。淨二門者顯第十住相。三昧門陀羅尼門極清淨故。淨菩提者顯第十一住相。一切智障斷究竟故。已說菩薩十一住相。次說菩薩依地立名。偈曰。

初(一)三三行淨。　次三三慢斷。　後三覺捨化。　第十有四名。一〇

釋曰。於十地中建立十菩薩名。初三三行淨者。初地名見淨菩薩。得人法二見對治智故。第二地名戒淨菩薩。微細犯垢永無體故。第三地名定淨菩薩。諸禪三昧得不退故。次三三慢斷者。第四地名斷法門異慢菩薩。於諸經法破起差別慢故。第五地

(一)梵藏本此段二頌。今譯文略。

名斷相續異慢菩薩。入十平等心於一切相續得平等故。第六地名斷染淨異慢菩薩。如性本淨客塵故染能住緣起法如不起黑白差別見故。後三覺捨化者。第七地名得覺菩薩。住無相力能念念中修三十七覺分故。第八地名行捨菩薩。住無功用無相故。亦名淨土菩薩。方便行與不退地菩薩合故。第九地名化衆生菩薩。能成熟一切衆生故。第十有四名者。一名大神通菩薩。得大神通故。二名滿法身菩薩。具無量三昧門陀羅尼門故。三名能現身菩薩。住兜率天等示相身故。四名受職菩薩。於諸佛所得受職故。已說菩薩依地立名。次說菩薩隨地修學及學果偈曰。

隨(一)次依前六　見性修三學。　隨次依後四　得果有四種。一一

釋曰。隨次依前六見性修三學者。菩薩於初地通達真如第二地學增上戒。第三地學增上心。第四第五第六地學增上慧。慧有二境。一法實謂苦等(二)四諦。二緣起謂逆順觀十二因緣。此二境亦在第二第三地中。是故彼地亦增上慧建立。然第四地中菩提分慧增上第五地中諦觀慧增上第六地中緣起觀慧增上故此三地建立增

(一)梵藏本此段五頌。詳釋名義。今譯文略。
(二)原刻作第。今依麗刻改。

上慧學。隨次依後四得果有四種者。依第七地得無相有功用住爲第一果。依第八地得無相無功用住爲第二果。依第九地得成熟衆生爲第三果。依第十地得二門成熟爲第四果。已說隨地修學及學果。次說菩薩隨地修習無流五陰。偈曰。

(一)見性淨三身　亦在前六地。　餘地淨餘二　遠離五障故。　一二

釋曰。初地見性如前解。第二地中戒身清淨。第三地中定身清淨。第四第五第六地中慧身清淨。後四地及佛地解脫身解脫知見身清淨。由離五障故。五障者。第七地中以執相無知爲障。第八地中以功用無知爲障。第九地中以不能化生無知爲障。第十地中以未淨二門無知爲障。佛地中以礙障無知爲障。謂此無知能礙聲聞緣覺境界智。(二)諸佛知一切境無礙。由解脫此障故。已說菩薩隨地修無流五陰。次說菩薩隨地成就未成就。偈曰。

未成就成就。　成復未成成。　如地建立知　分別無分別。　一三

釋曰。未成就成就者。彼信行地是未成就。自餘諸地是名成就。成復未成成者。於前

(一)梵藏本此段二頌，今譯文略，次段同。(二)原刻作謂，今依麗刻改。

成就地中復有未成就。成就七地已還名未成就。有功用故。八地已上是名成就。無功用故。問。前說歡喜地亦是成就。此義云何。答。如地建立知分別無分別。此由於地建立中知唯分別。於此分別亦無分別。所執能執俱無體故。約此義故說名成就。偈曰。

應〔一〕知諸地中　修習及成就　此二不思議。　諸佛境界故。　一四

釋曰。菩薩於諸地中各有修習及成就應知。地地皆不可思議。由諸菩薩內自證覺是諸佛所知非餘人境界故。已說菩薩隨地成就未成就。次說菩薩入地十種相。偈曰。

明信及無劣。　無怯亦無待。　通達及平等。　離偏亦離著。　一五

及以知方便。　亦在聖衆生。　如此十種相　地地皆圓滿。　一六

釋曰。入地菩薩地地皆有十相。何者爲十。一明信二無劣三無怯四無待五通達六平等七離偏八離著九知方便十聖衆生。明信者於自地得明於諸法中除無知故。

〔一〕宋藏本此頌與上文合釋。

於他地得信於後諸地生願樂故。無劣者聞深妙法不驚怖故。無怯者行難行行極勇猛故。無待者起自地行不待教故。通達者他地方便能起故。平等者普於衆生同自心故。離偏者耳聞毀譽無高下故。離著者得輪王等位無愛染故。知方便者知諸法不可得爲佛方便故。聖衆生者諸佛徒衆恆在生故。此等十相地地皆具應知。已說菩薩入地十種相。次說菩薩地中十度相。偈曰。

有欲無六障。其次無亂慧。不漂亦不迴。事友及供養。一七

迴向將生勝。修善與戲通。功德藏如是。佛子十六相。一八

釋曰。諸菩薩於諸地中得十度有十六相。何者十六。一有欲。樂行諸度故。二無慳離施障故。三無違離戒障故。四無恚離忍障故。五無懈離進障故。六慈悲離定障故。慈悲能與樂拔苦是瞋惱對治由定得故。七無惡慧離慧障故。惡慧有三。謂自性分別隨憶分別顯示分別。此能斷故。八無亂慧離異乘心故。九不漂不爲人天勝樂醉其心故。十不迴不爲不成就苦及難行苦退其心故。十一事友依佛所示善知識聞大

乘故。十二供養。(一)供養三寶故。十三迴向。善巧方便故。十四生勝。此顯願波羅蜜相離八難處不離諸佛菩薩故。十五修善。此顯力波羅蜜相無間修諸善根故。十六戲通。此顯智波羅蜜相游戲諸大神通功德故。菩薩若得此相則爲一切衆中上首。是名佛子十六相。已說菩薩地中十度相。次說菩薩度度五功德。偈曰。

地地昇進時　度度有五德
二及二及一　應知止觀俱。一九

釋曰。地地昇進時度度有五德者。菩薩於一一地修一一度。於一一度皆具五種功德。何者爲五。一滅具二得猗三圓明四相起五廣因。滅習者一一剎那滅除依中習氣聚故。得猗者離種種相得法樂故。圓明者遍知一切種不作分段故。相起者由入大地無分別相生故。廣因者爲滿爲淨一切種法身福聚智聚攝令增長故。二及二及一應知止觀俱者。此中應知初二功德是奢摩他分。次二功德是毗鉢舍那分。第五功德是俱分。已說菩薩度度五功德。次釋菩薩十地名。偈曰。

(二)見真見利物　此處得歡喜
出犯出異心　是名離垢地。二〇

(一)此二字依麗刻加。(二)梵藏本此段七頌。分九節釋。今譯改式。

求法持法力　作明故名明。惑障智障薪　能燒是焰慧。二一
難退有二種　能退故難勝。不住二法觀　恆現名現前。二二
離道隣一道　遠去名遠行。相想無相想　動無不動地。二三
四辯智力巧　說善稱善慧。二門如雲遍　雨法名法雲。二四

釋曰。見真見利物此處得歡喜者。菩薩於初地中一見真如謂見自利。昔曾未見今時始見去菩提近故。二見利物謂見利他。一一剎那能成熟百衆生故由此二見起勝歡喜故名歡喜地。出犯出異心是名離垢地者。菩薩於二地中出二種垢。一出犯戒垢二出起異乘心垢。由出二垢故名離垢地。如十地經說我等應得應淨一切種智故勤精進。求法持法力作明故名明者。菩薩於三地中得三昧自在力。於無量佛法能求能持得大法明為他作明。由能以法自明明他故名明地。惑障智障薪能燒是焰慧者。菩薩於四地中以菩提分慧為焰自性。以惑智二障為薪自性。此地菩薩能起慧焰燒二障薪故名焰慧地。難退有二種能退故難勝者。菩薩於五地中有二

種難。一勸化衆生心無惱難二衆生不從化心無惱難。此地菩薩能退二難。於難得勝故名難勝地。不住二法觀恆現名現前者。菩薩於六地中依般若力能不住生死涅槃二法。如此觀慧恆現在前故名現前地。離道隣一道遠去名遠行者。菩薩於七地中近一乘道故名爲遠去。問誰是遠去。答功用方便究竟此遠能去。由此遠去故名遠行地。相想無相想動無不動地者。菩薩於八地中有相想及無相有功用想二想俱不能動。由無此動故故名不動地。四辯智力巧說善稱善慧者。菩薩於九地中四無礙慧最爲殊勝。於一刹那頃三千世界所有人天異類異音異義異問。此地菩薩能以一音普答衆問遍斷衆疑。由此說善故名善慧地。二門如雲遍雨法名法雲者。菩薩於十地中由三昧門及陀羅尼門攝一切聞熏習因遍滿阿梨耶識中。譬如浮雲遍滿虛空。能以此聞熏習雲於一一刹那於一一相於一一好於一一毛孔雨無量無邊法雨充足一切可化衆生。由能如雲雨法故名法雲地。問。釋別名已云何名住。云何名地。偈曰。

（一）梵藏本此下二頌分二段釋。今譯改式。

㈠爲集諸善根　樂住故說住。　數數數無畏　復以地爲名。二五

釋曰。爲集諸善根樂住故名住者。謂菩薩爲成就種種善根於一切時樂住一切地。是故諸地說名爲住。數數數無畏復以地爲名者。步彌耶名爲地。步者數數義。彌者實數義。耶者無畏義。諸菩薩欲進上地於一一地中數數斷障礙數數得功德是名數數義。地以十數爲量。諸菩薩於一一地中知斷爾所障礙知得爾所功德。知此不虛是名實數義。上地是無畏處。諸菩薩畏於自地中退失自他利功德進求上地是名無畏義。由此三義故名爲地。已說菩薩十地名。次說菩薩四種得地差別。偈曰。

由信。及由行。　由達。亦由成。　應知諸菩薩　得地有四種。二六

釋曰。四種得地者。一由信得二由行得三由通達得四由成就得。由信者以信得諸地故。如信地中說。由行者以正行得諸地故。諸菩薩於大乘法有十種正行。一書寫二供養三流傳四聽受五轉讀六教他七習誦八解說九思擇十修習。此十正行能生無量功德聚。此行得地故名行得。通達者通達第一義諦乃至七地名通達得。成

就者八地至佛地名成就得。已說菩薩四種得地差別。次說菩薩四種修行差別。偈曰。

諸(一)度諸覺分　諸通及諸攝　爲大亦爲小　俱入亦俱成。二七

釋曰。總說一切菩薩行不過四種。一波羅蜜行二菩提分行三神通行四攝生行。說波羅蜜行爲求大乘衆生。說菩提分行爲求小乘衆生。說神通行爲令二種衆生得入佛法。說攝生行爲令二種衆生成熟佛法。行住品究竟。

敬(二)佛品第二十四

釋曰。已說菩薩行住。次說禮(三)佛功德。偈曰。

合(四)心及離心　不離利益心　憐愍諸衆生　救世我頂禮。一

釋曰。此偈禮如來無量勝功德。合心者是慈心由與樂故。離心者是悲心由拔苦故。不離心者是喜心由恆悅故。利益心者是捨心由無染故。偈曰。

一(五)切障解脫　一切世間勝　一切處遍滿　心脫我頂禮。二

(一)梵藏本此段有一頌半。今譯文略。(二)梵藏本不分品。(三)梵藏本但云佛功德分別有多頌。(四)玄奘譯攝大乘論卷三引此頌云。憐愍諸有情起和合遠離常不捨利樂四意樂歸禮。(五)攝論引云。解脫一切障牟尼勝世間。智用徧所知心解脫歸禮。

釋曰。此偈禮如來三處勝功德。一切障解脫者顯解脫勝。由一切惑障一切智障得解脫故一切世間勝者顯制入勝。由心自在隨其所緣隨意轉故一切處遍滿者顯遍入勝。由一切境中智遍滿故。由此三義心於三處而得解脫故說心解脫。偈曰。

（一）能遮彼惑起。　亦能害彼惑。　染汙諸衆生　悲者我頂禮。三

釋曰。此偈禮如來無諍勝功德。能遮彼惑起者。一切衆生應起煩惱。如來凡所作業能令不起。亦能害彼惑者。彼惑若已起。如來亦能令起對治方便。若餘人無諍但能令他緣自不起煩惱而不能令他起對治。如來無諍則不爾。非但令彼不起亦能令彼起對治。是故爲勝。染汙諸衆生悲者我頂禮者。如來無諍三昧於一切染汙衆生偏起憐愍。是故於彼名爲悲者。偈曰。

（二）無功用無著。　無礙恆寂靜。　能釋一切疑。　勝智我頂禮。四

釋曰。此偈禮如來願智勝功德。如來願智由五事勝。一於起無功用二於境不著三於中無礙四恆時寂靜五能釋衆疑。由此五義是故爲勝。餘人願智一非無功用。作

（一）攝論引云。能滅諸有情一切惑無餘。害煩惱有染。常哀愍歸禮。

（二）攝論引云。無功用無著。無礙常寂定於一切問難。常解釋歸禮。

意起故。二非無著假定力故。三非無礙少分知故。四非恆靜非常定故。五不釋疑有無知故。偈曰。

所(一)依及能依。　於言及於智。　說者無礙慧　善說我頂禮。五

釋曰。此偈禮如來無礙勝功德。所說有二種。一所依謂法。二能依謂義。說具有二種。一方言二巧智如來於此所說及說具慧常無礙是故為勝。說者即顯無礙業開示有方故名善說。偈曰。

能(二)去及能聞。　知行知來去。　令彼得出離。　教授我頂禮。六

釋曰。此偈禮如來神通勝功德。能去者是如意通。能往彼彼所故。能聞者是天耳通。能聞彼彼音故。知行者是他心通。能知彼人心行差別故。知來者是宿住通。能知彼人前世從此因來故。知去者是生死通。能知彼人今世從此因去故。令彼得出離者是漏盡通。能如實為彼說法故。偈曰。

衆(三)生若有見　知定是丈夫　深起淨信心　方便我頂禮。七

(一)攝論引云。於所依能依所說言及智能說無礙慧常善說歸禮。　(二)攝論引云。為彼諸有情故現知言行。往來及出離善教者歸禮。　(三)攝論引云。諸衆生見尊皆審知善士。暫見便深信開導者歸禮。

釋曰•此偈禮如來相好勝功德•一切衆生若有見者•卽知如來是大丈夫及於如來起淨信業•由以相好爲方便故。偈曰•

取(一)捨住•變化•　定•智得自在•　如(二)此四清淨　世尊我頂禮。八

釋曰•此偈禮如來清淨勝功德。清淨四種一身清淨二緣清淨三心清淨四智清淨•取捨住者顯身清淨•能於自身壽中若取若捨若住得自在故。變化者顯緣清淨•能於諸境轉變起化得自在故•定者顯心清淨•能於諸定出入得自在故•智者顯智清淨•能知諸境無礙得自在故。偈曰•

方(三)便•及歸依•　清淨•與出離•　於此破四誑　降魔我頂禮。九

釋曰•此偈禮如來力勝功德。魔依四事破壞衆生•何者四事•一依方便誑惑衆生言受用五塵得生善道不墮惡道•二依歸依誑惑衆生言自在天等是歸依處餘處則非•三依清淨誑惑衆生言世間諸定唯此清淨餘非清淨•四依出離誑惑衆生言小乘道果唯此出離非有大乘。佛爲破魔四事顯己十力•一以是非智力破魔第一事•

（一）攝論引二十頌受住持捨•現化及變易•等持智自在•隨證得歸禮•（二）原刻作知•今依麗刻改（三）攝論引二十方便歸依乃•及大乘出離•於此誑衆生•摧魔者歸禮•

由善方便可得生天非惡方便故。二以自業智力破魔第二事。由自業生天非依自在天等力故。三以禪定智力破魔第三事。由具知禪定解脫三昧三摩跋提故。四以後七智力破魔第四事。由下根等令離上根等安置故。偈曰。

於(一)智亦於斷。　於離亦於障。　能說自他利　摧邪我頂禮。一〇

釋曰。此偈禮如來無畏勝功德。於智者是說一切智無畏。於斷者是說漏盡無畏。於離者是說盡苦道無畏。於障者是說障道無畏。此中智及斷是說自利功德。離及障是說利他功德。若諸外道難言瞿曇非具一切智非盡一切漏說道不能盡苦說障不能妨道。如來於此四難而能摧伏故名無畏。偈曰。

在(二)衆極治罰　自無所護故　離二染正住　攝衆我頂禮。一一

釋曰。在衆極治罰自無所護故者。此禮如來不護勝功德。若自有所護在衆不能說極治罰故。離二染正住者。此禮如來念處勝功德。離二染者無喜憂故正住者不忘念故。由此二種功德勝故能攝於一切徒衆。此即是業。偈曰。

(一)攝論引云。能說智及斷。出離能障礙。自他利非餘。外道伏歸禮。　(二)攝論引云。處衆能伏說。遠離二雜染。無護無忘失。攝御衆歸禮。

(一)攝論引云．徧一切行住．無非圓智事．一切時徧知實義者歸禮． (二)攝論引云．諸有情利樂．所作不過時．所作常無虛．無忘失歸禮． (三)攝論引云．晝夜常六返．觀一切世間．與大悲相應．利樂意歸禮． (四)攝論引云．由行及由證．由智及由業．於一切二乘．最勝者歸禮．

(一)行住一切處　無非一切智．　由斷一切習　實義我頂禮。一二

釋曰．此偈禮如來斷習勝功德。如來於一切處一切時行住等事無非一切智威儀．由具斷一切煩惱習故。若無一切智者煩惱雖盡而習不盡．於行住時或逢奔車逸馬即被損害．由非一切智威儀故．如來無此事．由實有一切智故。偈曰．

(二)利益衆生事　隨時不過時．　所作恆無謬．　不忘我頂禮。一三

釋曰．此偈禮如來不忘勝功德。如來作利益衆生事恆得其時不過其時．此是不忘法業．如來所作一切時皆實不虛．此是不忘法自性。偈曰．

(三)晝夜六時觀　一切衆生界．　大悲具足故　利意我頂禮。一四

釋曰．此偈禮如來大悲勝功德。如來以大悲故．晝夜六時觀察衆生誰退誰進．未起善根者令其得起．已起善根者令其增進。雖日六時而實一切時恆轉法輪．由大悲具足故．此即大悲業。於一切衆生常起利益意．此是大悲自性。偈曰．

(四)由行．及由得．　由智及由業．　於一切二乘　最上我頂禮。一五

釋曰。此偈禮如來不共勝功德。如來有十八不共法。一身無失二口無失三念無失四無異想五無不定心六無不知已捨七欲無減八精進無減九念無減十慧無減十一解脫無減十二解脫知見無減。十三智知過去無著無礙十四智知未來無著無礙十五智知現在無著無礙。十六身業隨智慧行十七口業隨智慧行十八意業隨智慧行。此中由行者攝初節六不共。由得者攝第二節六不共。由智者攝第三節三不共。由業者攝第四節三不共。一切聲聞緣覺於餘一切衆生爲上。如來由此四事不共故於彼上復上（二）故名最上。偈曰。

三（一）身大菩提　一切種得故。　衆生諸處疑　能除我頂禮。一六

釋曰。此偈禮如來種智勝功德。三身者。一自性身二受用身三化身。此說種智自性。問。此智於一切境知一切種復云何。答。一切衆生於一切處生疑。此智能斷。此說種智業。偈曰。

無著及無過。　無穢亦無息。　無動無戲論。　清淨我頂禮。一七

（一）原刻作得。今依麗刻改。　（二）攝論引云。由三身至得具相大菩提。一切處他疑皆能斷歸禮。

(一)攝論引云，尊成真勝義，一切地皆出，至諸衆生上，解脫諸有情，無盡無等德，相應現世間，及衆會可見，非見人天等。

釋曰。此偈禮如來度滿勝功德。無著者於諸資財無所染故。無過者於身等業永無垢故。無穢者世法諸苦不濁心故。無息者少有所得不卽住故。無動者心恆寂靜不散亂故。無戲論者一切法中所有分別皆不行故。如來此六圓滿具離六障故名清淨。偈曰。

成就第一義。(一)　出離一切地。　於他得尊極。　解脫諸衆生。一八

無盡等功德　現世皆具足。　世見衆亦見　不見人天等。一九

釋曰。此二偈禮如來佛相勝功德。此中略說佛相有六種。一體二因三果四業五相應六差別。由此六種表知是佛故說佛相。成就第一義者此是體相。由真如最清淨第一義成就故。出離一切地者此是因相。由出離一切菩薩地故。於他得尊極者此是果相。由於一切衆生中得第一故。解脫諸衆生者此是業相。由能令一切衆生得解脫故。無盡等功德現世皆具足者此是相應相。世見衆亦見不見人天等者此是差別相。世見者謂種種世界皆見此是化身。衆亦見者謂佛大弟子衆亦見此是受

用身。不見者謂人天等一切時不見此是自性身。此即三身差別。敬佛品究竟。大乘

修多羅莊嚴論極清淨時說已究竟。

大乘莊嚴經論卷第十三

藏要

第一輯第十六種

辯中邊論

中華民國十八年十月支那內學院校刊

辯中邊論品目

中論自性無諸法緣生故。中邊虛妄分別有。許滅解脫故。許滅則非實。二取若實則不可得而滅故。許解脫則非無。解脫是空性。真如非無故。虛妄分別一分是無謂之二取。一分是有謂之空性。既有空性又二取相應。心性本淨而客塵所染。是故謂之妄。謂之幻。謂之亂。知相應所染而不爲之轉。是故謂之滅。空性淨心朗然呈露。是故謂之解脫。亂識若無，一切法無。一者無亂識故無依他起，由有諸識，一切界趣雜染所攝依他起相皆得顯現故。二者無亂識故無徧計所執，依於依他似義顯現故，三者無亂識故無圓成實，卽於依他似義永無故。四者無亂識故無染淨，諸佛設教三藏三乘皆不得成，聖教依於染淨而施設故。五者無亂識故無染淨，乃無障無真，染以二障顯，淨以四實呈故。六者無亂識故無染淨，而對治則無，染是所治，淨能對所故。七者無亂識故無染淨，諸菩薩行因果差別皆不得成，淨趨向以起事，染多少以定位故。八者無亂識故無染淨而極果則無，純淨爲三乘極故。九者無亂識故無唯識。三界心心所是虛妄分別故。十者無亂識故無法相，一切諸法依於俗諦而建立故。本來寂靜自性涅槃，直下明心原無多事，然法爾有如是虛妄分別，遂法爾必如是施設善巧。誰能了此如幻有而非真，誰能建立三乘諸多漸次、使我異生行是方便道，直趨大王路，是故中論殷重辯中邊論更殷重也。中論我說卽是空，二取本空宛然而寂然，中邊此中惟有空，空性實有寂然而宛然，然其爲如幻，其爲中道則一也。中論眼耳等諸根異相而分別·未及陀那·中邊一則名緣識第二名受者·已詮第八·然其爲法相·其爲受用緣起則一也。受用緣起者·但詮煩惱障·說有支緣起·惟是生死·小乘詳之·特詮阿賴耶·說自性緣起·必抉種子·唯識詳之·並詮二障通解三科·說受用緣起顯明現行·法相詳之·是故中論中邊皆法相家談也。中邊如何讀耶。法以相顯·教由染淨·九相詮妄以立染·五門詮空以立淨·是爲根本一切所依·如是以讀辯相品第一。染以爲先·五障九障通乎三乘·因障別障徹乎始終·淨則居次·聲聞四諦·菩薩四實·五法七如·十善巧·是爲聖教境·如是以讀辯障品第二·辯真實品第三。三十七菩提爲因果·趣涅槃城·對治不異·十八位爲差別·前九小位·後九大位·是爲聖教行·如是以讀辯修對治品第四·辯修分位品第五。漏無漏治·但有所得·並立果名·是爲聖教果·如是以讀辯得果品第六。本事分已·抉擇正行。一抉因果差別有十二最勝·二抉聞思修有十法行句·三抉止觀有十無倒·十金剛句·四抉二邊有七分別·五六抉差無差地度而外及於一切·是爲六正行無上。抉真如十度三慧十地·

是爲十二正行持無上。抉四緣無闕證得種姓。循次證極示現菩提。是爲十正行果無上。如是以讀辯無上乘品第七。辯中邊論義文如是。

辯中邊論校勘說明

一、是書校歷二週，一譯校，二刻校。

二、譯校用二種異譯對校。(一)陳眞諦譯中邊分別論，校註略稱陳本。(二)西藏勝友等譯辯中邊論釋，略稱藏本。

三、異譯對校凡有四事。(一)品目，陳藏二本開合立名有異者，悉爲註出曰，某本不分品，或某本某品第幾。(二)章段，二本牒頌分段不同者，悉就頌文乙出。長行段落依頌而知，不別加註。(三)文句，二本具缺詳略互歧者，悉爲註出曰，某本云云。(四)意義，二本譯述較暢者，悉爲註出曰，勘某本云云。因此對校而見奘譯未愜者，幷加按語曰，今譯云云。

四、刻校用南宋刻爲底本，對校麗刻，訂正文字，附註曰，原云云，今依麗刻云云。又原刻頌文不標次第，今逐品逐頌用數字記明，以便檢索。

五、是書對校所用陳本取日本大正大藏經本。藏本取曲尼版丹珠本 dbus-dan

mtha rnam-par ḥbyed-paḥi ḥgrel-pa（原本經解部 bi 字函一頁至二十七頁上）。至南宋刻麗刻則依日本弘教書院版正藏及大正大藏經之校註。

辯中邊論卷第一

世親菩薩造

唐三藏法師玄奘奉制譯

辯(一)相品第一

稽首造此論　善逝體所生。及教我等師。當(二)勤顯斯義。

此中最初安立論體。頌曰。

唯(三)相障真實　及修諸對治。卽此修分位。得果無上乘。一

論曰。此論唯說如是七義。一相。二障。三真實。四修諸對治。五卽此修分位。六得果。七無上乘。今於此中先辯其相。頌曰。

虛妄分別有。於此二都無。此中唯有空。於彼亦有此。二

論曰。虛(四)妄分別有者。謂有所(五)取能取分別。於此二都無者。謂卽於此虛妄分別永無所取能取二性(六)。此中唯有空者。謂虛妄分別中但有離(七)所取及能取空性。於彼亦有

(一)以下藏本第一卷。相品第一。無辯字。陳本同。以下各品亦俱同。　(二)此依藏本句讀。意謂分別諸義故當勸也。　(三)藏本無此唯字。下釋同。但前長行云初唯安立論體。　(四)藏本牒釋文皆不全。　(五)勘藏本意謂於所取能取分別。陳本云分別所執能執。　(六)藏本作實事。dnos-po.　(七)藏本作離所取能取實事之性。

此者。謂即於彼二空性中亦但有此虛妄分別。若於此非有由彼觀爲空。所餘非無故如實知爲有。若如是者則能無倒顯示空相。(一)復次頌曰。

故說一切法　非空非不空　有無及有故　是則契中道。(三)三

論曰。一切法者。謂諸有爲及無爲法。虛妄分別名有爲。二取空性名無爲。(二)依前理故說此一切法非空非不空。由有空性虛妄分別故說非空。由無所取能取性故說非不空。有故者。謂有空性虛妄分別故。無故者。謂無所取能取二性故。及有故者。謂虛妄分別中有空性故。及空性中有虛妄分別故。是則契中道者。謂一切法非一向空。亦非一向不空。如是理趣妙契中道。亦善符順般若等經說一切法非空非有。如是已顯虛妄分別有相無相。此自相今當說。頌曰。

(四)識生變似義　有情我及了　此境實非有　境無故識無。四

論曰。變似義者。謂似色等諸境性現。變似有情者。謂似自他身五根性現。變似我者。謂染末那與我癡等恒相應故。變似了者。謂餘六識了相麤故。(五)此境實非有者。謂似

(一)勘藏本云。若其無彼法者。即由彼如實觀爲空。若所餘法是有者。即於此如實知爲有。與大論真實品相合。今譯文略。　(二)藏本作是則爲中道。無此契字。陳本同。　(三)藏本缺此句。別有釋云。說者顯示之義。　(四)勘藏本此二句意云。現似義有情我及了別之識生起。悉指識言。與下釋文相順。　(五)藏本缺此句。陳本同。

（一）藏本無復次語。（二）藏本無此性字。次頌釋文亦同。（三）此從藏本陳本斷句。意謂由此成就也。
（四）勘藏本意謂不如所現起而有。（五）藏本作唯有錯亂 hkhrul-pa 生起故。（六）勘藏本此句係牒頌文。今譯改長行也。（七）藏本三性作遍分別依他及與成。陳本大同。今譯取意增文。

義似根無行相故。似我似了非真現。故皆非實有。境無故識無者。謂所取義等四境無故。能取諸識亦非實有。（一）復次頌曰。

虛妄分別性（二）　由此義得成（三）。　非實有全無。　許滅解脫故。五

論曰。虛妄分別由此義故成非實有。（四）如所現起非真有故。亦非全無。於中少（五）有亂識生故。如何不許此性全無。（六）以許此滅得解脫故。若異此者。繫縛解脫則應皆無。如是便成撥無雜染及清淨失。已顯虛妄分別自相。此攝相今當說。但有如是虛妄分別即能具攝三種自性。頌曰。

唯所（七）執依他　及圓成實性。　境故分別故。　及二空故說。六

論曰。依止虛妄分別境故。說有徧計所執自性。依止虛妄分別性故。說有依他起自性。依止所取能取空故。說有圓成實自性。已顯虛妄分別攝相。當說即於虛妄分別入無相方便相。頌曰。

依識有所得　境無所得生。　依境無所得　識無所得生。七

論曰。依止唯識有所得故先有於境無所得生。復依於境無所得故後有於識[一]無所得生。由是方便得入所取能取無相。[二]復次頌曰。

由識有得性　亦成無所得。　故[三]知二有得　無得性平等。八

論曰。唯識生時現似種種虛妄境故名有所得。以所得境無實性故能得實性亦不得成。[四]由能得識無所得故所取能取二有所得平等俱成無所得性。顯入虛妄分別無相方便相已。此差別異門相今次當說。頌曰。

三界心心所　是虛妄分別。　唯了境名心　亦別名心所。九

論曰。虛妄分別差別相者。即是欲界色無色界諸心心所。異門相者。唯能了境總相名心。亦了差別名爲受等諸心所法。今次當說此生起相。頌曰。

一則名緣識　第二名受者。　此中能受用　分別推[五]心所。一〇

論曰。緣識者謂藏識。是餘識生緣故。藏識爲緣所生轉識[六]受用主故名爲受者。此諸識中受能受用。想能分別。思作意等諸相應行能推諸識。此[七]三助心故名心所。今次

（一）藏本仍作唯識，集本同今譯文。　（二）藏本無復次語。　（三）從藏本故知二應爲一讀，陳本云應知識不識由是義平等。　（四）藏本此下釋後半頌，云有所得者所得自性不成故爲無所得，無所得性復現似虛妄境義故爲有所得，以此釋二者平等，文義暢盡，陳本亦同，今譯有誤。　（五）藏本作轉，陳本作引行，次下釋二云令此文支。　（六）藏本缺此文，陳本亦同。　（七）藏本缺此句。

當說此雜染相。頌曰，

覆(一)障及安立，將導攝圓滿，三分別受用，引起幷連縛，一一

現前苦果故。唯此惱世間，三二七雜染，由虛妄分別。一二

論曰，覆障故者，謂由無明覆(二)如實理障真見故。安立故者，謂由諸行植本識中業熏習故。將導故者，謂有取識引諸有情至生處故。攝故者，謂名色攝有情自體故。圓(三)滿故者，謂六內處令諸有情體具足故。三分別故者，謂觸能分別根境識三順三受故。受用故者，謂由受支領納順違非二境故。引起故者，謂由愛力令先業所引後有得起故。連縛故者，謂取令識緣順欲等連縛生故。現前故者，謂由有力令已作業所與後有諸異熟果得現前故。苦果故者，謂生老死性有逼迫酬前因故。唯此所說十二有支逼惱世間令不安隱。三雜染者，一煩惱雜染，謂無明愛取，二業雜染，謂行有，三生雜染，謂餘支。二雜染者，一因雜染，謂煩惱業，二果雜染，謂所餘支。七雜染者，謂七種因，一顛倒因，謂無明，二牽引因，謂行，三將導因，謂識，四攝受因，謂名色六處，五受

(一)勘藏本頌文，逐句皆有故字，與下釋相合，今譯文略。(二)藏本但有障如實見一義，陳本同。(三)藏本以下三段文略，但云圓滿者由六根，三分別者由觸，受者由受。

用因謂觸受。六引起因謂愛取有。七厭怖因謂生老死。此諸雜染無不皆由虛妄分別而得生長。此前總顯虛妄分別有九種相。一有相。二無相。三自相。四攝相。五入無相方便相。六差別相。七異門相。八生起相。九雜染相。如是已顯虛妄分別。今次當說(一)所知空性。頌曰。

諸相及異門。義差別成立。　應知二空性　略說唯由此。一三

論曰。應知所取能取空性略說但由此相等五。(二)所知空性其相云何。頌曰。

無(三)二有無故。非有亦非無。　非異亦非一。是說爲空相。一四

論曰。無二謂無所取能取。有無謂有二取之無。此卽顯空無性爲性。(四)故此空相非有非無。云何非有無二有故。云何非無有二無故。此顯空相非有非無。(五)此空與彼虛妄分別非異非一。若異應成法性異法便違正理如苦等性。若一則應非淨智境亦非共相。此卽顯空與妄分別離一異相。(六)所知空性異門云何。頌曰。

略說空異門。謂眞如實際。　無相勝義性。法界等(七)應知。一五

(一)勘藏本云空性云何應知不以所知連空性爲文與陳本同今譯不明。(二)藏本云相云何應知。(三)藏本此句合末句爲前半頌陳本同藏本意云無二體及無體之體是爲空相今譯略體字。(四)勘藏本此牒第三句頌。(五)勘藏本此牒第四句頌。(六)藏本云異門云何應知。(七)藏本無等字與下釋合。

論曰。略說空性有此異門。(一)云何應知此異門義。頌曰。

由無變無倒。　相滅聖智境。　及諸聖法因。　異門義如次。一六

論曰。即此中說所知空性由無變義說(二)爲真如真性常如無轉易故。由無倒義說爲實際非諸顛倒依緣事故。由相滅義說爲無相此中永絕一切相故。由聖智境義說爲勝義性是最勝智所行義故。由聖法因義說爲法界以一切聖法緣此(三)生故此中界者即是因義。(四)無我等義如理應知。云何應知空性差別。頌曰。

此雜染清淨。　由有垢無垢。　如水界金空(五)　淨故許爲淨。一七

論曰。空性差別略有二種。一雜染。二清淨。(六)此成染淨由分位別。謂有垢位說爲雜染。出離垢時說爲清淨。(七)雖先雜染後成清淨而非轉變成無常失。如水界等出離客塵。空淨亦然非性轉變。此空差別復有十六。謂內空外空內外空大空空空勝義空有爲空無爲空畢竟空無際空無散空本性空相空一切法空無性空無性自性空。此等略義云何應知。頌曰。

(一)藏本缺此句釋。陳本同。　(二)藏本云說爲如性常如是故。無真字義。陳本同。　(三)藏本云由緣慮此而起。陳本云法界聖法依此境爲因。　(四)藏本無此句與頌文合。　(五)原作全今依藏本陳本改。　(六)勘藏本此處徵云何時爲染何時爲淨。乃牒第二句頌云云。　(七)勘藏本此處徵云如此轉變云何不成無常。乃牒後半頌云云。

能食。及所食。此依身。所住。能見此。如理。所求二淨(一)空。一八
爲常益有情。爲不捨生死。爲善無窮盡。故觀此爲空。一九
爲種姓清淨。爲得諸相好。爲淨諸佛法。故菩薩觀空。二〇

論曰。能食空者依內處說。卽是內空。所食空者依外處說。卽是外空。此依身者謂能所食所依止身。此身空故名內外空。諸器世間說爲所住。此相寬廣故名爲大。所住空故名爲大空。(二)能見此者謂智。能見內處等空。空智空故說名空空。如理者謂勝義。卽如實行所觀真理。此卽空故名勝義空。(三)菩薩修行爲得二淨。卽諸有爲無爲善法。此二空故名有爲空及無爲空。爲於有情常作饒益而觀空故名畢竟空。生死長遠無初後際。觀此空故名無際空。不觀爲空便速厭捨。爲不厭捨此生死故觀此無際生死爲空。爲所修善至無餘依般涅槃位亦無散捨而觀空故名無散空。諸聖種姓自體本有非習所成說名本性。菩薩爲此速得清淨而觀空故名本性空。菩薩爲得大士相好而觀空故名爲相空。菩薩爲令力無畏等一切佛法皆得清淨而觀此空

(一)藏本作善。與下釋合。　(二)勘藏本意謂此內處等復由何見爲空耶。由空性智。此智空故爲空空。　(三)藏本云。何以故。菩薩修行亦是空故。然則云何行耶。爲得二善故。陳本同。

故名一切法空。是十四空隨別安立此中何者說名爲空。頌曰。

補特伽羅法　實性俱非有。　此無性有性　故別立二空。二一

論曰。(一)補特伽羅及法實性俱非有故名無性空此無性空非無自性空以無性爲自性故名無性自性空。於前所說能食空等爲顯空相別立二空此爲遮止補特伽羅法增益執空損減執如其次第立後二空。如是已顯空性差別此成立義云何應知。頌曰。

此若無雜染　一切應自脫。　此若無清淨　功用應無果。二二

論曰。若(二)諸法空未生對治無容雜染者一切有情不由功用應自然解脫。若對治已生亦不清淨則應求解脫勤勞無果。既爾頌曰。

非染非不染　非淨非不淨。(四)　心(三)性本淨故　由客塵所染。二三

論曰。云何非染非不淨(四)。以心(五)性本淨故云何非淨非不染由客塵所染故是名成立空差別義。此前空義總有二種。謂相安立。相復有二謂無及有空性有相離有離無

(一)勘藏本意謂補特伽羅及法無自性爲空。此無自性性亦非有。陳本同。(二)勘藏本意謂若諸法未生對治而由空故亦不以客塵成雜染者。(三)藏本缺此半頌。(四)原作不染。今依藏本改。次牒句例知。(五)勘藏本意謂由自性光明 hod-gsal-ba 故。

離異離一以爲其相(一)。應知安立卽異門等(二)。

辯障品第二

已辯其相障今當說。頌曰。

具(三)分及一分。　增盛與平等。　於生死取捨。　說障二種姓。一

論曰具分障者。謂(四)煩惱障及所知障。於諸菩薩種姓法中具爲障故。一分障者。謂煩惱障障聲聞等種姓法故。增盛障者。(五)謂卽彼貪等行。平等障者。謂卽彼等分行。取捨生死能障菩薩種姓所得無住涅槃名於生死有取捨障。如是五障隨其所應說障菩薩及聲聞等二種種姓。復次頌曰。

(六)九種煩惱相　謂愛等九結。　初二障厭捨。　餘七障真見。二

謂能障身見　彼事滅道寶。　利養恭敬等。　遠離偏知故。三

論曰煩惱障相略有九種。謂愛等九種結。愛結障厭。由此於順境不能厭離故。恚結障捨。由此於違境不能棄捨故。餘七結障真見。於七偏知如次障故。謂慢結能障僞

(一)原作想今依麗刻改。　(二)藏本次有一段云此中顯示此等四者爲滅分別恐懼懈怠及猶豫故說究自相業相染淨相及種類相。　(三)藏本此頌但有二句無此生死及種姓等語陳本同。　(四)勘藏本云此謂於諸菩薩種姓之煩惱及所知障次云謂於聲聞等種姓之煩惱障文義更明。　(五)勘藏本意謂卽此等障爲諸貪等行之障。　(六)藏本合下二句爲一云諸結是爲障次有一頌半釋所障法陳本同。

身見偏知修現觀時有間無間我慢現起由此勢力彼不斷故。無明結能障身見事偏知。由此不知諸取蘊故。見結能障滅諦偏知。由薩迦耶及邊執見怖畏滅故由邪見謗滅故。取結能障道諦偏知。取餘法爲淨故。疑結能障三寶偏知。由此不信受三寶功德故。嫉結能障利養恭敬等偏知。由此不見彼過失故。慳結能障遠〔一〕離偏知。由此貪〔二〕著資生具故〔三〕。復有別障能障善等十種淨法其相云何。頌曰。

無加行非處。不如理不生。不起正思惟。資糧未圓滿。四

闕種姓善友。心極疲厭性。及闕於正行。鄙惡者同居。五

倒麤重三餘。般若未成熟。及本性麤重。懈怠放逸性。六

著有著資財。及心性下劣。不信無勝解。如言而思義。七

輕法重名利。於有情無悲。匱聞及少聞。不修治妙定。八

論曰。如是名爲善等法障。所障善等其相云何。頌曰。

善菩提攝受。有慧無亂障。迴向不怖慳。自在名善等。九

〔一〕陳本云：輕財知足。〔二〕原作寶，今依麗刻改。〔三〕藏本次有一句頌云：十善等復別。陳本同。

論曰。如是善等十種淨法。誰有前說幾種障耶。頌曰。

如是善等十　各有前三障。

論曰。善有三障。一無加行。二非處加行。三不如理加行。菩提有三障。一不生善法。二不起正思惟。三資糧未圓滿。發菩提心名爲攝受。此有三障。一闕種姓。二闕善友。三心極疲厭性。有慧者謂菩薩。於了此性有三種障。一闕正行。二鄙者共住。三惡者共住。此中鄙者謂愚癡類樂毀壞他名爲惡者。無亂有三障。一顛倒麤重。二煩惱等三障中隨一有餘性。三能成熟解脫慧未成熟性。障斷滅名無障。此有三障。一俱生麤重。二懈怠性。三放逸性。迴向有三障令心向餘不向無上正等菩提。一貪著諸有。二貪著資財。三心下劣性。不怖有三障。一不信重補特伽羅。二於法無勝解。三如言而思義。不慳有三障。一不尊重正法。二尊重名譽利養恭敬。三於諸有情心無悲愍。自在有三障令不得自在。一匱聞生長能感匱法業故。二少聞。三不修治勝三摩地。復次。如是諸障於善等十隨餘義中有十能作。〔一〕即依彼義應知此名。十能作者。一生起

〔一〕勘藏本意謂能作因。陳本意同。

能作如眼等於眼識等。二安住能作如四食於有情。三任持能作謂能任持如器世間於有情世間。四照了能作如光明於諸色。五變壞能作如火等於所熟等。六分離能作如鐮等於所斷等。七轉變能作如金師等轉變金等成鐶釧等。八信解能作如烟等於火等。九顯(一)了能作如因於宗。十至得能作如聖道等於涅槃等。(二)依如是義故說頌言。

能作有十種，謂生住持照，變分離轉變，信解顯至得。如識因食地，燈火鐮工巧，烟因聖道等，於識等所作。

於善等障應知亦然。一生起障。謂於其善以諸善法應生起故。二安住障。謂於菩提。以大菩提不可動故。三任持障。謂於攝受以菩提心能任持故。四照了障。謂於有慧以有慧性應照了故。五變壞障。謂於無亂轉滅迷亂名變壞故。六分離障。謂於無障此於障離繫故。七轉變障。謂於迴向以菩提心轉(三)變相故。八信解障。謂於不怖無信解者有怖畏故。九顯了障。謂於不慳於法無慳者爲他顯了故。十至得障。謂於自在。此是能得自在相故。(四)所障十法次第義者。謂有欲證無上菩提於勝善根先應生起。勝善根力所任持故必得安住無上菩提。爲令善根得

(一)藏本作令信。陳本同。(二)藏本此頌在後出。陳本缺此頌。(三)藏本作迴向。陳本同。(四)藏本此下出前頌文。陳本無頌并缺下一段文。

增長故次應發起大菩提心。此菩提心與菩薩性爲所依止。如是菩薩由已發起大菩提心及勝善根力所持故斷諸亂倒起無亂倒。由見道中無亂倒故次於修道斷一切障。既斷障已持諸善根迴向無上正等菩提。由迴向力所任持故於深廣法便無怖畏。既無怖畏便於彼法見勝功德能廣爲他宣說開示。菩薩如是種種功德力所持故疾證無上正等菩提於一切法皆得自在。是名善等十義次第。(一)雖善等法卽是覺分波羅蜜多諸地功德而總別異。今應顯彼菩提分等諸障差別。頌曰。

於覺分度地　有別障應知。一〇

論曰。復於覺分波羅蜜多諸地功德各有別障。於菩提分有別障者。頌曰。

於事不善巧　懈怠定減二　不植羸劣性　見麤重過失。一一

論曰。於四念住有於諸事不善巧障。於四正斷有懈怠障。於四神足有三摩地減二事障。一於圓滿欲勤心觀隨減一故。二於修習八斷行中隨減一故。於五根有不植圓滿順解脫分勝善根障。於五力有羸劣性障。謂卽五根由障所雜有羸劣性。於七

(一)藏本缺此句。陳本同。

等覺支有見過失障此是見道所顯示故。於八聖道支有麤重過失障此是修道所顯示故。於到彼岸有別障者。頌曰。

障富貴善趣　不捨諸有情　於失德減增　令趣入解脫（一二）

障施等諸善　無盡亦無間　所作善決定　受用法成熟（一三）

論曰。此說十種波羅蜜多所得果障。以顯十種波羅蜜多自性之障。謂於（一）布施波羅蜜多說富貴自在障。於淨戒波羅蜜多說善趣障。於安忍波羅蜜多說不捨有情障。於精進波羅蜜多說減過失增功德障。於靜慮波羅蜜多說令所化趣入法障。於般若波羅蜜多說解脫障。於方便善巧波羅蜜多說施等善無窮盡障。由此迴向無上菩提令施等善無窮盡故。於願波羅蜜多說一切生中善無間轉障。由大願力攝受能順善法生故。於力波羅蜜多說所作善得決定障。由思擇力及修習力能伏彼障非彼伏故。於智波羅蜜多說自他受用法成熟障。不如聞言而覺義故。於十地（二）功德有別障者。頌曰。

（一）勘藏本意謂以障布施之果富貴故爲障。餘句例同。文義更明。（二）藏本缺功德義。下頌釋同。陳本亦同。

偏行。與最勝。 勝流。及無攝。 相續無差別。 無雜染清淨。一四
種種法無別。 及不增不減。 幷(一)無分別等 四自在依義。一五
於斯十法界 有不染無明 障十地功德 故說爲十障。一六

論曰。於偏行等十法界中有不染無知障十地功德。如次建立爲十地障。謂初地中所證法界名偏行義。由通達此證得自他平等法性。第二地中所證法界名最勝義。由通達此作是思惟。是故我今於同出離一切行相應偏修治。是爲勤修相應出離。第三地中所證法界名勝流義。由通達此知所聞法是淨法界最勝等流。爲求此法設有火坑量等三千大千世界投身而取不以爲難。第四地中所證法界名無攝義。由通達此乃至法愛亦皆轉滅。第五地中所證法界名爲相續無差別義。由通達此得十意樂平等淨心。第六地中所證法界名無雜染無清淨義。由通達此知緣起法無染無淨。第七地中所證法界名種種法無差別義。由通達此知法無相。不行契經等種種法相中。第八地中所證法界名不增不減義。由通達此圓滿證得無生法忍。

(一)藏本無此句義。陳本同。

於諸清淨雜染法中不見一法有增有減。有四自在。一無分別自在。二淨土自在。三智自在。四業自在。法界為此四種所依。名四自在所依止義。第八地中唯能通達初二自在所依止義。第九地中亦能通達智自在所依義。圓滿證得無礙解故。第十地中復能通達業自在所依義。隨欲化作種種利樂有情事故。復略頌曰。

已說諸煩惱　及諸所知障。
許此二盡故　一切障解脫。一七

論曰。由此二種攝一切障故。許此盡時一切障解脫。前障總義有十一種。一廣大障謂具分障。二狹小障謂一分障。三加行障謂增感障。四至得障謂平等障。五殊勝障謂取捨生死障。六正加行障謂九煩惱障。七因障謂於善等十能作障(一)。八入真實障謂覺分障。九無上淨障謂到彼岸障。十此差別趣障謂十地障。十一攝障謂略二障。

辯中邊論卷第一

(一)藏本次云。以是因緣故。陳本同。

辯中邊論卷第二

世親菩薩造

唐三藏法師玄奘奉制譯

辯眞實品第三

已辯其障。當說眞實。頌曰。

(一)眞實唯有十。謂根本與相。無顛倒。因果。(二)　及麤細眞實。一
極成淨所行。攝(三)受并差別。　十善巧眞實。　皆爲除我見。二

論曰。應知眞實唯有十種。一根本眞實。二相眞實。三無顛倒眞實。四因果眞實。五麤細眞實。六極成眞實。七淨所行眞實。八攝受眞實。九差別眞實。十善巧眞實。此復十種。爲欲除遣十我見故。十善巧者。一蘊善巧。二界善巧。三處善巧。四緣起善巧。五處非處善巧。六根善巧。七世善巧。八諦善巧。九乘善巧。十有爲無爲法善巧。此中云何根本眞實。謂三自性。一徧計所執自性。二依他起自性。三圓成實自性。依此建立餘

(一)藏本缺此總句，陳本同。　(二)藏本作果因，下釋同，陳本亦同。　(三)勘藏本，意謂總攝，與前品頌云攝受意謂攝取者異。

真實故。於此所說三自性中許何義爲真實。頌曰。

許於三自性　唯一常非有。一有而不真。一有無真實。（一）三

論曰。即於如是三自性中徧計所執相常非有。唯常非有於此性中許爲真實無顛倒故。依他起相有而不真。唯有非真於依他起許爲真實有亂性故。圓成實相亦有非有。唯有非有於此性中許爲真實。（二）有空性故。云何相真實。頌曰。

於法數取趣　及所取能取　有非有性中　增益損減見。四

知此故不轉。　是名真實相。

論曰。於一切法補特伽羅所有增益及損減見。若知此故彼便不轉。是徧計所執自性真實相。於諸所取能取法中所有增益及損減見。若知此故彼便不轉。是名依他起自性真實相。於有非有所有增益及損減見。若知此故彼便不轉。是名圓成實自性真實相。（三）此於根本真實相中無顛倒故名相真實。無顛倒真實者謂無常苦空無我性。由此治彼常等四倒。云何應知此無常等依彼根本真實立耶。頌曰。

（一）藏本頌末有結句云。許自性爲三。陳本同。今譯合初句爲一也。（二）藏本缺此句。陳本同。（三）勘藏本。意謂於根本真實中。此相真實不顛倒。是名相真實。

(一)無性與生滅　垢淨三無常。(五)所取及事(二)相　和合苦三種。
空亦有三種　謂無異自性。(六)無相及異相　自相三無我。
如次四三種　依根本真實。七

論曰。無(三)常三者。一無性無常。謂偏計所執。此常無故。二生滅無常。謂依他起。有起盡故。三垢淨無常。謂圓成實。位轉變故。(四)苦三種者。一所取苦。謂偏計所執。是補特伽羅法執所取故。二事相苦。謂依他起。三苦相故。三和合苦。謂圓成實。苦相合故。空有三者。一無性空。謂偏計所執。此無理趣可說爲有。由此非有說爲空故。二異性空。謂依他起。如妄所執不如是有。非(五)一切種性全無故。三自性空。謂圓成實。二空所顯爲自性故。無我三者。一無相無我。謂偏計所執。此相本無故名無相。卽此無相說爲無我。二異相無我。謂依他起。此相雖有而不如彼偏計所執。故名異相。卽此異相說爲無我。三自相無我。謂圓成實。無我所顯以爲自相。卽此自相說爲無我。如是所說無常苦空無我四種。如其次第依根本真實各分爲三種。四各三種如(六)前應知。因果真實

(一)藏本此半頌合末半頌爲文云。無常者無義。生及滅者相。垢及與淨義。如次依本實。陳本同。　(二)藏本無事字。下釋同。陳本亦同。　(三)藏本此段列舉三名云。如次依本實。不詳釋所以。陳本同。　(四)藏本此段但釋所以不配三性。陳本同。　(五)藏本譯異性爲非性。故此段釋云。以非彼體性故爲空。　(六)藏本列舉諸名。陳本同。

謂四聖諦(一)。云何此依根本真實。頌曰。

苦(二)三相已說。集亦有三種。謂習氣等起。及相未離繫。八

自性二不生。垢寂二三滅。徧知及永斷。證得三道諦。九

論曰。苦諦有三。謂無常等四各三相。如前已說。集諦三者。一習氣集。謂徧計所執自性執(三)習氣。二等起集。謂業煩惱。三未離繫集。謂未離障真如。滅諦三者。一自性滅。謂自性不生故。二二取滅。謂所取能取二不生故。三本性滅。謂垢寂二。卽擇滅及真如。道諦三者。一徧知道。二永斷道。三證得道。應知此中於徧計所執唯有徧知。於依他起有徧知及永斷。於圓成實有徧知及證得。故依此三建立道諦。麤細真實。謂世俗勝義諦。云何此依根本真實。頌曰。

應(四)知世俗諦。差別有三種。謂假行顯了。如次依本三。一〇

勝(五)義諦亦三。謂義得正行。依本一無變。無倒二圓實。一一

論曰。世俗諦有三種。一假世俗。二行世俗。三顯了世俗。此三世俗如其次第依三根

(一)藏本列無四諦。陳本同。(二)藏本先出長行云。謂由彼無常等相。次頌云。故許爲苦諦。(三)勘藏本意謂愛著。與上所執之執義異。(四)藏本此頌初三句爲一段云。假設及知識。如是說爲粗世俗有三類。陳本亦作三句。意同。(五)藏本此上有單句頌云。勝義者唯一。釋云。勝義諦者應知一圓成性。此復云何爲勝義耶。次乃出下一頌。陳本同。

本眞實建立。勝義諦亦三種。一義勝義謂眞如。勝智之境名勝義故。二得勝義謂涅槃。(一)此是勝果亦義利故。三正行勝義謂聖道。(二)以勝法爲義故。此三勝義應知但依三根本中圓成實立。(三)此圓成實總有二種。無爲有爲有差別故。無爲(四)總攝眞如涅槃無變異故名圓成實。有爲總攝一切聖道於境無倒故亦名圓成實。極成眞實略有二種。一者世間極成眞實。二者道理極成眞實。云何此二依彼根本眞實立耶。頌曰。

世(五)極成依一。　理極成依三。

論曰。若事世間共所安立串(六)習隨入覺慧所取。一切世間同執此事是地非火色非聲等。是名世間極成眞實。此於根本三眞實中但依徧計所執而立。若有理(七)義聰叡賢善能尋思者依止三量證成道理施設建立。是名道理極成眞實。此依根本三眞實立。淨所行眞實亦略有二種。一煩惱障淨智所行眞實。二所知障淨智所行眞實。云何此二依彼根本眞實而立。頌曰。

淨所行有二。　依(八)一圓成實。

(一)藏本云。是義之勝者故。陳本意譯云。功德究竟故。　(二)藏本云。境義是勝故。　(三)藏本此句作問詞。云何說有爲無爲俱是圓成性耶。文義更洽。陳本同。　(四)藏本缺此句。但云無變異成就故名圓成。陳本同。　(五)陳本文齊前爲一頌。　(六)勘藏本意謂串習於名號也。　(七)勘藏本意謂於所宗道理及義善巧而有尋思者。陳本云。於義於理中聰明。　(八)藏本云。說依一眞實不出圓成之名。陳本同。次頌亦同此例。

論曰。煩惱所知二障淨智所行真實唯依根本三真實中圓成實立。餘二非此淨智境故。(一)云何應知相名分別真如正智攝在根本三真實耶。頌曰。

名徧計所執。 相(二)分別依他。 真如及正智 圓成實所攝。一三

論曰。相等五事隨其所應攝在根本三種真實。謂名攝在徧計所執。相及分別攝在依他。圓成實攝真如正智。差別真實略有七種。一流轉真實。二實相真實。三唯識真實。四安立真實。五邪行真實。六清淨真實。七正行真實(三)。云何應知此七真實依三根本真實立耶。頌曰。

(四)流轉與安立 邪行依初二。 實相唯識淨 正行依後一。一四

論曰。流轉等七隨其所應攝在根本三種真實。謂彼流轉安立邪行依根本中徧計所執及依他起。實相唯識清淨正行依根本中圓成實立。善巧真實謂為對治十我見故說有十種。云何於蘊等起十我見耶。頌曰。

(五)於蘊等我見。 執一因受者。 作者自在轉。 增上義及常。一五

(一)藏本云。云何應知攝真實攝在根本三真實耶。陳本大同。(二)勘藏本相 rgyu 是因義。(三)藏本次云。此依解深密經說七真如。即此等法。(四)藏本初半頌云。流轉二真實。安住及邪行分兩段譯。陳本同。(五)藏本此句在頌末。云是等見為我。陳本同。

雜染清淨依。觀。縛解者性。

論曰。於蘊等十法起十種我見。一執一性。二執因性。三執受者性。四執作者性。五執自在轉性。六執增上義性。七執常性。八執染淨所依性。九執觀行者性。十執縛解者性。爲除此見修十善巧。云何十種善巧真實依三根本真實建立。以蘊等十無不攝在三種根本自性中故。如何攝在三自性中。頌曰。

此所執分別。法性義在彼。一六

論曰。此蘊等十各有三義。且色蘊中有三義者。一所執義色謂色之徧計所執性。二分別義色謂色之依他起性。此中分別以爲色故。三法性義色謂色之圓成實性。如色蘊中有此三義。受等四蘊界(一)等九法各有三義隨應當知。如是蘊等由三義別無不攝入彼三性中。是故當知十善巧真實皆依根本三真實而立。如是雖說爲欲對治十種我見故修蘊等善巧。而未說此蘊等別義。且初蘊義云何應知。頌曰。

非一及總略。分段義名(二)蘊。

(一)藏本作界處等法。陳本同。(二)藏本頌文不出蘊名。文釋乃云是蘊。

論曰。應知蘊義略有三種。一非一義。（一）如契經言諸所有色等若過去若未來若現在若內若外若麤若細若劣若勝若遠若近。二總略義。如契經言如是一切略爲一聚。三分段義。如契經言說名色蘊等各別安立色等相故。由斯聚義蘊義得成。又見世間聚義名蘊。已說蘊義。界義云何。頌曰。

能所取彼取　種子義名界。（二）　一七

論曰。能取種子義謂眼等六內界。所取種子義謂色等六外界。彼取種子義謂眼識等六識界。已說界義。處義云何。頌曰。

能受所了境　用門義名處。

論曰。此中能受受用門義謂六內處。若所了境受用門義是六外處。已說處義。緣起義云何。頌曰。

緣起義於因　果用無增減。一八

論曰。於因果用若無增益及無損減是緣起義應知。此中增益因者執行等有不平

（一）藏本釋文三段皆缺引經之語。（二）藏本作識餘。下釋乃云餘者謂界。文後各段均同。

等因．損減因者執彼無因．增益果者執有我(二)行等緣無明等生．損減果者執無明等無行等果．增益用者執無明等於生行等有別作用．損減用者執無明等於生行等全無功能。若無如是三增減執．應知彼於緣起善巧。已說緣起義．處非處義云何。頌曰．

於非愛愛淨．　俱生及勝主．　得行不(三)自在．　是處非處義。一九

論曰．處非處義略由七種不得自在應知其相．一於非愛不得自在謂由惡行雖無愛欲而墮惡趣．二於可愛不得自在謂由妙行雖無愛欲而昇善趣．三於清淨不得自在謂不斷五蓋不修七覺支決定不能作苦邊際．四於俱生不得自在謂一世界無二如來二轉輪王俱時出現．五於勝主不得自在謂女不作轉輪王等．六於證得不得自在謂女不證獨覺無上正等菩提．七於現行不得自在謂見諦者必不現行害生等事諸異生類容可現行。多界經中廣說此等．應隨決了是處非處。如是已說處非處義．根義云何。頌曰．

(二)勘藏本．意謂與我俱之行． (三)磧本作依．勘藏本作繫屬於他．

根於取住續。用二淨增（一）上。

論曰。（二）二十二根依於六事增上義立。謂於取境眼等六根有增上義。命根於住一期相續有增上義。男女二根於續家族有增上義。於能受用善惡業果樂等五根有增上義。於世間淨信等五根有增上義。於出世淨未知等根有增上義。已說根義。世義云何。頌曰。

因果已未用。是世義應知。二〇

論曰。應知因果已未受用隨其所應三世義別。謂於因果俱已受用是過去義。若於因果俱未受用是未來義。若已受用因未已受用果是現在義。已說世義。諦義云何。頌曰。

受及受資糧。彼所因諸行。二寂滅對治。是（三）諦義應知。二一

論曰。應知諦者即四聖諦。一苦聖諦。謂一切受及受資糧。契經中說諸所有受皆是苦故。受資糧者謂順（四）受法。二集聖諦謂即彼苦所因諸行。三滅聖諦謂前二種究竟

（一）藏本無增上語。陳本同。（二）勘藏本意謂於能取乃至二清淨中此等作彼增上故。（三）陳本頌末句云。爲此不淨淨。蓋以世諦真諦分配而言。（四）藏本作受所依法。陳本作受生緣。

寂滅。四道聖諦謂卽苦集能對治道。已說諦義。乘義云何。頌曰。

(一)由功德過失　及無分別智　依他自出離　是乘義應知。一二

論曰。應知乘者謂卽三乘。此中如應顯示其義。若從他聞涅槃功德生死過失而起此智由斯智故得出離者是聲聞乘。不從他聞涅槃功德生死過失自起此智由斯智故得出離者是獨覺乘。若自然起無分別智由斯智故得出離者名(二)無上乘。已說乘義。云何有爲無爲法義。頌曰。

(三)有爲無爲義　謂若假若因　若相若寂靜　若彼所觀義。一三

論曰。應知此中假謂名等。因謂種子所攝藏識。相謂器身幷受用具及轉識攝意取思惟。意謂恆時思量性識。取謂五識取現境故。思惟卽是第六意識以能分別一切境故。如是若假若因若相及相應法總名有爲。(四)若寂靜者謂所證滅及能證道。能寂靜故。彼所觀義謂卽真如。是寂靜道所緣境故。如是所說若諸寂靜若所觀義總名無爲。應知此中緣蘊等十義所起正知名蘊等善巧。(五)真實總義略有二種。謂卽能顯

(一)藏本此頌但有三句。陳本同。(二)藏本作大乘。陳本同。(三)藏本此頌但有三句云。謂假設因相。及寂靜真義是說釋最後。(四)藏本以下一段文與頌對照此云寂靜句在最後。云道亦是寂。無謂所證滅句。(五)藏本作加譬。又所顯真實隨本文有釋云能顯真實譬如鏡。所顯真實譬如影。意同。

所顯真實。能顯真實謂卽最初三種根本。能顯餘故。所顯真實謂後九種。是初根本所顯示故。所顯九者。一離增上慢所顯真實。二對治顚倒所顯真實。三聲聞乘出離所顯真實。四無上乘出離所顯真實。由麤能成熟細能解脫故。五能伏他論所顯真實。依喻道理降伏他故。六顯了大乘所顯真實。七入一切種所知所顯真實。八顯不虛妄真如所顯真實。九入我執事一切祕(一)密所顯真實。

辯(二)修對治品第四

已辯真實。今次當辯修諸對治。卽修一切菩提分法。此中先應說修念住。頌曰。

以麤重愛因　我事無迷故　爲入四聖諦　修念住應知。一

論曰。麤重由身而得顯了。故觀察此入苦聖諦。身以有麤重諸行爲相故。以諸麤重卽行苦性。由此聖觀有漏皆苦。諸有漏受說爲愛因。故觀察此入集聖諦。心是我執所依(三)緣事。故觀察此入滅聖諦。怖我斷滅由斯離故。觀察法故於染淨法遠離愚迷入道聖諦。是故爲入四聖諦理。最初說修四念住觀。(四)已說修念住。當說修正斷。頌曰。

(一)勘藏本云密意。　(二)以下藏本第二卷。陳本對治修住品第四。　(三)勘藏本意云依處。陳本同。今譯依緣二字實一義也。　(四)藏本無此標句。下各段皆同。

已徧知障治　一切種差別。　爲遠離修集　勤修四正斷。二

論曰。前修念住已能徧知一切障治品類差別。今爲遠離所治障法及爲修集能對治道。於四正斷精勤修習。如說已生惡不善法爲令斷故乃至廣說。已說修正斷。當說修神足。頌曰。

依住堪能性　爲一切事成。　滅除五過失　勤修八斷行。三

論曰。依前所修離（一）集精進心便安住有所堪能。（二）爲勝事成修四神足。是諸所欲勝事因故。住謂心住。此卽等持故次正斷說四神足。此堪能性謂能滅除五種過失修八斷行。何者名爲五種過失。頌曰。

懈怠忘聖言　及惛沈掉舉　不作行作行　是五失應知。四

論曰。應（三）知此中惛沈掉舉合爲一失。若爲除滅惛沈掉舉不作加行。或已滅除惛沈掉舉復作加行。俱爲過失。爲除此五修八斷行。云何安立彼行相耶。頌曰。

（四）爲斷除懈怠　修欲勤信安　卽所依能依　及所因能果。五

（一）勘藏本意謂由彼斷故成精進。（二）藏本無此語。（三）陳本此上有雜入釋文云。懈怠者沒懶惡處等二云云。（四）藏本此半頌文作長行。陳本同。

爲除餘四失（二）　修念。智。思。捨。　記（三）言。覺沈掉。　伏行。滅等流。六

論曰。爲滅懈怠修四斷行。一欲二正勤三信四輕安如次應知即所依等。所依謂欲。勤所依故。能依謂勤。依欲起故。所因謂信。是所依欲生起近因。若信受彼便希望故。能果謂安。是能依勤近所生果。勤精進者得勝定故。爲欲對治後四過失如數修餘四種斷行。一念二正知三思四捨。如次應知即記言等。記言謂念。能不忘境記（三）聖言故。覺沈掉者謂即正知。由念記言便能隨覺惛沈掉舉二過失故。伏行謂思。由能隨覺沈掉失已爲欲伏除發起加行。滅等流者謂彼沈掉既斷滅已心便住捨平等而流。已說修神足。當說修五根。所修五根云何安立。頌曰。

已種順解脫　復修五增上　謂欲。行。不忘。　不散亂。思擇。七

論曰。由四神足心有堪能。順解脫分善根滿已。復應修習五種增上。一欲增上。二加行增上。三不忘境增上。四不散亂增上。五思擇增上。此五如次第即信等五根。已說修五根。當說修五力。何者五力。次第云何。頌曰。

（一）藏本此二頌仍作長行。陳本同。（二）藏本此文殘爲一頌云。不忘志所緣。分別沈與掉。即伏斷彼已。及時入作意。陳本亦作一頌。意同。（三）藏本缺此字。

即損障名力。　因[一]果立次第。

論曰。即前所說信等五根有勝勢用復說爲力。謂[二]能伏滅不信障等亦不爲彼所凌雜故。此五次第依因果立以依前因引後果故。謂[三]若決定信有因果爲得此果發勤精進。勤精進已便住正念住正念已心則得定。心得定已能如實知。既如實知[四]無事不辦故此次第依因果立。如前所說順解脫分既圓滿已復修五根。何位修習順決擇分爲五根位五力位耶。頌曰。

順決擇二二　在五根五力。八

論曰。順決擇分中煗頂二種在五根位。忍世第一法在五力位。已說修五力。當說修覺支。所修覺支云何安立。頌曰。

[五]覺支略有五　謂所依自性　出離幷利益　及三無染支。九

論曰。[六]此支助覺故名覺支。由此覺支位在見道。廣有七種略爲五支。一覺所依支謂念。二覺自性支謂擇法。三覺出離支謂精進。四覺利益支謂喜。五覺無染支此復三

（一）原作四，今依頌本及麗刻改。（二）藏本缺此一義。（三）勘藏本意云以成信之因得果爲勤。（四）藏本缺此二句，陳本同。（五）藏本缺此總句義，陳本同。（六）藏本云在見道中此成覺分故爲覺支，陳本大同。次又幷頌釋覺支名義。

種謂安定捨。何故復說無染為三。頌曰。

由(一)因緣所依　自性義差別　故輕安定捨　說為無染支。一〇

論曰。輕安即是無染因緣。麤重為因生諸雜染。輕安是彼近對治故。所依謂定。自性即捨。故此無染義別有三。說修覺支已。當說修道支。云何安立。頌曰。

分別及誨示　令他信有三　對治障亦三　故道支成八。一一

論曰。於(二)修道位建立道支。故此道支廣八略四。一分別支。謂正見。此(三)雖是世間而出世後得。由能分別見道位中自所證故。二誨示他支。謂正思惟正語一分等起發言誨示他故。三令他信支。此有三種。謂正語正業正命。(四)四對治障支。亦有三種。謂正精進正念正定。由此道支略四廣八。何緣後二各分為三。(五)頌曰。

表(六)見戒遠離　令他深信受　對治本隨惑　及自在障故。一二

論曰。正語等三如次表己見戒遠離令他信受。謂由正語論議決擇令他信知己有勝慧。由正業故不作邪業令他信知己有淨戒。由正命故應量應時如法乞求衣鉢

(一)藏本缺此半頌。陳本同。(二)藏本缺此總句。(三)藏本云。此是出世後得。而分別世間所自證故。(四)藏本此段後出揭釋後半頌。(五)原作復。今依麗刻改。(六)藏本缺此總句。

等物令他信己有勝遠離。正精進等三如次對治本隨二煩惱及自在障。此所對治略有三種。一根本煩惱謂修所斷。二隨煩惱謂惛沈掉舉。三自在障謂障所引勝品功德。此中正精進別能對治初。爲對治彼勤修道故。正念別能對治第二。繫念安住止(一)等相中遠離惛沈及掉舉故。正定別能對治第三。依勝靜慮速能引發諸神通等勝功德故。(二)修治差別云何應知。頌曰。

有(三)倒順無倒。無倒有倒隨。無倒無倒隨。是修治差別。一三

論曰。此修對治略有三種。一有顛倒順無顛倒。二無顛倒有顛倒隨。三無顛倒無顛倒隨。如是三種修治差別如次在異生有學無學位。菩薩二乘所修對治有差別相云何應知。頌曰。

菩(四)薩所修習　由所緣作意　證得殊勝故　與二乘差別。一四

論曰。聲聞獨覺以自相續身等爲境而修對治。菩薩通以自他相續身等爲境而修對治。聲聞獨覺於身等境以無常等行相思惟而修對治。(五)若諸菩薩於身等境以無

(一)原作正，今依麗刻改。(二)藏本缺此標句，次段同。(三)藏本云，隨順中顛倒。釋云，無倒隨順中顛倒也。陳本亦云，隨應無倒法與倒相雜。(四)陳本缺頌初句末句，藏本但缺末句。(五)藏本云，作意與頌文合，次段同。

(一)勘藏本云相 tshul，與上行相 rnam-pa 字異。(二)藏本此段在後第六品末總出，陳本同。(三)藏本不分品，陳本修住品第五。(四)藏本缺首二句頌，缺句廣篇二頌，陳本同，但有九句。(五)藏本缺此總句。

所得行相(一)思惟而修對治。聲聞獨覺修念住等但爲身等速得離繫。若諸菩薩修念住等不爲身等離不離繫但爲證得無住涅槃。菩薩與二乘所修對治由此三緣故而有差別。(二)修對治總義者。謂開覺修。損減修。瑩飾修。發上修。鄰近修謂鄰近見道故。證入修。增勝修。初位修。中位修。後位修。有上修。無上修謂所緣作意至得殊勝。

辯(三)修分位品第五

已說修對治。修分位云何。頌曰。

所(四)說修對治　分位有十八　謂因。入。行。果。　作。無作。殊勝。一
上無上解行。　入出離。記說。　灌頂及證得。　勝利。成所作。二

論曰。如(五)前所說修諸對治差別分位有十八種。一因位謂住種姓補特伽羅。二入位謂已發心。三加行位謂發心已未得果證。四果位謂已得果。五有所作位謂住有學。六無所作位謂住無學。七殊勝位謂已成就諸神通等殊勝功德。八有上位謂超聲聞等已入菩薩地。九無上位謂已成佛從此以上無勝位故。十勝解行位謂勝解行

地一切菩薩。十一證入位謂極喜地。十二出離位謂次六地。十三受記位謂第八地。十四辯說位謂第九地。十五灌頂位謂第十地。十六證得位謂佛法身。十七勝利位謂受用身。十八成所作位謂變化身。此諸分位差別雖多。應知略說但有三種。其三者何。頌曰。

應(一)知法界中　略有三分位　不淨。淨不淨。　清淨。隨所應。三

論曰。於真法界位略有三。隨其所應攝前諸位。一不淨位謂從因位乃至加行。二淨不淨位謂有學位。三清淨位謂無學位。(二)云何應知依前諸位差別建立補特伽羅。頌曰。

依(三)前諸位中　所有差別相。　隨所應建立　諸補特伽羅。四

論曰。應知依前諸位別相如應建立補特伽羅。謂此住種姓此已發心等。(四)修分位總義者。謂堪能位即種姓位。發趣位即入加行位。不淨位。淨不淨位。清淨位。有莊嚴位。徧滿位謂徧滿十地故。無上位。

(一)藏本應知二字是長行文。初二句頌合為一句。陳本同。(二)藏本無此標句。陳本同。(三)藏本缺前半頌。陳本同。(四)藏本此文在後第六品末總出。陳本同。

辯中邊論卷第二

辯中邊論卷第三

世親菩薩造

唐三藏法師玄奘奉制譯

辯(一)得果品第六

已辯修位得果云何。頌曰。

器說爲異熟。力(二)是彼增上。愛樂增長淨。如次卽五果。一

論曰器謂隨順善法異熟。力謂由彼器增上力令諸善法成上品性。愛樂謂先世數修善力今世於善法深生愛樂。增長謂現在數修善力令所修善根速得圓滿。淨謂障斷得永離繫。此五如次卽是五果。一異熟果二增上果三等流果四士用果五離繫果。(三)復次頌曰。

復(四)略說餘果。後後。初。數習。究竟。順障滅。離。勝。上無上。二

論曰略說餘果差別有十一。後後果謂因種性得發心果如是等果展轉應知。二最

(一)藏本不分品。陳本得果品第六。(二)勘藏本意謂由彼增上力。(三)藏本無此復次語。(四)藏本、文與爲一頌半。陳本同。

初果謂最初證出世間法。三數習果謂從此後諸有學位。四究竟果謂無學法。五隨順果謂因(一)漸次應知卽是後後果攝。六障滅果謂能斷道卽最初果能滅障故說爲障滅。七離繫果謂卽數習及究竟果學無學位如次遠離煩惱繫故。八殊勝果謂神通等殊勝功德。九有上果謂菩薩地超出餘乘未成佛故。十無上果謂如來地。此上(二)更無餘勝法故。(三)此中所說後六種果卽究竟等前四差別。如是諸果但是略說若廣說卽無量。(四)果總義者。謂攝受故差別故宿習故後後引發故標故釋故。此中攝受者謂五果。差別者謂餘果。宿習者謂異熟果。後後引發者謂餘四果。標者謂後後等四果。釋者謂隨順等六果分別前四果故。(五)

辯(六)無上乘品第七

已辯得果無上乘今當說。頌曰。

總(七)由三無上　說爲無上乘
謂正行所緣　及修證無上

論曰。此大乘中總由三種無上義故名無上乘。三無上者。一正行無上。二所緣無上。

(一)陳本云爲因緣故。(二)藏本缺此句。(三)藏本云此等四者卽數習及究竟所差別性。陳本大同。(四)藏本此下依次出前二品末結文。陳本同。(五)陳本此下附註云中邊分別論中此處有四品。一對治品。二修住品。三得果品。已說究竟。按此云四品者蓋此三品合爲論第四品也。(六)藏本品第五。(七)藏本缺此句頌。陳本亦合初二句頌爲一句。

三修證無上。此中正行無上者謂十波羅蜜多行。此正行相云何應知。頌曰。

正行有六種。謂最勝作意。隨法離二邊。差別無差別。二

論曰。即於十種波羅蜜多隨修差別有六正行。一最勝正行。二作意正行。三隨法正行。四離二邊正行。五差別正行。六無差別正行。最勝正行其相云何。頌曰。

(一)最勝有十二。謂廣大長時。(二)依處及無盡。無間無難性。三

自在攝發起。得等流究竟。(三)由斯說十度。名波羅蜜多。四

論曰。最勝正行有十二種。一廣大最勝。二長時最勝。三依處最勝。四無盡最勝。五無間最勝。六無難最勝。七自在最勝。八攝受最勝。九發起最勝。十至得最勝。十一等流最勝。十二究竟最勝。此中廣大最勝者終不欣樂一切世間富樂自在志高遠故。長時最勝者三無數劫熏習成故。依處最勝者普爲利樂一切有情爲依處故。無盡最勝者迴向無上正等菩提無窮盡故。無間最勝者由得自他平等勝解於諸有情發起施等波羅蜜多速圓滿故。無難最勝者於他有情所修善法但深隨喜令自施等(四)

(一)藏本此句作長行標句。陳本同。(二)藏本作所爲。陳本作增上。(三)藏本合此下爲一句云。是許爲最勝。合前共一頌半。陳本文壓。仍爲二頌。(四)藏本作施等。陳本同。與下文相順。

(一)藏本缺此語。 (二)藏本此下有頌云，是故由最勝，以說爲十度。

波羅蜜多速圓滿故，自在最勝者由虛空藏等三摩地力令所修施等速圓滿故，攝受最勝者無分別智之所攝受能(一)令施等極清淨故，發起最勝者在勝解行地最上品忍中至得最勝者在極喜地，等流最勝者在次八地，究竟最勝者在第十地及佛地中菩薩如來因果滿故(二)。由施等十波羅蜜多皆有如斯十二最勝，是故皆得到彼岸名。何等名爲十到彼岸。頌曰，

十波羅蜜多，謂施戒安忍。精進定般若，方便願力智。五

論曰，此顯施等十度別名。施等云何各別作業。頌曰，

饒益不害受，增德能入脫。無盡常起定，受用成熟他。六

論曰，此顯施等十到彼岸各別事業如次應知，謂諸菩薩由布施波羅蜜多故於諸有情普能饒益，由淨戒波羅蜜多故於諸有情不爲損害，由安忍波羅蜜多故他損害時深能忍受，由進波羅蜜多故增長功德，由靜慮波羅蜜多故起神通等能引有情令入正法，由般若波羅蜜多故能正教授教誡有情令得解脫，由方便善巧波羅

蜜多故迴向無上正等菩提能令施等功德無盡。由願波羅蜜多故攝受隨順施等勝生一切生中恆得值佛恭敬供養常起施等。由力波羅蜜多故具足思擇修習二力伏滅諸障能令施等常決定轉。由智波羅蜜多故離(一)如聞言諸法迷謬受用施等增上法樂無倒成熟一切有情。如是已說最勝正行。作意正行其相云何。頌曰。

菩薩以三慧　恆思惟大乘。如所施設法。名(二)作意正行。七

論曰。若諸菩薩以聞思修所成妙慧數數作意思惟大乘。依布施等如所施設契經等法。如是名爲作意正行。此諸菩薩以三妙慧思惟大乘有何功德。頌曰。

此增長善界。入義及事成。

論曰。聞所成慧思惟大乘能令善根界得增長。思所成慧思惟大乘能正悟入所聞實義。修所成慧思惟大乘能令所求事業成滿。謂能(三)趣入修治地故。作意正行有何助伴。頌曰。

此助伴應知　即十種法行。八

(一)原作雖，今依麗刻改。　(二)藏本此頌無結句義，陳本同。　(三)勘藏本意謂入地而修治故，陳本同。

論曰。應知如是作意正行由十法行之所攝受。何等名爲十種法行。頌曰。

謂書寫供養　施他聽披讀　受持正開演　諷誦及思修。九

論曰。於此大乘有十法行。一書寫。二供養。三施他。四若他誦讀專心諦聽。五自披讀。六受持。七正爲他開演文義。八諷誦。九思惟。十修習。行十法行獲幾所福。頌曰。

行十法行者　獲福聚無量。

論曰。(一)修行如是十種法行所獲福聚其量無邊。何故但於大乘經等說修法行獲最大果。於聲聞乘不如是說。頌曰。

勝故無盡故。　由攝他不息。一〇

論曰。於此大乘修諸法行由二緣故獲最大果。一最勝故。二無盡故。由能攝益他諸有情是故大乘說爲最勝。由雖證得無餘涅槃利益他事而恆不息是故大乘說爲無盡。如是已說作意正行。隨法正行其相云何。頌曰。

(二)隨法行二種。　謂諸無散亂　無顛倒轉變　諸菩薩應知。一一

(一)藏本缺此釋句。(二)藏本但有半頌。末句義入長行。陳本同。

論曰。隨法正行略有二種。一無散亂轉變。二無顛倒轉變。菩薩於此應正了知。此中六種散亂無故名無散亂。六散亂者。一自性散亂。二外散亂。三內散亂。四相散亂。五麤重散亂。六作意散亂。此六種相云何應知。頌曰。

出[一]定。於境流。　味沈掉矯示。　我執心下劣。　諸智者應知。一二

論曰。此中出定由五識身當知即是自性散亂。於境流者馳散外緣即外散亂。味沈掉者味著等持惛沈掉舉即內散亂。矯示者即相散亂矯現相已修定加行故。我執者即麤重散亂由麤重力我慢現行故。心下劣者即作意散亂依下劣乘起作意故。菩[二]薩於此六散亂相應徧了知當速除滅。如是已說無散亂轉變無顛倒轉變云何應知。頌曰。

智見於文義。　作意及不動。　二相染淨客。　無怖高無倒。一三

論曰。依[三]十事中如實智見應知建立十無倒名。此中云何於文無倒。頌曰。

知[四]但由相應　串習或翻此。　有義及非有。　是於文無倒。一四

(一)藏本文簡作一頌半。陳本同。　(二)藏本缺此句。陳本雜入釋文一段。　(三)藏本缺此釋句。　(四)藏本缺此知字。以下各頌均同。又相應等語皆作第五轉聲。陳本此頌但有二句。

論曰。若於(一)諸文能無間斷次第宣唱說名相應。共計此名唯目此事。展轉憶念名爲串習。但由此二成有義文。與此相違文成無義。如實知見此二文者應知是名於文無倒。於義無倒其相云何。頌曰。

似二性(二)顯現　如現實非有。　知離有非有　是於義無倒。一五

論曰。似二性顯現者。謂似所取能取性現。亂識似彼行相生故。如現實非有者。謂如所顯現實不如是有。離有者。謂此義所取能取性非有故。離非有者。謂彼(三)亂識現似有故。如實知見此中義者。應知是名於義無倒。於作意無倒者。頌曰。

於作意無倒　知(四)彼言熏習　言作意彼依　現似二因故。一六

論曰。所取能取言所熏習名言作意。即此作意是所能取分別所依。是能現似二取因故。由此作意是戲論想之所熏習名言作意(五)。如實知見此作意者應知是於作意無倒。於不動無倒者。頌曰。

於不動無倒　謂知義非有　非無如幻等　有無不動故。一七

(一)勘藏本意謂諸文字相應相續無間而說。　(二)藏本無此性字。陳本同。　(三)藏本云。現似彼之錯亂。是有故。以下文缺。　(四)勘藏本意謂由彼分別之熏習。是爲分別作意。亦即彼分別之所依。次下長行言字俱作分別。　(五)藏本此下有文徵起云。云何無倒。

論曰。前說諸義離有非有。此如幻等非有無故。謂如幻作諸象馬等。彼非實有象馬等性亦非全無。亂識似彼諸象馬等而顯現故。如是諸義無如現似所取能取定實有性亦非全無。亂識似彼所取能取而顯現故。等聲顯示陽燄夢境及水月等如應當知。以能諦觀義如幻等於有無品心不動散。如實知見此不動者應知是於不動無倒。〔一〕於二相無倒者。謂於自相及共相中俱無顛倒。於自相無倒者。頌曰。

於自相無倒　知一切唯名　離一切分別　依勝義自相。一八

論曰。如實知見一切眼色乃至意法皆唯有名。卽能對治一切分別。應知是於自相無倒。〔二〕此依勝義自相而說。若依世俗非但有名可取種種差別相故。於共相無倒者。頌曰。

以離真法界　無別有一法　故通達此者　於共相無倒。一九

論曰。以無一法離法無我者。故真法界諸法共相攝。如實知見此共相者。應知是於共相無倒。於染淨無倒者。頌曰。

〔一〕藏本無此標句。下各段俱同。　〔二〕勘藏本此係牒末句頌。今譯改長行也。

知顛倒作意　未滅及已滅。　於法界雜染　清淨無顛倒。二〇

論曰。若未斷滅顛倒作意爾時法界說爲雜染。已斷滅時說爲清淨。如實知見此染淨者如次是於染淨無倒。於客無倒其相云何。頌曰。

知法界本性　清淨如虛空(一)　故染淨非主。　是於客無倒。二一

論曰。法界本性淨若虛空。由此應知先染後淨二差別相是客非主。如實知見此客相者應知是名於客無倒。於無怖無高俱無顛倒者。頌曰。

有情法無故　染淨性俱無。　知此無怖高。　是於二無倒。二二

論曰。有(二)情及法俱非有故彼染淨性亦俱非有。以染淨義俱不可得故染淨品無滅無增。由此於中無怖無慢。如實知見無怖高者應知是名於二無倒。無(三)倒行總義者。謂(四)由文無倒能正通達止觀二相。由義無倒能正通達諸顛倒相。由作意無倒於倒因緣能正遠離。由不動無倒善取彼相。由自相無倒修彼對治無分別道。由共相無倒能正通達本性清淨。由染淨無倒了知未斷及已斷障。由客無倒如實了知染淨

（一）藏本云。清淨故如空。二一者皆倏起。（二）藏本此段文云。有情離染垢故淨亦無。法亦如是。以是無有情亦無法故。與今本同。并離入釋文一段。（三）藏本此總義一段在品末。與此本同。（四）勘藏本云。由文無倒通達止相。由義無倒通達觀相。與本大同。今譯疑誤。

二相。由無怖無高二種無倒諸障斷滅得永出離。此十無倒如次安立於彼十種金剛句中。何等名爲十金剛句。謂有非有無顛倒所依幻等喻無分別本性清淨雜染清淨虛空喻無減無增。(一)爲攝如是十金剛句有二頌言應知有非有無顛倒所依幻等無分別本性常清淨及雜染清淨性淨喻虛空無減亦無增是十金剛句。且初安立十金剛句自性者。謂自性故所緣故無分別故釋難故。自性故者謂三自性。(二)即圓成實徧計所執及依他起。是初三句。如次應知。所緣故者即三自性。無分別故者謂由此無分別卽無分別智及於此無分別卽本性清淨。如次應知安立境智謂三自性及無分別。釋難故者謂所餘句。且有難言徧計所執依他起相若實是無云何可得若實是有不應諸法本性清淨。爲釋此難說幻等喻。如幻事等雖實是無而現可得。復有難言若一切法本性清淨。如何得有先染後淨。爲釋此難說有染淨及虛空喻。謂如虛空雖本性淨而有雜染及清淨時。復有難言。有無量佛出現於世一一能度無量有情令出生死(三)入於涅槃云何生死無斷滅失涅槃界中無增益過爲釋此

(一)藏本以下文段不順。此二頌後出相次爲第二段。陝本缺。　(二)藏本此段後出。相次爲第一段文云。由諸金剛句所攝之三自性爲所緣。所謂圓成徧計依他初三句如次云云。陝本并缺。　(三)原無此字今依麗刻加。

難說染及淨無滅無增。又有情界及清淨品俱無量故。(一)第二安立彼自性者。如有頌言。亂境自性因。無亂自性境。亂無亂二果及彼二邊際。如是已說隨法正行。離二邊正行云何應知。如寶積經所說中道行。此行遠離何等二邊。頌曰。

異性與一性。外道及聲聞。增益損減邊。有情法各二。二三

所治及能治。常住與斷滅。所取能取邊。染淨二三種。二四

分別二邊性。應知復有七。謂有非有邊。所能寂怖畏。二五

所能取正邪。有用幷無用。不起及時等。是分別二邊。二六

論曰。若於色等執我有異或執是一名為一邊。為離此執說中道行。謂觀無我乃至儒童。見有我者定起此執我異於身或即身故。若於色等執為常住是外道邊。執無常者是聲聞邊。為離此執說中道行。謂觀色等非常無常。定執有我是增益有情邊。定執無我是損減有情邊。彼亦撥無假(二)有情故。為離此執說中道行。謂我無我二邊中智。定執心有實是增益法邊。定執心無實是損減法邊。為離此執說中道行。謂於

是處無心無思無意無識。執有不善等諸雜染法是所治邊。執有善等諸清淨法是能治邊。爲離此執說中道行。謂於二邊不隨觀說。於有情法定執爲有是常住邊。定執非有是斷滅邊。爲離此執說中道行。謂卽於此二邊中智。執有無明所取能取各爲一邊。若執有明所取能取各爲一邊。如是執有所治諸行能治無爲乃至老死及能滅彼諸對治道所取能取各爲一邊。此所能治所取能取卽是黑品白品差別。爲離此執說中道行。謂明與無明無二無二分乃至廣說明無明等所取能取皆非有故。雜染有三。謂煩惱雜染業雜染生雜染。煩惱雜染復有三種。一諸見二貪瞋癡相三後有願。此能對治謂空智無相智無願智。業雜染謂所作善惡業。此能對治謂不作智。生雜染有三種。一後有生二生已心心所念念起三後有相續。此能對治謂無生智無起智無自性智。如是三種雜染除滅說爲清淨。(一)空等智境謂空等法。三種雜染隨其所應。非空等智令作空等。由彼本性是空性等。法界本來性無染故。若於法界或執雜染或執清淨各爲一邊。本性無染非染淨故。爲離此執說中道行。謂不由

(一)勘藏本意。謂空智等之所知謂空等故。此等諸法三類雜染。

空能空於法法性自空乃至廣說(一)。復有七種分別二邊。何等爲七。謂分別有分別非有各爲一邊。彼執實有補特伽羅以爲壞滅立空性故。或於無我分別爲無爲離如是二邊分別說中道行。謂不爲滅補特伽羅方立空性。然彼空性本性自空前際亦空後際亦空中際亦空乃至廣說。分別所寂分別能寂各爲一邊。執有所斷及有能斷怖畏空故。爲離如是二邊分別說虛空喻。分別所怖分別從彼所生可畏各爲一邊。執有偏計所執色等可生怖故。執有從彼所生苦法可生畏故。爲離如是二邊分別說畫師喻。前虛空喻爲聲聞說。今畫師喻爲菩薩說。分別所取分別能取各爲一邊。爲離如是二邊分別說幻師喻。由唯識智無境智生。由無境智生復捨唯識智境既非有識亦是無。要託所緣識方生故。由斯所喻與喻同法。分別正性分別邪性各爲一邊。執如實觀爲正爲邪二種性故。爲離如是二邊分別說兩木生火喻。謂如兩木雖無火相由相鑽截而能生火。火既生已還燒兩木。此如實觀亦復如是。雖無聖道正性之相而能發生正(二)性聖慧。如是正性聖慧生已復能除遣此如實觀。由斯所

(一)陳本云，如是等如寶頂經廣說。(二)勘藏本意謂實相慧，次同。

喻與喻同法。然如實觀雖無正性相．順正性故亦無邪性相。分別有用分別無用各爲一邊．彼執聖智要先分別方能除染或全無用．爲離如是二邊分別說初燈喻。分別不起分別時等各爲一邊．彼執能治畢竟不起或執與染應等時長．爲離如是二邊分別說後燈喻。如是已說離二邊正行．差別無差別正行云何．頌曰．

差別無差別　應知於十地　十(一)波羅蜜多　增上等修集。二七

論曰．於十地中十到彼岸隨一增上而修集者應知說爲差別正行．於一切地皆等修集布施等十波羅蜜多如是正行名無差別。(二)六正行總義者．謂即如是品類最勝．由此思惟如所施設大乘法等．由如是品無亂轉變修奢摩他及無倒轉變修毗鉢舍那爲如是義修中道行而求出離於十地中修習差別無差別行。如是已說正行無上．所緣無上其相云何。頌曰．

所(三)緣謂安界　所能立任持　印(四)內持通達　增證運最勝。二八

論曰．如是所緣有十二種．一安立法施設所緣．二法界所緣．三所立所緣．四能立所

(一)藏本缺此後半頌．陳本同。(二)藏本此段總義在品末出．陳本同．又藏本此段多作句．先作句問語如云正行是何．謂是最勝．此後由何．謂由如大乘施設諸法．此後如何．謂如是品云云．(三)藏本文順爲一頌半．陳本同．(四)藏本意謂決定持也．

緣。五任持所緣。六印持所緣。七內持所緣。八通達所緣。九增廣所緣。十分證所緣。十一等(一)運所緣。十二最勝所緣。此中最初謂所安立到彼岸等差別法門。第二謂真如。第三第四如次應知即前二種。到彼岸等差別法門要由通達法界成故。第五謂聞所成慧境任持文故。第六謂思所成慧境印持義故。第七謂修所成慧境內別持故。第八謂初地中見道境。第九謂修道中乃至七地境。第十謂即七地中世出世道品類差別分分證境。第十一謂第八地境。第十二謂第九第十如來地境。應知此中即初第二隨諸義位得彼彼名。如是已說所緣無上。修證無上其相云何。頌曰。

(二)修證謂無闕　不毀動圓滿　起堅固調柔　不住無障息。二九

論曰。如是修證總有十種。一種姓修證緣無闕故。二信解修證不謗毀大乘故。三發心修證非下劣乘所擾動故。四正行修證波羅蜜多得圓滿故。五入離生修證起聖道故。六成熟有情修證堅固善根長時集故。七淨土修證心調柔故。八得不退地受記修證以不住生死涅槃非此二種所退轉故。九佛地修證無二障故。十示現菩提

(一)勘藏本意謂靜心。(二)藏本文嚴爲一頌半。陳本同。

修證無休息故。（一）無上乘總義者略有三種無上乘義。謂正行無上故。正行持無上故。正行果無上故。何故此論名辯中邊。頌曰。

（二）此論辯中邊。（三）深密。（四）堅實義。　廣大一切義。　除諸不吉祥。三。

論曰。此論能辯（五）中邊行故名辯中邊。即是顯了處中二邊能緣行義。又此能辯中邊境故名辯中邊。即是顯了處中二邊所緣境義。或此正辯離初後邊中道法故名辯中邊。此論所辯是深密義。非諸尋思所行處故。是堅實義。能摧他辯非彼伏故。是廣大義。能辦利樂自他事故。是一切義。普能決了三乘法故。又能除滅諸不吉祥。永斷煩惱所知障故。（六）

我辯此論諸功德　咸持普施羣生類。　令獲勝生增福慧　疾證廣大三菩提。

辯中邊論卷第三

（一）藏本此段總義在品末出。陳本同。　（二）陳本此頌在後長行首段末出。　（三）藏本但云中深。陳本同。
（四）勘藏本謂中堅貞實義。　（五）藏本作中道無邊字。下三句皆缺。　（六）藏本此下依文出前無上正行無倒二三段總義。陳本同。

藏要

第一輯第二十一種

唯識二十論

中華民國
十九年十二
月支那內
學院校刊

唯識二十論 不分品

唯識者。詮如實法界之一大法門也。此如實法界超乎世間乃克談。非世間見所能及。世見之所以不及者。狃於故常習非成是。湼目辨色夫豈堪能。如以爲能。則凡即是聖。習即是悟。又安用學。一鄉之迷不足傾一國。一國之迷不足傾天下。天下之迷孰傾之哉。大覺世尊超乎世間。立三法印傾天下迷。所謂無常故苦苦故無我法界無我而唯是識是也。世見執常執樂執我。焉能唯識。諸於唯識不嫺不信入而復出者。皆展轉於四倒中而不能自拔故也。世親菩薩成立唯識。詳其所成作三十論。略其所成作二十論。略其所成者。但使袪世見認真法而已。未遑唯識內蘊曲盡其致也。世見有二。一食息俗人。二外小學者。其所繫於唯識者今舉其七。一明明實色。二現量所得。三並不了於覺境非有。四明明友教善惡業成。五覺時業果大異夢時。六爲他所殺得殺他罪。七他心是有有智知他。解此七執。即超世見而了真法。是則所謂略成唯識也。解實色執者。俗人執識是虛。無實地實時同境異心不生實用。而不知夢於某時見彼村落業同受等夢感精流也．又復不知同處同時衆多相續共被獄卒爲逼害事也。大衆正量獄卒是實．然獄必苦寧天同樂。有部非實．然計業造形而不許識。經部雖許造業在識而執受果又復在形。所以必執識外有形者．不了契經．依種及現密說十處．而實無我故無色也。究色邊際．名曰極微．超世見者．識轉變時頓呈全相．爲破執實令析至微．復析便空卽證無色。執世見者．從微而起積微成聚．聚不必真微非無實．不徹極微遂證色有。勝論執色一．中有分微名有分色．然以總離分不可取也。有部執色多．色中各微是眼等境．然彼相隱不可取也。經部和合實隨於假．雖相非隱而無體也。正理和集微各相資．雖體非無又相不可取也。一實極微．有合無合不成．有分無分不成也。眼等現境青等實體．設多亦有過．設一亦有過也。反覆明辨微乃非實．微且非實．色實之執渙然解矣。解現量執者．夢無外境現覺非無．境已不留意寧了現．憶昔似境豈憶其真。解覺境執者．生死淪迷無非大夢．涅槃寂照方乃覺知。解友教執者．托友爲緣變成自境．無非增上邪正攸生。解業果執者，夢劣覺強不關境事。解殺業執者，增上違緣相續自斷，意成罪大豈必形交。解他心執者，如知自心皆不如實，不了佛智稱量離言。如斯七解，唯識洞然，如彼七迷，烏知唯識，悲乎唯識不明，亦遂長夜漫漫何時旦也。二十唯識略示方隅，若欲精詳應探三十。一立宗無因，應探四量也。二種豈即根，應探俱有依也。三他身亦識，應探所變第九難也。四於他疏緣，佛但稱量，應探所變第八難也。總之汲深修綆引而申之可也。因論生論，略陳數義，用探唯識，或杜歧途。曰能義，曰用義，曰因緣實義，曰如幻有義。凡學先必有本根，有取證，而後乃能樹義。創唯識學者既已超出世界，現見如實法界，是故法爾分明演以悟他，其爲本根取證樹義皆現見事，不假分別曲意推求，凡所辨論無非以世所通攻其所不通，如是所舉皆非詮自也。所謂現見事者，現見法界爲物變之爲物也，剎那不變毫髮不變即成死物，法界造物非造死物也。唯變則堪任克舉，故立能義，非頑然不靈而有所義，剎剎塵塵能之結撰能之呈露也。有時談所亦將能作所也，而世見則執所。唯變則還流不住，故立用義，非冥然不動而有體義。一切一切用之發生用之得果也。有時談體亦用之出體也。而世見則執體。唯變有能有用。凡所謂實。無非有能有用而已。能用之爲因緣而已。無因緣者謂之爲虛而已。而世見則執自性之實。唯變但能但用。凡所謂有。無非但能但用而已。能用之爲幻相而已。並幻而無謂之爲無而已。而世見則執決定之有。皆世執迷不嫺數義。立義與論過尤叢集。斯亦所謂長夜漫漫何時旦也。

唯識二十論校勘說明

一．是書校歷二週．一譯校．二刻校。

二．譯校對勘凡用五種異本。(一)梵文二十成唯識論校註略稱梵本。(二)西藏勝友等譯二十論釋．略稱藏本。(三)元魏菩提流支譯唯識論略稱魏本。(四)陳真諦譯大乘唯識論．略稱陳本。(五)唐義淨譯成唯識寶生論牒文略稱寶本。

三．譯校凡有三例。(一)諸本文句歧異者．皆註出曰．某本云云。(二)諸本譯義較暢者．皆註出曰勘某本云云。(三)因對勘而見奘譯改文或訛略者．皆註出曰勘某本云云．今譯云云。

四．刻校以南宋刻爲底本．對勘麗刻．訂正文字．附註曰原刻云云．依麗刻云云。

五．今刊款式．頌文加註數字記其次第．又頌釋中外人徵難用◉絕句以醒眉目。

六．校勘資料出處如次。

(一)梵本二十成唯識論．Vimśtikā vijñaptimātratāsiddhi (Vijñaptimātratāsiddhi pp. 3-11). 法人萊維氏 Sylvain Lévi 校刊本。一九二五年。巴黎版。

(二)藏本二十論釋。ñi-çu-paḥi ḥgrel-pa. 曲尼版。丹珠經解部。çi 字函四頁上至一〇頁上。

(三)魏本唯識論。陳本大乘唯識論。寶本成唯識寶生論。 皆用金陵刻經處刊本。

(四)本書南宋刻麗刻本。 依據日本弘教書院縮刷正藏本及大正大藏經本校註。

唯識二十論(一)

世親菩薩造

唐(二)三藏法師玄奘奉詔譯

安(三)立大乘三界唯識。以(四)契經說三界唯心。心意識了名之差別。此中說心意兼心(五)所。唯遮外(六)境不遣相應。(七)內識生時似外境現。如有眩翳見髮蠅(八)等。此中都無少分實義。

即於此義有設難言。頌曰。

若識無實境。　即處時決定　相(九)續不決定　作用不應成。一

論曰。此說何義。若離識(一〇)實有色等外法色等識生不緣色等。何因此識有處得生非一切處。何故此處有時識起非一切時。同一處時有多相續何不決定隨一識生。如眩翳人見髮蠅等非無眩翳有此識生。復有何因諸眩翳者所見髮等無髮等用。夢中所得飲食刀仗毒藥衣等無飲等用。尋香城等無城等用。餘髮等物其用非無。若

(一)梵本題二十成唯識。與寶本合。藏本題二十論釋。　(二)此字依明刻加。　(三)魏本文前列舉本論二十三頌。陳本有修道不共他二歸敬頌。均譯者加。梵本自此至下長行定處定時皆散佚。又勘藏本首句云。依於大乘安立三界唯是了別。大乘第七轉聲。三本均同。唯識之識作了別 rnam-par rig-pa 與梵本下文 vijñapti 及寶本釋文合。文後均同。　(四)魏本云如十地經說。　(五)藏本作相應。缺下不遣相應句。三本均同。　(六)勘藏本此二字作義 don 今譯潤文。次云外境實境均同。　(七)此二句魏陳本均作頌文。藏本二十論亦同。　(八)藏本魏陳本此字均作月。　(九)藏本此二字作心 sems 意謂心之相續。　(一〇)勘藏本魏陳本均無此字。今譯衍文。

一

實同無色等外境唯有內識似外境生。定處定時不定相續有作用物皆不應成。非皆不成。頌曰。

處時定如夢(一)。身不定如鬼。同見膿河等。如夢損有用。二

論曰。如夢意說如夢所見。(二)謂如夢中雖無實境而或有處見有村園男女等物非一切處。即於是處或時見有彼村園等非一切時。由此雖無離識實境而處時定非不得成。(三)說如鬼言顯如餓鬼。(四)河中膿滿故名膿河。如說酥瓶其中酥滿。謂如餓鬼同業異熟多身共集皆見膿河非於此中定唯一見。等言顯示或見糞等及見有情執持刀仗遮捍守護不令得食。由此雖無離識實境而多相續不定義成。(五)又如夢中境雖無實而有損失精血等用。由此雖無離識實境而有虛妄作用義成。如是且依別別譬喻顯處定等四義得成。(六)復次頌曰。

一切如地獄。同見獄卒等(七)。能為逼害事。故四義皆成。(八)三

(一)勘梵藏本此字下有成就 siddha, hgrub 一語。陳本同。與上問詞相符。今譯文略。又勘梵藏本以此初二句開為第二頌。如夢損句屬下頌。陳本同。今譯改式。（二）梵藏本此句云如於夢時所夢。（三）勘梵藏本此上有句云應費成就言之。頌本意謂身不定成就。文略未說。故釋成也。今譯缺。又勘梵藏本顯如餓鬼句第六轉聲。意謂如諸餓鬼之所有事。今譯不明。（四）勘梵藏本此上有徵云如何得成。牒頌同見句答。再出此釋。陳本同。今譯改式。（五）勘梵藏本此上先牒頌如夢損句。再釋云應知仍說成就。頌文略無成就二字。故釋云云。今譯改文。（六）勘梵藏本復次二字是頌中語。（七）勘梵藏本此二句云依見獄卒等。及依彼等害。均作第七轉聲。分配處時定相續不定及有作用諸義。今譯文略。（八）勘梵藏本均缺此句。至下長行首句方釋云應知仍說成就。

論曰。應知此中一地獄喻顯處定等一切皆成。如地獄言顯(一)在地獄受逼害苦諸有情類。(二)謂地獄中雖無真實有情數攝獄卒等事。而彼有情同業異熟增上力故。同處同時衆多相續皆共見有獄卒狗烏鐵山等物來至其所爲逼害事。由此雖無離識實境而處定等四義皆成。何緣不許獄卒等類是實有情。不應理故。且此不應捺落迦攝。不受如彼所受苦故。互相逼害應不可立彼捺落迦此獄卒等。形量力既等應不極相怖。應自不能忍受鐵地炎熱猛燄恆燒燃苦云何於彼能逼害他。非捺落迦不應生彼。如何天上現有旁生。(三)地獄亦然有旁生鬼爲獄卒等。此救不然。頌曰。

如(四)天上傍生　地獄中不爾　所執傍生鬼　不受彼苦故。四

論曰。諸有傍生生天上者。必有能感彼器樂業。生彼定受器所生樂。(五)非獄卒等受地獄中器所生苦。故不應許傍生鬼趣生捺落迦。若爾應許彼捺落迦業增上力生異大種起勝形顯量力差別。於彼施設獄卒等名。爲生彼怖變現種種動手足等差別

(一)梵藏本此句云。與地獄中所有者相似。　(二)勘梵藏本此上先徵云。如何得成。舉頌依見一句答。再釋成陳本同。今譯改式。　(三)勘梵藏本此句問辭。意云不可傍生及鬼差別爲獄卒等耶。次缺此救不然句。今譯改文。
(四)勘梵藏本此頌前二句皆云如傍生生天。於地獄則否。餓鬼亦不然。分傍生餓鬼爲二。脈絡甚明。今譯改文。
(五)勘梵藏本此文分爲二句。先結上云故諸傍生生彼地獄不應道理。次類例云餓鬼差別亦非與獄卒等相符。今譯改文。

作用。如(一)羝羊山乍離乍合剛鐵林剌或低或昂非事全無然不應理。頌曰。

若許由業力　有異大種生　起如是轉變　於識何不許。五

論曰。何緣(二)不許識由業力如是轉變而執大種。復次頌曰。

業熏習餘處　執餘處有果　(三)所熏識有果　不許有何因。六

論曰。執捺落迦由自業力生差別大種起形等轉變。彼業熏習理應許在識相續中不在餘處。有熏習處汝便不許有果轉變。無熏習處翻執有果。此有何因(四)。有教為因。謂若唯(五)識似色等現無別色等佛不應說有色等處。此教非因。有(六)別意故。頌曰。

依彼所化生　世尊密意趣　說有色等處　如化生有情。七

論曰。如佛說有化生有情。彼但依心相續不斷能往後世密意趣說。不說實有化生有情。(七)說無有情我但有法因故。說色等處契經亦爾。依所化生宜受彼教密意趣說非別實有。(八)依何密意說色等十。頌曰。

(一)此句依梵藏本讀。文然不應理句梵藏本缺。(二)勘梵藏本云何緣不許即於彼識云云。與頌相符。今譯文略。(三)勘梵藏本此句云即有熏習處。陳本同。與釋相符。今釋改文。(四)勘梵藏本此字是因明之因。(五)勘梵藏本作即識云云。蓋是外執之辭。故不作唯了別。今譯改文。(六)梵藏本缺此句。魏陳本同。(七)勘梵藏本此文是二句頌。陳本寶本均同。又初句云我若有情皆無有分云云。專言之云云。本均同。今譯改文。(八)梵藏本缺此問句。

識(一)從自種生　似境相而轉　爲成內外處　佛說彼爲十。八

論曰。此說何義。似色現識從(二)自種子緣合轉變差別而生。佛依彼種及所現色如(三)次說爲眼處色處。如是乃至似觸現識從自種子緣合轉變差別而生。佛依彼種及所現觸如次說爲身處觸處。依斯密意說色等十。此密意說有何勝利。頌曰。

依此教能入　數取趣無我　所(四)執法無我　復依餘教入。九

論曰。依此所說十二處教受化者能入數取趣無我。謂若了知從六二法有六識轉都無見者乃至知者。應受有情無我教者便能悟入有情無我。復(五)依此餘說唯識教受化者能入所執法無我。謂若了知唯識現似色等法起此中都無色等相法。應受諸法無我教者便能悟入諸法無我。若知諸法一切種無入法無我。是則唯識亦畢竟無。何所安立。非(六)知諸法一切種無乃得名爲入法無我。然達愚夫徧計所執自性差(七)別諸法無我如是乃名入法無我。非諸佛境離言法性亦都無故名法無我。餘(八)識

(一)勘梵藏本此頌云從所有自種了別似現生由彼(種子及所現)二種牟尼說彼(了別)處並無十處之說。下長行六二法相符。魏陳本均同。今譯改文。　(二)勘梵藏本云從自種子成爲轉變差別者而生。次段文同。

(三)陳本雜入釋意云爲似色識生方便門。故佛世尊次第說眼入色入云云。與頌彼處相符。梵藏本亦云說爲彼(了別)之眼處色處。今譯文略。　(四)勘梵藏本此下半頌分爲二段。餘復由教入法無我一句半爲一段。由遍計性故一句爲一段。今譯缺略。　(五)勘梵藏本此上牒頌餘復入法無我句。次釋云餘復謂唯了別教也。今譯改文。

(六)勘梵藏本此上牒頌由遍計性故句。次乃出釋。今譯改文。　(七)梵藏本此句無差別二字。但梵本文較詳云由遍計諸法自性爲所取能取等。此所計性無我云云。　(八)梵藏本云。如是唯了別亦由餘了別遍計性入無我。

所執此唯識性其體亦無名法無我。不(一)爾餘識所執境有則唯識理應不得成。許諸餘識有實境故。由此道理說立唯識教普令悟入一切法無我。非一切種撥有性故。(二)復云何知佛依如是密意趣說有色等處非別實有色等外法爲色等識各別境耶。頌曰。

以彼境非一。　亦非多極微。　又非和合等(三)。　極微不成故。

論曰。此何所說。謂若實有外色等處與色等識各別爲境。如是外境或應是一如勝論者執有分色。(四)或應是多如執實有衆多極微各別爲境。或應多極微和合及和集如執實有衆多極微皆共和合和集爲境。且彼外境理應非一。有分色體異諸分色不可取故。理亦非多。極微各別不可取故。又理非和合或和集爲境。一實極微理不成故。云何不成。(五)頌曰。

極微與六合　一應成六分。　若與六同處　聚應如極微。

(一)勘寶本云若言異此但遮遣色說此唯聲唯識之言便不成就。緣識之識有其境故。意義最明。(二)以下五頌本釋寶本均佚。(三)勘梵藏本無此等字。祇有和合一義也。(四)勘梵藏本云或應是多極微。或即此多微和合無此和集等說。次下均同。今譯增文。(五)勘梵藏本云若六一時 yugapad, cig-car 合。次釋亦有同時相合之意。魏陳本同。今譯文略。

論曰。若一極微六方各與一極微合。應成六分。一處無容有餘處故。(一)一極微處若有六(二)極微。應諸聚色如極微量。展轉相望不過量故。則應聚色亦不可見。迦濕彌羅國毗婆沙師言。非諸極微有相合義。無方分故。離如前失。(三)但諸聚色有相合理。有方分故。

(四)此亦不然。頌曰。

極微既無合　(五)聚有合者誰　或相合不成　不由無方分。一二

論曰。今應詰彼所說理趣。既異極微無別聚色。極微無合聚合者誰。(六)若轉救言聚色展轉亦無合義。則不應言極微無合無方分故。聚有方分亦不許合。故極微無合不由無方分。是故一實極微不成。(七)又許極微合與不合。其過且爾。若許極微有分無分俱為大失。所以者何。頌曰。

(八)極微有方分　理不應成一　無應影障無　聚不異無二。一三

論曰。以一極微六方分異。多分為體。云何成一。(九)若一極微無異方分。日輪纔舉光照

(一)勘梵藏本此上牒頌若與六同處二句次乃釋成今譯改文。(二)勘梵藏本此下有句云則一切(極微)同一處故。陳本同。今譯文略。(三)勘梵藏本意謂諸和合者乃互相合。(四)梵藏本以次文今應詰彼所說理趣句先出於此。再牒極微無合半頌。陳本同。(五)勘梵藏本此句云。聚所有者何所屬。意謂是雜之合也。頌本無合字。故次長行別有釋云。與合言相貫。今譯改文。(六)勘梵藏本此上先牒頌或相合二句。次乃出釋。今譯改文。(七)勘梵藏本此文作一句云。隨應許諸極微合若不合。次即牒頌極微有方分二句。意接上文。仍就有方分而難。至次無應影障無一段乃是難無方分。今譯改文。章句紊亂。(八)勘梵藏本此句云若方分有異。與下長行相符。(九)勘梵藏本此上牒頌無應影障無句。次乃釋云。若各極微方之分無異者云云。陳本同。今譯改文。

觸時云何餘邊得有影現。以無餘分光所不及。又執極微無方分者。云何此彼展轉相障。以無餘分他所不行可說此彼展轉相礙。既不相礙。應諸極微展轉處同則諸色聚同一極微量過如前說。云何不許影障屬聚不屬極微。豈異極微許有聚色發影爲障。不爾。若爾(一)聚應無二。謂若聚色不異極微影障應成不屬聚色。(二)覺慧分析安布差別立爲極微或立爲聚(三)。俱非一實。何用思擇極微聚爲。猶未能遮外色等相。此復何相。謂眼等境亦是青等實色等性。應共審思此眼等境青等實性爲一爲多。設爾何失。二俱有過。多過如前。(四)一亦非理。頌曰。

一應無次行。　俱時至(五)未至。　及多有間事。　幷難見細物。一四

論曰。(六)若無隔別所有青等眼所行境執爲一物。應無漸次行大地理。若下一足至一切(七)故又應俱時於此於彼無至未至。一物一時理不應有得未得故。又一方處應不得有多象馬等有間隙事。若處有一亦卽有餘。(八)云何此彼可辨差別。(九)或二如何可於

(一)勘梵藏本此是牒頌末句。今譯改爲長行。　(二)勘梵藏本此句應屬下爲問辭。又無俱非一實之語。今譯改文。　(三)原刻作色。今依述記卷三及麗刻改。　(四)梵藏本缺此句。　(五)梵藏本作取未取。以手執物爲喻也。魏本同。次下長行例知。　(六)勘魏本此句意云若純一青是一物者。　(七)梵本此下有句云伊提iti者行義。蓋頌文限於韻數。用伊提爲行字。故此釋成。今譯缺略。　(八)梵藏本此句云此等如何成有間隔。　(九)梵藏本此句云或彼二一者有至未至云何爲一(物)。由彼等中有空可取故。魏本云又若一者以何義故象所到處馬等不到。又象馬中間何故有空隙。本意同。

一處有至不至中間見空。（一）又亦應無小水蟲等難見細物。彼與麤物同一處所量應等故。若謂由相此彼差別即成別物不由餘義。（二）則定應許此差別物展轉分析成多極微。已辨極微非一實物。是則離識眼等色等若根若境皆不得成。由此善成唯有識義。諸法由量刊定有無。一切量中現量爲勝。若無外境寧有此覺我今現證如是境耶。（三）此證不成。頌曰。

現覺如（四）夢等　已起現覺時　見（五）及境已無　寧許有現量。一五

論曰。（六）如夢等時雖無外境而亦得有如是現覺。餘時現覺應知亦爾。故彼引此爲證不成。（七）又若爾時有此現覺我今現證如是色等。（八）爾時於境能見已無。要在意識能分別故。時眼等識必已謝故。（九）剎那論者有此覺時色等現境亦皆已滅。如何此時許有現量。要曾現受意識能憶。是故決定有曾受境見此境者許爲現量。由斯外境實有義成。如是要由先受後憶證有外境理亦不成。何以故。頌曰。

（一）藏本此二句在次不由餘義句下。　（二）勘梵藏本此下四句云。是故決定當許極微別異不成一物。此不成故色等亦不得爲眼等境性。乃成唯識。魏陳本同。亦與上合。今譯改文。　（三）梵藏本缺此句。　（四）梵藏本此語作如於夢等。第七轉聲。陳本同。　（五）勘梵藏本此句云汝義已不見。寶本亦云所見境已亡。今譯作見及境疑誤。　（六）梵藏本此三句指前釋云。所謂無義亦成有如前說。魏本寶本均同。　（七）勘梵藏本此上牒頌已起現覺時二句。次方釋成。陳本同。今譯改文。　（八）勘梵藏本此句云時汝義已不見。　（九）梵藏本此二句云。況復剎那論者時色味等已滅。云何許現證彼。釋成末句頌也。

如說似境識。從此生憶念。

論曰。如前所說雖無外境而眼識(一)等似外境現。從(二)此後位與念相應(三)分別意識似前境現。卽說此爲憶曾所受。故以後憶證先所見實有外境。其理不成。若如夢中雖無實境而識得起。覺時亦然。如世自知夢境非有。覺時既爾何不自知。既不自知覺境非有。寧(四)如夢識實境皆無。此亦非證。頌曰。

未覺不能知　夢所見非有。一六

論曰。如未覺位不知夢境非外實有。覺時乃知。如是世間虛妄分別串(五)習昏熟如在夢中。諸有所見皆非實有。未得真覺不能自知。若時得彼出世對治無分別智。卽名真覺。此後所得世間淨智現在前位如實了知彼境非實。其義平等。若諸有情由自相續轉變差別似境識起(六)不由外境爲所緣生。彼諸有情近善惡友聞正邪法二識決定既無友教此云何成。(七)非不得成。頌曰。

(一)梵藏本作眼等了別。卽奘譯攝大乘論所云眼識等識也。　(二)勘梵藏本此上牒頌從此生憶念句。文方釋成。今譯改文。　(三)梵藏本此語作分別色等之意了別。　(四)原刻作知。今依梵藏本及麗刻改。　(五)梵藏本此語作修習所熏之昏睡。寶本釋云。重重現前數數緣慮熏習成種。　(六)梵藏本此句云。不由境義之差別爲所緣生。　(七)梵藏本缺此句。

(一)展轉增上力。　二識成決定。一

論曰。以諸有情自他相續諸識展轉為增上緣。隨其所應二識決定(二)。謂餘相續識差別故令餘相續差別識生各成決定。不由外境。若如夢中境雖無實而識得起覺時亦然。何緣夢覺造善惡行愛非愛果當受不同。頌曰。

心由睡眠壞。　夢覺果不同。一七

論曰。在(三)夢位心由睡眠壞勢力羸劣覺心不爾。故所造行當受異熟勝劣不同。非由外境。若(四)唯有識無身語等羊等云何為他所殺。若羊等死不由他害屠者云何得殺生罪。頌曰。

(五)由他識轉變　有殺(六)害事業。　如鬼等意力　(七)令他失念等。一八

論曰。如由鬼等意念勢力令他有情失念得夢或着魅等變異事成。具神通者意念勢力令他夢中見種種事。如大迦多衍那意願勢力令婆刺拏王等夢見異事。又如

(一)勘梵藏本第一句云由展轉增上，第二轉聲。陳本、藏本同。又第一句云了別互決定。與釋相順。藏本亦同。今譯改文。　(二)勘梵藏本此下有句云彌他 mithas 者相互之意。蓋第一句頌韻律所限用彌他顯相互義。故釋成也。今譯缺略。　(三)梵藏本此段文略。但云此即是因非有境義。　(四)勘梵藏本此語作是等唯識。蓋外隱本宗一切唯識之義而為難也。陳本同。今譯文略。次下第二十頌生起文段例此。　(五)勘梵藏本此句云從他識差別。藏本同。并有釋云自識作用差別現時。今譯文略。　(六)勘梵藏本此二字作死。陳本亦同。與釋相順。今譯改文。

(七)勘梵藏本此句云失念等轉變。與下釋順。今釋以轉變二字改屬首句。

阿練若仙人意憤勢力令吠摩質呾利王夢(一)見異事。如是由他識轉變故令他違害命根事起。應知死者謂衆同分由識變異相續斷滅。(二)復次頌曰。

彈宅迦等空　云何由仙忿。　意罰爲大罪　此(三)復云何成。一九

論曰。若不許由他識轉變增上力故他有情死。云何世尊爲成意罰是大罪故返問長者鄔波離言汝頗曾聞何因緣故彈宅迦林末蹬伽林羯陵伽林皆空閑寂。長者白佛言喬答摩我聞由仙意憤恚故。(四)若執神鬼敬重仙人知嫌爲殺彼有情類不但由仙意憤恚者。云何引(五)彼成立意罰爲大罪性過於身語。由此應知但由仙忿彼有情死理善成立。若唯有識。(六)諸他心智知他心不。設爾何失。若不能知。何謂他心智。(七)若能知者。唯識應不成。(八)雖知他心然不如實。頌曰。

他心智云何(九)　知境不如實。　如知自心智　不知如佛境。二〇

論曰。(一〇)諸他心智云何於境不如實知。如自心智。此自心智云何於境不如實知。(一一)由無

(一)勘梵本此語云被制伏。不云得夢。陳本同。亦與述記卷四引中阿含經合。今譯改文。　(二)勘梵藏本復次二字是頌中語。　(三)勘梵藏本此句云何由彼成。與下釋合。今譯改文。　(四)勘梵藏本此上牒頌意罰二句。次方釋成。今譯改文。　(五)勘梵藏本此二字作由彼業。意謂由彼神鬼身業也。與頌本合。今譯改文。　(六)梵藏本此語作知他心者。陳本同。　(七)梵藏本缺下三句。連次頌他心智云何一句。悉爲問詞。　(八)魏陳寶三本均缺此句。以次頌他心智知境不如實爲答詞。　(九)勘梵藏本此二字在第二句頌末。魏陳寶三本即以爲重問之詞。　(一〇)梵藏本缺此問答二句。頌中已備有其義也。　(一一)勘梵藏本頌末句云不可知故。ajñā-nād; ma-šes 如

知故。二智於境各由無知所覆蔽故，不知如佛淨智所行不可言境。此二於境不如實知，由似外境虛妄顯現故，所取能取分別未斷故。(一)唯識理趣無邊決擇品類差別難度甚深。非佛誰能具廣決擇。頌曰。

(二)我已隨自能　略成唯識義。
此中一切種　難思佛所行。二二

論曰：唯識理趣品類無邊，我隨自能已略成立。餘一切種非所思議，超諸尋思所行境故。(三)如是理趣唯佛所行。諸佛世尊於一切境及(四)一切種智無礙故。

唯識二十論

(一)實本此下無文，蓋非二十論正宗也。　(二)勘梵藏本此二句云：此成唯識者，我隨自能作，總本同成唯識是論名。今譯改文失意。　(三)勘梵藏本此上有徵云：但此一切種是誰所行耶。牒頌佛所行句答。次再釋成。今譯文略。　(四)梵藏本此字作之。

（一）藏譯別有此本。題曰二十頌。ñi-śu-paḥi tshig-leḥur byas-pa. 爲唯識二十論本。前出論文乃其釋也。奘譯不傳。今由前論錄出備考。（二）藏本前有即是等唯識無義似現故譬如有眚者見髮月無物一頌。奘譯缺略。

附錄唯（一）識二十論頌

（二）若識無實境。　即處時決定　相續不決定　作用不應成。一

處時定如夢。　身不定如鬼　同見膿河等。　如夢損有用。二

一切如地獄。　同見獄卒等　能爲逼害事。　故四義皆成。三

如天上傍生　地獄中不爾。　所執傍生鬼　不受彼苦故。四

若許由業力　有異大種生　起如是轉變。　於識何不許。五

業熏習餘處　執餘處有果。　所熏識有果　不許有何因。六

依彼所化生　世尊密意趣　說有色等處。　如化生有情。七

識從自種生　似境相而轉。　爲成內外處　佛說彼爲十。八

依此教能入　數取趣無我。　所執法無我　復依餘教入。九

以彼境非一。　亦非多極微。　又非和合等。　極微不成故。一〇

極微與六合　一應成六分。若與六同處　聚應如極微。一一
極微既無合　聚有合者誰。或相合不成　不由無方分。一二
極微有方分　理不應成一。無應影障無　聚不異無二。一三
一應無次行。俱時至未至。及多有間事。幷難見細物。一四
現覺如夢等。已起現覺時　見及境已無。寧許有現量。一五
如說似境識。從此生憶念。未覺不能知　夢所見非有。一六
展轉增上力。二識成決定。心由睡眠壞。夢覺果不同。一七
由他識轉變　有殺害事業。如鬼等意力　令他失念等。一八
彈宅迦等空　云何由仙忿。意罰爲大罪　此復云何成。一九
他心智云何　知境不如實。如知自心智。不知如佛境。二〇
我已隨自能　略成唯識義。此中一切種　難思。佛所行。二一

大乘五蘊論

世親菩薩造

唐三藏法師玄奘奉　詔譯

如薄伽梵略說五蘊。一者色蘊。二者受蘊。三者想蘊。四者行蘊。五者識蘊。

云何色蘊。謂四大種及四大種所造諸色。云何四大種。謂地界水界火界風界。云何地界。謂堅強性。云何水界。謂流溼性。云何火界。謂溫燥性。云何風界。謂輕等動性。云何四大種所造諸色。謂眼根耳根鼻根舌根身根色聲香味所觸一分無表色等。云何眼根。謂色爲境清淨色。云何耳根謂聲爲境清淨色。云何鼻根謂香爲境清淨色。云何舌根謂味爲境清淨色。云何身根謂所觸爲境清淨色。云何爲色謂眼境界顯色形色及表色等。云何爲聲謂耳境界執受大種因聲非執受大種因聲俱大種因聲。云何爲香謂鼻境界好香惡香及所餘香。云何爲味謂舌境界甘味酢味鹹味辛味苦味淡味。云何名爲所觸一分謂身境界除四大種餘所造觸滑性澀性重性輕性冷飢渴等。云何名爲無表色等謂有表業及三摩地所生色等無見無對。

云何受蘊。謂三領納。一苦。二樂。三不苦不樂。樂謂滅時有和合欲。苦謂生時有乖離欲。不苦不樂謂無二欲。

云何想蘊。謂於境界取種種相。

云何行蘊。謂除受想諸餘心法及心不相應行。云何名爲諸餘心法。謂彼諸法與心相應。彼復云何。謂觸。作意。受。想。思。欲。勝解。念。三摩地。慧。信。慚。愧。無貪善根。無瞋善根。無癡善根。精進。輕安。不放逸。捨。不害。貪。瞋。慢。無明。見。疑。忿。恨。覆。惱。嫉。慳。誑。諂。憍。害。無慚。無愧。惛沈。掉舉。不信。懈怠。放逸。失念。散亂。不正知。惡作。睡眠、尋伺。是諸心法。五是徧行。五是別境。十一是善。六是煩惱。餘是隨煩惱。四是不決定。

云何爲觸。謂三和合分別爲性。云何作意。謂能令心發悟爲性。云何爲思。謂於功德過失及俱相違。令心造作意業爲性。

云何爲欲。謂於可愛事希望爲性。云何勝解。謂於決定事卽如所了印可爲性。云何爲念。謂於串習事令心不忘明記爲性。云何三摩地。謂於所觀事令心一境不散爲性。云何爲慧。謂卽於彼擇法爲性。或如理所引。或不如理所引。或俱非所引。

云何爲信。謂於業果諸諦寶中極正符順心淨爲性。
云何爲慚。謂自增上及法增上於所作罪羞恥爲性。
云何爲愧。謂世增上於所作罪羞恥爲性。云何無貪。
謂貪對治。令深厭患無著爲性。云何無瞋。謂瞋對治。
以慈爲性。云何無癡。謂癡對治。以其如實正行爲性。
云何精進。謂懈怠對治。心於善品勇悍爲性。云何輕
安。謂麤重對治。身心調暢堪能爲性。云何不放逸。謂
放逸對治。即是無貪乃至精進。依止此故捨不善法。
及即修彼對治善法。云何爲捨。謂即無貪乃至精進。
依止此故獲得所有心平等性。心正直性。心無發悟

性。又由此故。於已除遣染汙法中無染安住。云何不害謂害對治。以悲爲性。

云何爲貪謂於五取蘊染愛耽著爲性。云何爲瞋謂於有情樂作損害爲性。云何爲慢所謂七慢。一慢。二過慢。三慢過慢。四我慢。五增上慢。六卑慢。七邪慢。云何慢謂於劣計己勝。或於等計己等。心高舉爲性。云何過慢謂於等計己勝。或於勝計己等。心高舉爲性。云何慢過慢謂於勝計己勝。心高舉爲性。云何我慢謂於五取蘊隨觀爲我。或爲我所。心高舉爲性。云何增上慢謂於未得增上殊勝所證法中謂我已得。心高舉爲性。云何卑慢謂於多分殊勝計己少分下劣。心高舉爲性。云何邪慢謂實無德計己有德心高舉爲性。云何無明謂於業果及諦寶中無智爲性。此復二種所謂俱生分別所起。又欲纏貪瞋及欲纏無明。名三不善根。謂貪不善根瞋不善根癡不善根。云何爲見所謂五見。一薩迦耶見。二邊執見。三邪見四見取。五戒禁取。云何薩迦耶見謂於五取蘊隨觀爲我。或爲我所染汙慧爲性。云何邊執見謂即由彼增上力故隨觀爲常。或復爲斷染汙慧爲性。云何邪見謂或謗因或復謗果。或謗作用。或壞善事染汙慧爲性。

云何見取謂即於三見及彼所依諸蘊隨觀爲最爲上爲勝爲極。染汙慧爲性。云何戒禁取謂於戒禁及彼所依諸蘊隨觀爲清淨爲解脫爲出離。染汙慧爲性。云何爲疑謂於諦等猶豫爲性。諸煩惱中後三見及疑唯分別起。餘通俱生及分別起。

云何爲忿謂遇現前不饒益事。心損惱爲性。云何爲恨謂結怨不捨爲性。云何爲覆謂於自罪覆藏爲性。云何爲惱謂發暴惡言。尤蛆爲性。云何爲嫉謂於他盛事。心妒爲性。云何爲慳謂施相違。心恪爲性。云何爲誑謂爲誑他詐現不實事爲性。云何爲諂謂覆藏自過、方便所攝心曲爲性。云何爲憍謂於自盛事染著倨傲心恃爲性。云何爲害謂於諸有情損惱爲性。云何無慚謂於所作罪不自羞恥爲性。云何無愧謂於所作罪不羞恥他爲性。

云何惛沈謂心不調暢無所堪能、蒙昧爲性。云何掉舉謂心不寂靜爲性。云何不信謂信所對治、於業果等不正信順心不清淨爲性。云何懈怠謂精進所治。於諸善品心不勇猛爲性。云何放逸謂卽由貪瞋癡懈怠故、於諸煩惱心不防護、於諸善品不能修習爲性。云何失念謂染汙念、於諸善法不能明記爲性。云

何散亂謂貪瞋癡分心流蕩爲性。云何不正知謂於
身語意現前行中不正依住爲性。
云何惡作謂心變悔爲性。云何睡眠謂不自在轉心
極昧略爲性。云何爲尋謂能尋求意言分別思慧差
別令心麤爲性。云何爲伺謂能伺察意言分別思慧
差別令心細爲性。
云何心不相應行謂依色心心法分位但假建立不
可施設決定異性及不異性。彼復云何謂得無想等
至、滅盡等至、無想所有、命根、衆同分、生、老、住、無常、名
身、句身、文身、異生性、如是等類、

云何爲得。謂若獲若成就。此復三種。謂若種子若自在。若現前。如其所應。云何無想等至。謂已離徧淨貪。未離上貪。由出離想作意爲先。不恒現行心心法滅爲性。云何滅盡等至。謂已離無所有處貪。從第一有更求勝進。由止息想作意爲先。不恒現行及恒行一分心心法滅爲性。云何無想所有。謂無想等至果無想有情天中生已。不恒現行心心法滅爲性。云何命根。謂於衆同分中先業所引住時決定爲性。云何衆同分。謂諸有情自類相似爲性。云何爲生。謂於衆同分中諸行本無今有爲性。云何爲老。謂即如是諸行相續變異爲性。云何爲住。謂卽如是諸行相續隨轉爲性。云何無常。謂卽如是諸行相續謝滅爲性。云何名身。謂諸法自性增語爲性。云何句身。謂諸法差別增語爲性。云何文身。謂諸字爲性。以能表彰前二種故。亦名爲顯。由與名句爲所依止顯了義故。亦名爲字。非差別門所變易故。云何異生性。謂於諸聖法不得爲性。如是等類。已說行蘊。

云何識蘊。謂於所緣境了別爲性。亦名心意。由採集故。意所攝故。最勝心者。謂阿賴耶識。何以故。由此識中諸行種子皆採集故。又此行緣不可分別。前後一類相續隨轉。又由此故。從滅盡等至無想等至無想所有起者。了別境名轉識。還生待所緣緣差別轉故。數數間斷還復轉故。又令生死流轉旋還故。阿賴耶識者。謂能攝藏一切種子故。又能攝藏我慢相故。又復緣身為境界故。即此亦名阿陀那識。能執持身故。最勝意者。謂緣阿賴耶識為境。恆與我癡我見我慢及我愛等相應之識。前後一類相續隨轉。除阿羅漢果及與聖道滅盡等至現在前位。

問。以何義故說名為蘊。答。以積聚義說名為蘊。謂世相續品類趣處差別色等總略攝故。

復有十二處謂眼處色處耳處聲處鼻處香處舌處味處身處觸處意處法處眼等五處及色聲香味處。如前已釋言觸處者謂四大種及前所說所觸一分。言意處者卽是識蘊。言法處者謂受想行蘊無表色等及與無爲。云何無爲謂虛空無爲非擇滅無爲擇滅無爲及眞如等。云何虛空謂若容受諸色。云何非擇滅謂若滅非離繫。此復云何謂離煩惱對治而諸蘊畢竟不生。云何擇滅謂若滅是離繫。此復云何謂由煩惱對治故諸蘊畢竟不生。云何眞如謂諸法法性法無我性。

問。以何義故名爲處耶。答。諸識生長門義是處義。

復有十八界。謂眼界色界眼識界。耳界聲界耳識界。鼻界香界鼻識界。舌界味界舌識界。身界觸界身識界。意界法界意識界。

眼等諸界及色等諸界。如處中說。六識界者。謂依眼等根緣色等境了別爲性。言意界者。謂卽彼識無間滅等。爲欲顯示第六意識及廣建立十八界故。如是色蘊卽十處十界及法處法界一分。識蘊卽意處及七心界。餘三蘊及色蘊一分并諸無爲。卽法處法界。

問。以何義故說名爲界。答。以能任持無作用性自相義故說名爲界。

問以何義故宣說蘊等。答爲欲對治三種我執。如其次第。三種我執者謂一性我執受者我執作者我執。

復次此十八界幾有色謂十界一少分卽色蘊自性。幾無色謂所餘界。幾有見謂一色界。幾無見謂所餘界。幾有對謂十有色界。若彼於是處有所障礙是有對義。幾無對謂所餘界。幾有漏謂十五界及後三少分。由於是處煩惱起故現所行處故。幾無漏謂後三少分。幾欲界繫謂一切。幾色界繫謂十四除香味鼻舌識。幾無色界繫謂後三。幾不繫謂卽彼無漏界。幾蘊所攝謂除無爲幾取蘊所攝謂有漏幾善幾不善幾無記謂十通三種七心界及色聲法界八無記幾是內謂十二除色聲香味觸及法界幾是外謂六卽所除幾有緣謂七心界及法界少分心所有法幾無緣謂餘十及法界少分幾有分別謂意界意識界法界少分幾執受謂五內界及四界少分謂色香味觸幾非執受謂餘九四少分幾同分謂五內有色界由與自識等境界故幾彼同分謂卽彼自識空時與自類等故。

大乘五蘊論 終

此論連圈計字三千六百十九個由願款支付刻
貲銀八圓一角六分三厘
民國四年冬十一月　　金陵刻經處識

大乘百法明門論

天親菩薩造

三藏法師玄奘譯

如世尊言。一切法無我。何等一切法。云何爲無我。一切法者。略有五種。一者心法。二者心所有法。三者色法。四者心不相應行法。五者無爲法。一切最勝故。與此相應故。二所現影故。三位差別故。四所顯示故。如是次第。第一心法略有八種。一眼識。二耳識。三鼻識。四舌識。五身識。六意識。七末那識。八阿賴耶識。第二心所有法。略有五十一種。分爲六位。一徧行有五。二別境有五。三善有十一。四煩惱有六。五隨煩惱有二十六不定有四。一偏行五者。一作意。二觸。三受。四想。五思。二別境五者。一欲。二勝解。三念。四三摩地。五慧。三善十一者。一信。二精進。三慚。四愧。五無貪。六無瞋。七無癡。八輕安。九不放逸。十行捨。十一不害。四煩惱六者。一貪。二瞋。三慢。四無明。五疑。六不正見。五隨煩惱二十者。一忿。二恨。三惱。四覆。五誑。六諂。七憍。八害。九嫉。十慳。十一無慚。十二無愧。十三不信。十四懈怠。十五放逸。十六昏沈。十七掉舉。十八失念。十九不正知。二十散亂。六不定四者。一睡眠。二惡作。三尋。四伺。

第三色法略有十一種。一眼。二耳。三鼻。四舌。五身。六色。七聲。八香。九味。十觸。十一法處所攝色。第四心不相應行法略有二十四種。一得。二命根。三衆同分。四異生性。五無想定。六滅盡定。七無想報。八名身。九句身。十文身。十一生。十二住。十三老。十四無常。十五流轉。十六定異。十七相應。十八勢速。十九次第。二十時。二十一方。二十二數。二十三和合性。二十四不和合性。第五無爲法者略有六種。一虛空無爲。二擇滅無爲。三非擇滅無爲。四不動滅無爲。五想受滅無爲。六眞如無爲。言無我者略有二種。一補特伽羅無我。二法無我。

大乘百法明門論

弟子王澤攽隨緣助刻此卷願魔障折伏

正識開廣壽人壽世悉被　佛化俾克承

椿蔭圓證菩提至無上覺

民國二十五年四月北京刻經處識

板存北平西城宗帽四條九號本處由西城卧佛寺街卧佛寺內佛經流通處發行

唯識三十論

世親菩薩造　　三藏法師玄奘譯

護法等菩薩。約此三十頌。造成唯識。今略標所以。謂此三十頌中初二十四行頌明唯識相。次一行頌明唯識性。後五行頌明唯識行位。就二十四行頌中。初一行半略辯唯識相。次二十二行半廣辯唯識相。謂外問言若唯有識云何世間及諸聖教說有我法。舉頌詶答。頌曰

由假說我法　有種種相轉　彼依識所變

此能變唯三　謂異熟思量　及了別境識

次二十二行半廣辯唯識相者。由前頌文略標三能變。今廣明三變相。且初能變。其相云何。頌曰。

初阿賴耶識　異熟一切種　不可知執受
處了常與觸　作意受想思　相應唯捨受
是無覆無記　觸等亦如是　恒轉如暴流
阿羅漢位捨

已說初能變。第二能變。其相云何。頌曰。

次第二能變　是識名末那　依彼轉緣彼
思量爲性相　四煩惱常俱　謂我癡我見
并我慢我愛　及餘觸等俱　有覆無記攝

隨所生所繫　阿羅漢滅定　出世道無有

如是已說第二能變。第三能變其相云何。頌曰。

次第三能變　差別有六種　了境爲性相

善不善俱非　此心所遍行　別境善煩惱

隨煩惱不定　皆三受相應　初遍行觸等

次別境謂欲　勝解念定慧　所緣事不同

善謂信慚愧　無貪等三根　勤安不放逸

行捨及不害　煩惱謂貪瞋　癡慢疑惡見

隨煩惱謂忿　恨覆惱嫉慳　誑諂與害憍

無慚及無愧　掉舉與惛沈　不信幷懈怠

放逸及失念　散亂不正知　不定謂悔眠

尋伺二各二

已說六識心所相應。云何應知現起分位。頌曰。

依止根本識　五識隨緣現　或俱或不俱

如濤波依水　意識常現起　除生無想天

及無心二定　睡眠與悶絶

已廣分別三能變相。爲自所變二分所依。云何應知依識所變。假說我法。非別實有。由斯一切唯有識耶。

頌曰。

是諸識轉變　分別所分別　由此彼皆無

故一切唯識

若唯有識。都無外緣。由何而生種種分別。頌曰

由一切種識　如是如是變　以展轉力故

彼彼分別生

雖有內識而無外緣。由何有情生死相續。頌曰

由諸業習氣　二取習氣俱　前異熟既盡

復生餘異熟

若唯有識。何故世尊處處經中說有三性。應知三性

亦不離識。所以者何。頌曰

由彼彼徧計　徧計種種物　此徧計所執

自性無所有　依他起自性　分別緣所生
圓成實於彼　常遠離前性　故此與依他
非異非不異　如無常等性　非不見此彼
若有三性。如何世尊說一切法皆無自性。頌曰。
即依此三性　立彼三無性　故佛密意說
一切法無性　初即相無性　次無自然性
後由遠離前　所執我法性　此諸法勝義
亦即是眞如　常如其性故　即唯識實性
後五行頌明唯識行位者。論曰。如是所成唯識性相
誰依幾位。如何悟入。謂具大乘二種種性。一本性住

種性謂無始來依附本識法爾所得無漏法因二習所成種性謂聞法界等流法已聞所成等熏習所成具此二性方能悟入何謂五位一資糧位謂修大乘順解脫分依識性相能深信解其相云何頌曰

乃至未起識　求住唯識性　於二取隨眠

猶未能伏滅

二加行位謂修大乘順決擇分在加行位能漸伏除所取能取其相云何頌曰

現前立少物　謂是唯識性　以有所得故

非實住唯識

三通達位謂諸菩薩所住見道在通達位如實通達其相云何頌曰

若時於所緣　智都無所得　爾時住唯識
離二取相故

四修習位謂諸菩薩所住修道修習位中如實見理數數修習其相云何頌曰

無得不思議　是出世間智　捨二麤重故
便證得轉依

五究竟位謂住無上正等菩提出障圓明能盡未來化有情類其相云何頌曰

此即無漏界　不思議善常　安樂解脫身

大牟尼名法

唯識三十論

弟子王澤攽隨緣助刻此卷願魔障折伏

正識開廣壽人壽世悉被　佛化俾克承

椿蔭圓證菩提至無上覺

民國二十五年四月北京刻經處識

板存北平西城宗帽四條九號本處由西
城卧佛寺街卧佛寺內佛經流通處發行